eye

守望者

——

到灯塔去

汪民安 著

谁是罗兰·巴特

WHO IS

ROLAND
BARTHES

南京大学出版社

目　录

第一章　道路

身体旅途

罗兰·巴特的一生，倘若限制在写作区域里的话，那肯定是传奇的一生。这方面，他永远是个推陈出新的大师，是个文本历险主义者，他上演了一幕幕写作戏剧。就此而言，他拥有不同凡响的号召力，也成为 20 世纪 60 年代后法国知识分子中的领衔人物之一，是法国结构主义和后结构主义时期知识分子的一个主要镜像。

然而，巴特身体的一生——如果强行地同他写作的一生，同他思考的一生区分开来的话——似乎缺乏一些戏剧性，却同样值得观赏。功成名就后，巴特常常遮掩他的过去，这倒不是因为他的故事充满劣迹。一方面，是由于他的谦逊，在他看来，沉湎于过去的细节，并公之于世，是那些伟大人物的权利和责任，巴特显然无意将自己置入这些伟大人物的行列中，他仅仅是个知识分子，或者说是个智士，他的过去也就是一个常人的过去。另一方面，据巴特自己宣称，他的确想不起他的过去，尤其是成人后的过去，他说，他的记忆贮藏室仅限于儿时和少年时代，他能清晰地记得那时的具体生活细节。但自从他开始写作后，他就无法辨认自己了，他没有

1

一个自我形象了，如果有一个自我形象的话，也仅限于一些照片——那里有真实的形象、年龄、时代，除此之外，他对自己一无所知。

然而，巴特到底写过一部真真假假的自传《罗兰·巴特谈罗兰·巴特》，即使如此，我们仍然不能通过它来了解罗兰·巴特的具体生活细节。此书一开篇，罗兰·巴特就警告读者，最好将该书主人公视作一位小说（虚构）主人公，而不要对他盲信。不仅如此，这部无与伦比的著作完全避开了自传写作的种种教条，它根本就不像一部自传。巴特尽量回避了一些叙事性的历史细节（尤其是成人生活细节），而将更多的笔墨倾注在主人公的习惯、趣味、内在世界和精神背景上。这不是一部个人历史故事回忆录，而是对自己丰富的精神世界的各个棱面进行耐心和饶有兴致的咀嚼、把玩。这部著作另一个不可信的地方是，巴特尽量地揶揄、嘲讽乃至贬低他此前的著作，很难说清巴特这样做的动机，但至少，我们不能将他的话视作肺腑之言，也就是说，《罗兰·巴特谈罗兰·巴特》并不能让我们窥视他的历史。

巴特对自己的历史细节躲躲闪闪的态度，或许同他的最终哲学旨趣相关。他似乎总是在寻找一种"不确定性"，这种"不确定性"无疑是对"真实性"的一种根本动摇，后者正是同本质主义相关的东西，它早就背上了形而上学的恶名。巴特从没有明确地向这种真实性及其背后的本质主义宣战，他总是在躲避和防止它们的出场，巴特对自身历史的摇摆态度恰恰暴露了他对它们的警觉。显然，巴特反感确定性，正是这种哲学原则使巴特的态度暧昧和模糊起来。

但一些不屈不挠的访谈者和研究者最终还是挖出了巴特的一些历史线索。罗兰·巴特 1915 年 11 月 12 日生于瑟堡（Cherbourg）一个信奉新教的资产阶级家庭，其父路易斯·巴特第二年在一次海战中阵亡。巴特在巴永讷（Bayonne）度过了他的童年，在此，他

和母亲、外公、外婆生活在一起，并跟他的"终生孤独"的姑母
（一个钢琴教师）学钢琴，他"生活在一种音乐空气中"。生于新教
家庭①，父亲早逝，同母亲相依为命，与音乐做伴，这可能奠定了
巴特日后敏慧而阴柔的一面，他甚少写一些充满暴力的句子②。相
反，他的优雅、温和贯穿着他的所有文本（甚至在和皮卡尔的论战
中，他也显得彬彬有礼、从容不迫），这种柔和风格，虽不能说成
是阴性的，但无疑也不是充分阳性的。而且，巴特在群星灿烂的法
国知识分子圈中，是对女性最具魅力的一位，克里斯蒂娃、苏珊·
桑塔格、安内特·拉伏尔（Annette Lavers）都是巴特的热爱者。

　　1924 年，巴特和母亲移居巴黎，只是在假期回巴永讷同外公
外婆生活在一起。巴特的母亲亨利特·毕格尔（Henriette Binger）
因为贫困，也出于一些无法说清的原因，不顾其资产阶级出身，学
会了一门手艺，即书籍装订，挣得一些钱供巴特读书和生活。这段
经历使巴特记忆犹新，他称他的家庭是"一个完全潦倒的资产阶级
家庭"，尽管想维持以前的生活水平，但仍然不断意识到他们在物
质上的败落。每学期开课前，巴特都感到一次小小的财政危机：没
有合适的衣服，没钱买学习用具，没钱买课本。对此，他回忆道，
他"所参与的是资产阶级的生存艺术，这门艺术永不变质地生存在
每次钱的危机中。他的家庭经历，不是苦难，而是拮据，即是
说，交往的恐惧、度假问题、鞋子问题、课本问题，甚至饭食问
题。这种能忍受的匮乏（如拮据总是这种匮乏一样）可解释自由补
偿的哲学、快乐多元决定论的哲学、闲适（它是拮据恰如其分的反

---

① 巴特后来提道，在儿时，他对新教非常熟悉，新教对他颇具吸引力，成人之
　　后，他远离了新教，但他和新教徒仍有一种感情上的联系。
② 在一次关于暴力的访谈中，巴特认为宗教虽然无法解决暴力问题，但至少有解
　　决暴力问题的意图，见：Roland Barthes：*The Grain of the Voice: Interviews*
　　1962 - 1980，Hill and Wang，1985，p. 307。

义词）哲学，他的成因无疑是钱而非性"①。巴特将这段早期的拮据解释为他哲学的起源，正是这段日子埋下了他日后的享乐主义种子。

1934年，巴特中学毕业。考巴黎高师是当时有志青年的梦想，巴特也不例外。然而，他左肺出了问题，患上了肺结核，被送到比利牛斯山区治疗。不久，病情有所好转。第二年，巴特回到巴黎，在索邦大学攻读法语和古典文学学位，并帮助建立一个古典戏剧团体，并且同这个团体一道去希腊旅行。1937年夏天，巴特去匈牙利讲课。这期间，由于肺病，巴特得以免除兵役，在"二战"的头两年里，他先在比亚济茨后在巴黎公立中学教文学。然而，1941年10月，其肺病复发，他不得不放弃在公立学校教书的资格考试。两年后，左肺在巴黎逐渐康复，而右肺又出了问题。这样，他只得重新回到阿尔卑斯山的疗养院里，最后待在内森（Leysin）。在此期间，他一度打算做个精神病医生，为此，还进行了几个月的医学预备学习。直到"二战"结束后的一两年时间里，巴特才完全摆脱了肺病的纠缠。

这两次肺病对巴特影响很大。在疗养院里，他读了大量的古典著作，并深深地喜爱上了米什莱和纪德，他读了米什莱的全部著作。而且，正是在疗养院里，巴特开始了他最初的写作。他写过两篇文章，即《论纪德和他的日记》以及论加缪的《局外人》的短文，后者正是《写作的零度》的雏形。在那时，"肺病就是一种生活方式，我几乎要说，它就是被举荐的"②。对巴特而言，肺病的生活方式，有点像托马斯·曼《魔山》中的汉斯·卡斯托普的生活，患肺病的巴特常常严肃地考虑在疗养院度过一生的可能性。在

---

① Roland Barthes：*Roland Barthes by Roland Barthes*，Hill and Wang，1987，p. 45.

② *The Grain of the Voice: Interviews 1962–1980*，p. 259.

疗养院里，巴特遵循严格的作息时间表，将生活弄得井井有条。他在疗养院的几年并没有感到远离世界的苦恼，他的内向气质使他沉浸在书本中，疗养院的集体生活经验还增强了友谊，并使他和他人紧密地结合在一起。关于这段五六年的经历，多年后，巴特在提起疗养院的生活时，充满感情地回顾说："我有着奇怪的感觉，我比我实际上总是年轻五六岁。"① 疗养院的时光使巴特感觉到是生活在另一个世界中。

巴特因肺病得以免除兵役，且避开了战争，受战争的影响不大。苏珊·桑塔格声称，她没有在巴特的著述里发现"战争"一词，这在战后法国知识分子中是不多见的，他们一般都对那段耻辱的历史难以释怀。以萨特为首的法国知识分子都有强烈的介入倾向，这在1968年学潮中表现得淋漓尽致。相反，巴特正是在战后才逐步发展他的形式主义和唯美主义情趣。也许，战争并没有给巴特留下什么阴影，一个在战乱时代还沉浸在历史著述（米什莱）和美文（纪德）中的人，不是一个天生的局外人吗？正是在战后，也是在萨特的影响下，巴特开始转向现代文学，并阅读了马克思的部分著作。1947年，巴特在《战斗报》上发表了一系列文学短论，这些短论明显地和萨特有关，它们既受萨特的影响，也针对萨特，这些短文后来就组成了《写作的零度》。

巴特康复后一直没有固定的工作。40年代末期，他先在图书馆做助手，后在布加勒斯特大学教书，最后又去埃及的亚历山大大学教书。在亚历山大他碰上了符号学家 A. J. 格雷马斯，后者向他介绍了语言学知识，巴特此时开始熟悉索绪尔的著作。与此同时，巴特还继续为国内的《战斗报》等左翼报刊写稿。不久，巴特回国，在教育部的外事机构任职。1953年，巴特的第一部著作《写

① *The Grain of the Voice: Interviews 1962 - 1980*，p. 260.

作的零度》问世，这部著作激起了相当大的反响，给巴特带来了一些国内的名声。这部著作明显地对萨特表现出一种抵制情绪，它针对萨特的《什么是文学?》唱了一些反调，在战后介入声一浪高过一浪的潮流中，巴特却露出了形式主义的尾巴。据说，在该书出版的前夜，巴特在巴黎街头散步，他预感到这部著作将产生的效果。然而，第二年出版的《米什莱自述》则反响平平。若干年后，巴特功成名就之际不无抱怨地说，《米什莱自述》是他非常喜爱的一部书，但无人喝彩，而《写作的零度》却长时间地被引用、谈论，尽管他早已对它失去兴趣了。

事实上，直到《神话学》问世，巴特才逐渐在巴黎知识界引人瞩目。这本书收集了巴特在 50 年代中期写的大量社会神话随笔——这无疑是马克思主义影响的结果。《神话学》有明显的揭露功能，它旨在剥掉资产阶级意识形态的粉饰性外套。这种去蔽方式影响甚广，它或许是巴特遗留给后世的几件最重要遗产之一。而且，"神话"作为一个巴特意义上的用语，被广泛流传着。1960年，巴特在巴黎高等研究实践学院谋得了一个职位，直到他去世。

有了固定的工作后，巴特开始潜心写作了。整个 60 年代，都是巴特声名鹊起的年代。伴随着结构主义盛期的到来，巴特在巴黎知识界也如日中天，他成为结构主义在文学领域的领袖人物。1963年，巴特发表了他的第四部著作《论拉辛》，这部用新的方式重新研读拉辛的著作引发了一场可载入史册的论战。索邦大学教授雷蒙·皮卡尔发文《新批评还是新骗术》，激烈攻击巴特及其使用的精神分析方法。皮卡尔使用了一些"与死刑有关的词汇"，他要"伤害""刺穿""进攻""杀死"新批评，或将它推上断头台；他指责巴特等所做的批评是极端危险的。巴特写了《批评与真实》，对皮卡尔气急败坏的指责做了平静的然而也是有力的回应。这场争论很快演变为一场"古典作家和现代作家""传记历史批评和新批评"

的争论，结果，这场争论以巴特的雄辩理性获胜而告终；同时，它也促进了新批评的发展，为法国批评界日后的冒险扫清了障碍，并将批评界的保守主义埋进了历史的尘土中。

几乎是与此同时，巴特还发表了另外两部著作，《符号学原理》和《批评文集》。前者对符号学做了全面的理论总结，全书充斥着索绪尔的身影；后者则在鼓励当时的先锋派罗伯-格里耶和布莱希特，为他们做了有力的辩护。同时《批评文集》中还涉及了极多的话题，如结构主义问题、文学批评问题、元语言问题、作者和作家问题以及文学现状问题等，这本书汇集了巴特在五六十年代之交对当代写作的诸多思考。此时，巴特的结构主义范型已大致确定，早期的神话学分析已被语言学模式取代了。正因为倡导结构主义，且对它进行了杰出的运用和解释，巴特被冠以结构主义巨头之名，他和另外几个人有力地将这个运动推到了巅峰，他们分享了结构主义在各个学科的领袖人物位置：列维-斯特劳斯负责人类学，拉康分管精神分析学，福柯则肩挑思想史和哲学，阿尔都塞接过了马克思主义的担子，无疑，文学的地盘就留给了巴特。正是这五个人扩展了结构主义的权势，结束了人道主义或存在主义的统治。

事实上，巴特并没有在结构主义的床上躺多久，他早早地爬起来了，并轻轻松松甩掉了结构主义的花环。1970 年，他的两部新作改变了他的形象，这就是著名的《符号帝国》和《S/Z》。《符号帝国》是他于 1967 年访问日本的观察结果，在写作这本书时，他获得了极大的快乐。这本书一点也不带结构主义的色彩，巴特将日本分解成几十个符号，对每个符号进行解读，这种解读方式容易令人回想起《神话学》的方式；重要的是，巴特并没有按照结构主义原则将这些符号组织起来，从而观察它们的内在语法线索，相反，他仅把它们并置起来，承认它们各自的差异存在。《符号帝国》显然遗忘了结构主义的使命，《S/Z》离结构主义就更远了，或者说，它就是在和结构主义作对。这部著作是对巴尔扎克的一部不太著名的小说《萨拉金》进行的阅读实践，巴特在此正是以反结构主义之道行事，他将一个严谨规范的现实主义文本拆散了，并弄得七零八落，而且丝毫也没有统一它的打算。经过巴特的那只手——准确地说，是一只屠手——《萨拉金》已经面目全非了。

这或许是巴特进入所谓后结构主义时期的标志。后结构主义的一个重要标签就是闪烁不定的能指，此后的巴特本人就像是这样一个能指，人们很难把握他的行踪，他就是后结构主义本身。1973年，他的另一部影响甚广的著作《文本的快感》出版，这是他的又一次转向，一次阅读和批评的形式主义向阅读伦理学的转向。在此，他充分地提高了阅读的地位，用阅读伦理学取代了阅读技术。享乐阅读——巴特将它置于文本流通的中心位置——应被视为一种生活哲学，它和写作一样，是一种重要的存在方式。这部书只能是功成名就后的作品，只有在彻底解决了拮据、生存压力，满足了名利欲望之后，一个人才能奢谈无金钱元素的享乐要求。

1974年，巴特访问了中国，这次访问令他多少有些失望。因为是一个访问团，他们被安排得井井有条，而无法选择性地观看一些东西。他在中国逗留了三周，回国后，完全不像从日本归来那样，他几乎没为此次中国之行发表什么东西，尽管当时中国充满了符号，但对他毫无诱惑。第二年，由一家出版社推出的"永恒作家论丛"丛书，收录了《罗兰·巴特谈罗兰·巴特》一书。这或许是他最重要的一部书。巴特在此展示了自己的日常经验并对之进行了一些抽象的而又饶有兴味的理论清理。他以一种低姿态——一半是谦虚，一半是隐含的骄傲——看待自己的著述生涯，贬低自己往往是优越感的外露，而这种形式又易于被他人接受，这再次显露出他的睿智。这部书另一个值得永远记住的东西是它的写作形式：对一个人的描述和记录——无论是对自我，还是他人——可以通过散乱的断片完成。《罗兰·巴特谈罗兰·巴特》是个不朽的范文，它堪与另一个传奇文本《瞧，这个人》相提并论，尽管这两位主人公在谈论自己的声音上呈现出相反的语调。

无论从哪个方面来看，巴特此时都有充足的理由进入法兰西学院（Collège de France）。巴特此时也面临着反对意见，他和传统的学院式研究大相径庭。按他自己的说法，他只是写过一些随笔；而且，他总是出人意料地变化，使人难以摸清他的思想体系，这也为他的思考和论断到底有无真实的价值和凭据埋下了疑问；另外，巴特似乎总是在处理一些小的主题，而不是学院内部留存下来的恒久而宏大的命题。总之，巴特身上的世俗气息压倒了学院气息。但是，关键时刻，福柯起了作用。事实上，在此之前，他们的友谊中断了十多年，彼此没有来往。主要因为两人在一起时，经常发生冲突。那时，他们尚未获取盛名，他们既相互欣赏，又相互竞争，结果不欢而散。当巴特想进入法兰西学院时，福柯已是那里的教授了。显然，就年龄、所获成就以及心理成熟度而言，两人重续友谊是当然的，也是必要的，况且，两人没有根本性的冲突——巴特还曾为福柯的《疯癫与文明》写过热情洋溢的评论文章，并极其准确地道出了福柯这部著作的非凡价值。

福柯回击了那些对巴特的指责。他说："我要补充一点，如人们所说，公众对他的兴趣可以被看作一种时尚，但是，我们可以使怎样的历史学家相信，一种时尚，一种激情，一种迷恋乃至夸张的说法不是反映特定时间内某种文化中的丰富内涵的存在？而这些声音，这些我们在大学以外听到的和正在听的声音，你们难道不认为它们是我们当今历史的一部分，你们难道不认为它们将会成为我们历史的一部分？"[①] 福柯对巴特的辩护最终使巴特入选。

---

① 迪迪埃·埃里蓬：《权力与反抗》，谢强等译，北京大学出版社1997年版，第100页。

　　这无疑是巴特生活中的一件大事，在法兰西学院的就职讲演中，巴特动情地提到了福柯："请允许我冒昧地提到米歇尔·福柯，本来出于我们的友谊，应当对此保持缄默的，我的始终如一的感情、思想和感激都与他联系在一起，因为正是他向教授委员会提出设立这个讲座和主持这个讲座的人选的。"① 从此，两人尽释前嫌，重新开始了友谊，而且更为纯净。的确，巴特在此时已关注到福柯眼下的主题：权力。在这次讲座中，巴特也多次提到了权力，他将权力嫁接到他的惯常主题中：语言结构。语言结构乃是权力的寄生物，权力在某种意义上正是借助语言、语言结构来现身的。

　　巴特在法兰西学院开设的讲座大受欢迎，法兰西学院门庭若市，连外国游客和退休老人都涌向巴特的课堂。同年，巴特的另一部著作《恋人絮语》问世，这部著作也是一个研讨班的结果。起初是打算以歌德的《少年维特之烦恼》为对象，来研究情话的种种模式和规律；后来巴特改变了初衷，他直接将恋人情境展示出来而抛弃了那种转述性的分析话语。写作者隐退了，只有一些爱情戏剧上演着。这部著作获得了出人意料的关注，它被公众广泛谈论着，巴特也成为家喻户晓的人物，这令他始料不及。巴特最初的设想是这本书能有 500 个读者就不错了。对《恋人絮语》所激起的反应，《花花公子》评论说："不错，爱的主题已经过时了，然而，由于《恋人絮语》这样的书，爱的春天又将返回。"② 写作这本书，巴特宣称是为被人所爱，他的目的在某种意义上达到了，他获得了一般法兰西学院教授所无法获得的民间声誉和注意："从《神话学》到《恋人絮语》，罗兰·巴特对社会不同方面所做的分析，被谈论着、

---

① 罗兰·巴特：《符号学原理》，李幼蒸译，生活·读书·新知三联书店 1988 年版，第 3 页。

② *The Grain of the Voice: Interviews 1962-1980*，p. 290.

模仿着，有时也被嘲弄着，但从没有被忽视过。"①

1978 年，巴特的母亲去世，这令巴特无比悲痛。从小，巴特就和母亲相依为命，因此，母亲的死对他打击很大。在他最后一部著作《明室》(1979) 中，巴特就意图从母亲的一幅照片中"引发出全部摄影术"，而且在此书中，他也表达了对母亲的纪念："我失去的不是一个人（母亲），而是一个存在者；不是一个存在者，而是一个品性（一颗灵魂）：不是不可或缺者，而是不可替代者。没有母亲我可以活下去（我们大家早晚都会碰到这种事）；但生命中留存下来的东西将是绝对的、完全不能加以限定的（没有品性）。"② 据说，母亲死后，巴特一直郁郁寡欢，以至在他 1980 年车祸后，有朋友认为巴特的去世和他的这种悲戚的丧母心态有关。

1980 年 2 月 25 日，巴特和几位政治家在穿过法兰西学院门口的学院路时，被一辆洗衣店的小卡车撞倒，巴特被送进医院。不久，病情有所好转，且能接待来访者，但在 3 月 26 日，巴特却逝世了。这使他的死变得扑朔迷离，人们无法弄清他的死因，因为车祸似乎并没有致巴特于死地。还是福柯在法兰西学院为巴特致悼词，福柯的悼词大概是献给巴特的最后神曲，是一个天才献给另一个天才的绝唱，它堪称巴特流世的碑文，面对着法兰西学院的全体教授，福柯庄重而充满感情地说：

> 几年前，我曾建议你们能接受他并成为你们中的一位，他
> 20 多年不懈的努力获得了社会公认，他具有独创性的重要研
> 究成果，这使我无须借助我与他的友谊。我不会忘记他。他的

---

① *The Grain of the Voice: Interviews 1962-1980*，p. 353.
② 乔纳森·卡勒：《巴尔特》，孙乃修译，中国社会科学出版社 1992 年版，第152 页。

事业还在。他的事业独树丰碑。它还会说话，其他的人可以让它说话，或谈论它。因此，请允许我在今天下午披露这唯一的友谊。这种友谊与它所痛恨的死亡至少在寡言少语这点上是相似的。你们选举了他，就了解他了。你们都知道，你们选择的是少见的智慧和创造的平衡。你们选择的——你们也知道——是一位对领悟事物本来的面目具有奇特能力的人，他以前所未有的新角度更新事物。你们知道，你们选择的是一位伟大的作家，一个不同凡响的教授，他的教学对于听众不是一堂课，而是一种经验［……］。命运让物的愚蠢暴行——这是他唯一可以憎恨的现实——结束了所有这一切，而且就发生在这所我曾请求你们让他进来的殿堂的门口。如果我不曾知道他在这里很幸福，如果我不是感到应该从他那里给你们带来越过忧伤的友谊的微笑，那我是承受不了这苦痛的。①

写作旅途

巴特的写作生涯基本上是从战后开始的。1945年，全法国获得了解放，而巴特这时已经30岁了，他还没什么像样的东西问世，战后巴黎知识分子的热闹场面无疑对他构成了刺激。首先是萨特创办了《现代》杂志，第二年，乔治·巴塔耶创办了《批判》，这两大杂志成为战后法国新思想的两大传播机器。《批判》吸引了一批另类知识分子，如布朗肖、福柯等。它更具有尼采色彩，因为巴塔耶本人就倡导一种危险生活方式，寻求一种边缘体验，在性和上帝的门槛边徘徊。此外，共产党人阿拉贡创办的《法兰西文学》、卡那帕创办的《新批评》、莫里埃创办的《精神》在当时也颇具影响。

---

① 《权力与反抗》，第100—101页。

最初，马克思主义几乎占据了主导地位。法国共产党在战争期间组织"人民抵抗战线"，在人民中信誉甚高，成为法国的第一大政党。同时，共产党还吸引了大批知识分子，阿尔都塞、福柯、利奥塔等人都曾加入共产党，连当时的巴黎高师校长让·伊波利特也从事马克思主义理论著作的翻译和宣传工作。马克思主义的成功源自它的"总体性"。关于总体性概念的辩论几乎是那个时代的缩影。马克思主义的源头无疑是德国哲学、英国经济学和法国政治理论，但这不同的理论被一种历史观统合在一起而形成一种总体性哲学，这正是萨特在 40 年代初期所要求的那种"综合性人类学"，但萨特那时并没有将社会结构视作他的体系中对自由的一种限制因素，他没有提供一种综合性哲学。而且，他也没有像马克思那样分析物质世界，相反，他最初将物质和意识截然分开。而马克思主义则试图同时解释物质世界和精神世界的规律。

但按萨特的意见，他和马克思主义并不冲突，"马克思主义，无论出于什么样的原因，似乎都不排除信奉某种其他哲学，人们可以既是马克思主义者，又是存在主义者、现象学者、黑格尔派、现实主义者、经验主义者，抑或随便什么主义者"。他们"不可能存在什么矛盾"，"马克思主义是从外部理解历史客观维度的方法，存在主义则是理解主观个人经验的方法，因此，'寻找方法'并不采取反对相反事物进行调和的形式，而是一种统一的在场理论，两种截然不同的本质论现象在里面可以分享一套共有的方程式，用一种单一的语言或术语体系表达出来"。[①] 因此，存在主义的马克思主义是可能的。萨特 1960 年发表的《辩证理性批判》就打算将马克思主义和他在《存在与虚无》中的观点结合起来。

但不久，马克思主义由于冷战而衰竭了。冷战主义者对本国的

[①]　弗雷德里克·詹姆逊：《马克思主义与形式》，李自修译，百花洲文艺出版社 1995 年版，第 176 页。

进步分子进行迫害，同时对社会主义国家也进行封锁，而且斯大林主义的路线使真正的马克思主义者保持沉默。马克思主义理论没有任何发展了，按阿尔都塞的说法，整个马克思主义陷入了一种"法兰西贫困"。倒是另一种人，包括巴特在内的非马克思主义者，试图用另外一些理论如精神分析学、现代历史学、发生心理学等来调和马克思主义。结果，在正统马克思主义的边缘产生了一些创造性的理论：结构主义至少在强调秩序这点上同马克思主义是一致的，或者说，它们都是一种秩序哲学。列维-斯特劳斯就宣称马克思主义是他的三个基本思想来源之一。整个50年代，马克思主义在法国陷入了低谷。它失去了其主导地位，这样，萨特哲学就凸显出来，存在主义处于全盛期，人道主义压过了一切。

但另一股暗流在悄悄集结着，这以列维-斯特劳斯的回国为标志。列维-斯特劳斯1947年底回到巴黎。此前，他在美国碰上了语言学家罗曼·雅各布森，后者给了他决定性影响。这两个人的相识，是现代结构主义的起源性事件。受雅各布森的启发，列维-斯特劳斯将语言学应用于他的人类学研究，他将不同的神话视为一些基本主题的各种变化，在众多的神话下面，存在着普遍的永恒结构，任何个别神话都可以还原为这些结构。神话是一种语言，它由一些基本单元构成，这些基本单元被称作神话素，单独的神话素没有任何意义，就像语言中的音素一样，这些神话素或音素只以一种特定的语法结构形式组织在一起，才有意义。而神话的真正意义，就是这种语法关系，就是这种组织结构。

列维-斯特劳斯的理论显然排除了主体，他把一切都交给了故事后面的那个无所不在的结构。这个结构没有起源，没有主体，没有人性。显然，这和萨特的存在主义背道而驰，后者正是在鼓励人、人性、主体性和人的无限创造性，人的意识被认为是每一种文学和哲学的出发点。萨特所支持的积极人道主义，对于每一种活动，都鼓励"介入"，人的本质、人的历史性、人的自由都由这种"介入"体现和建立起来。列维-斯特劳斯，以及他的最早同伴雅克·拉康，则把人扔进了一个强大的结构之网，人不再是为所欲为的，他不过是整个社会结构中的无足轻重的一分子，他怎么也逃不脱一个系统的控制。所谓的主体，不过是种臣服，人丧失了力量，他缺乏充分的自主性。列维-斯特劳斯和萨特间的对立冲突，福柯在 1966 年曾经生动地表述过，他说："大约在 15 年前，人们突然地、没有明显理由地意识到自己已经远离、非常远离上一代了，即萨特和梅洛-庞蒂的一代——那曾经一直作为我们思想规范和生活楷模的《现代》期刊的一代。萨特一代，在我们看来，是极为鼓舞人心和气魄宏伟的一代，他们热情地投入生活、政治和存在中去。而我们却为自己发现了另一种东西，另一种热情，即对概念和对我愿称之为系统的那种东西的热情。"①

此时，巴特也发现了这种热情。不过，他已经摸索很久了。巴特的写作欲望是被纪德所激发的，青年巴特最早是个纪德热爱者。纪德和巴特有些相似的地方：他俩都是独生子，都早年丧父（纪德 11 岁时丧父），母亲都信奉新教，都弹钢琴，都敏感异常，都谈论欲望，都追求享乐主义。巴特曾远远地见过纪德一次，但他们没有说话、相识，在整个青少年时期，巴特都被纪德所深深吸引，因此，巴特的第一篇文章尝试着论述纪德及其日记。然而，真正在观念上影响巴特的，最早还是萨特。萨特在四五十年代的话语力量无人匹敌，几乎所有的人都在阅读和谈论他。列维-斯特劳斯曾经对此有一个调侃性的回忆，他说，那时，单是看到萨特就是一件荣誉的事。但是，萨特和纪德提出的是两种相反的道德和美学原则。巴特一方面想做纪德的镜像，他说，一个人开始写作的时候，总是会

---

① 布洛克曼：《结构主义》，李幼蒸译，商务印书馆 1980 年版，第 12—13 页。

把自己等同于、看作另一个已成功的作家，纪德对巴特来说，就是这样一个作家。而另一方面，萨特也吸引了巴特，萨特的热情、果断、纯真、战斗气质和令人激动的声名让他几乎成为当时所有年轻人的偶像。

巴特就是被萨特引向现代文学之路的。他读过萨特的很多著作，《波德莱尔》在他看来是萨特最伟大的著作。但萨特对巴特的影响更多是反面的，巴特常常从反对萨特的意见出发，或者说，他常常站在萨特的反面，如果说，这种对立不是一种蓄谋已久的敌意的话，它更可能是一种"影响的焦虑"，巴特针对着萨特，并非因为萨特的著作漏洞百出，相反，倒可能是萨特的著作太强大了。说到底，两人并不是在较量真理（两人没有事实性的在场冲突），而是气质上的深刻差异导致世界观的根本不同。正是在这种意义上，《写作的零度》是萨特的影响结果。无疑，正是因为萨特提出何谓文学，巴特才提出何谓写作的，而且，巴特明显地接受了萨特的部分观点，例如文学等同于散文等。

战后的马克思主义也一度吸引过罗兰·巴特。可以肯定，青年巴特始终是摇摆不定的，法国的新思潮弥漫在他的周围。通过一个朋友的引荐，巴特读了马克思，并一度转向马克思主义，但他最终没成为一个斗士，而且，他的那些马克思主义伙伴对斯大林主义也无能为力。巴特后来对此回顾说，他读过马克思、列宁和托洛茨基的一部分著作，尤其是马克思的著作，他在晚年还经常翻阅。不过，重读马克思就和重读萨特、普鲁斯特、傅立叶一样，巴特从中找出一种纯粹的乐趣。马克思的著作常常有出其不意、难以预料的地方，正是这些逆转、这些词句的拐弯吸引了巴特，巴特从中获得了一种非政治化的乐趣。他将马克思的著作纳入他的形式主义框架中。但早期，尤其是战后几年，巴特不可能忽视马克思著作中的变革力量和批判维度。《神话学》带有明显的马克思主义影子，这也是巴特写作生涯中的唯一介入时光。《神话学》旨在揭示当权阶级的虚伪本性以及日常生活中人们无意流露出来的自欺欺人。不错，《神话学》没表现出战斗的激情，但显示了严峻的理性。另一个马克思主义者布莱希特也吸引了巴特，那是在1954年，应法国国家剧院的邀请，柏林剧团来巴黎上演《大胆妈妈》，巴特观看了戏剧，非常激动，尤其是节目单上20行左右的布莱希特论戏剧和艺术的语句，令巴特难以忘怀。从此，巴特大量阅读布莱希特的著作，他在布莱希特那里发现了"一种快乐和理智的警觉的伦理"，他热爱布莱希特的戏剧，但更喜欢布莱希特的理论著作，尤其是《政治和社会论集》。布莱希特的这种随笔集，"采用了一千种形式，不仅仅是论文，还有些微的对话、计划、布告、注释、时间表：一切都使事物变得生动起来"①。巴特对布莱希特的印象太深了，在70年代写作《罗兰·巴特谈罗兰·巴特》时，他担心没太多的话说，倘若真的如此，"就把布莱希特的段落插进去"。

萨特、马克思、布莱希特的幽灵从战后开始在巴特的身上徘徊了近10年。在这个"伟大的系统"保护下，巴特的《写作的零度》《神话学》以及一组戏剧论文完成了。下一个"伟大的系统"就是索绪尔了。这位瑞士语言学家恐怕无从预想，他的那本《普通语言学教程》几乎制造了一个批评世纪，尤其是对现代结构主义者来说，索绪尔堪称舶来的教父。他先是被雅各布森等人发现和利用，然而真正创造性地使用其理论的，还是法国的结构主义者，他们充分发挥了索绪尔的系统性观念，建立了一种系统性哲学——结构主义，从而抵制了存在主义的泛滥。同时，巴特将索绪尔理论熟练地运用在另一些毫不相关的对象上，依据语言学模式来分析和谈论它们，这样，任何被谈论的对象都躺在语言的手术台上，它们以一种新的

① *The Grain of the Voice: Interviews 1962－1980*，p. 225.

面孔——语言面孔——暴露出来。显然，罗兰·巴特是这一领域最杰出的外科医生，他比另几名结构主义巨头更忠实于索绪尔的理论，也更乐于应用这些模式，他在语言学理论和具体对象的联结中表现得游刃有余、优哉游哉。正是这种才华横溢的磨合能力，使他跻身于巴黎的名流之间，他那些被称为结构主义时代的著作——《服饰系统》和《符号学原理》——毫无疑问，将和结构主义一词共存。

法国流行的新理论从头至尾吸引着巴特，巴特也在从头至尾创造着新理论。他既受新理论的影响，又影响着新理论，或者说，他就是新理论的中坚。但最终，巴特又从不固守着一种理论。巴特的风格在最大限度上弱化着理论形式，他从不为理论构筑一个标准的空间场所，相反，他总是在既定的理论框套里穿进穿出。这种姿态、这种变化欲望或许表达了对理论的蔑视感，对理论本性的强烈质疑。任何理论都有足够的封闭性，它意味着一套自足的、完整的话语秩序，或者，理论至少有内在的系统性冲动，它有一种收敛自己、完善自己、说服自己的远景目标和逻辑程序，它试图表现一种话语力量从而表现出某种征服性。理论必然会嵌入历史之链，在一个更为宏大的背景中，它许诺它的缺陷必然性以及必要的开放性，这样，理论总是承认它的缺点且容纳另一些局部理论之流的涌入，最终理论在历史上以完善自己为己任而不是自暴自弃。就此而言，巴特的所作所为似乎不是一个理论家的事业，似乎在谈笑间，他就把他刚才的一套说辞扔进历史的尘土中，尽管这些说辞具备足够的理论资本，而且表现出全新的足以令人自豪的智性力量。这种变向、这种永远的迷途、这种摸索显然不应被充满惰性的理论捕捉住，它恰恰是反对理论本身、挣脱理论之网的创造性活力。

在和《泰凯尔》杂志的接近中，巴特为他的这种反复无常找到了坚实的依据。泰凯尔是一群理论疯子的组织，在这里，所有离奇的想法都不会遭到质疑，它尤其推崇一种不确定性理论，特别是德里达和克里斯蒂娃摧毁任何顽固系统的理论。《泰凯尔》杂志创刊于1960年，其创办者是作家菲利普·索莱尔斯，他和让·雷卡多是这一范围广泛的活动的参与者，克里斯蒂娃、德里达、普列内等都是泰凯尔小组的成员。总的看来，他们坚持一种形式主义理论，将文学视作语言的试验场所，语言表现出它的多种组合能力，同时，它总是在差异的轨道上运行，它既不自我认同，也不指涉外物，文学就是这些来去无踪的语言轨迹。写作不是表达现成的知识，而是探索在语言中什么是可能的，并且扩大着语言的独立性。文学文本不再限于一个意义和一个主题了，它需要无限的解释，它包含过多的歧义，因此，作者那种一厢情愿的主题在漫无目的的语言中迷失了。他本人也不再是文本的控制者了，只有文本自身在说话，在运作，在无边无际地游荡。

看看罗兰·巴特这一时期的著作就会清楚，他和泰凯尔小组在主张上是多么一致。他和索莱尔斯、克里斯蒂娃夫妇结下了深厚的友谊，这两人几乎是他后半生最密切的朋友。在去世前两年，他将他论述索莱尔斯的论文汇编成册，以《作家索莱尔斯》为名出版，从而记录他们之间的友谊。对克里斯蒂娃，这位迷人的保加利亚姑娘，巴特充满了爱慕之情；而克里斯蒂娃则既是他的崇拜者和理解者，同时也给了他有益的启示。在一篇热情洋溢的评论克里斯蒂娃的文章中，巴特写道："克里斯蒂娃善于改变事物的地点。她总是打破刚形成的预想，即我们原以为能从中得到安慰，并为之感到骄傲的观点……她推翻权威——独白科学之权威。"[1] 这既是在谈论克里斯蒂娃，又是在谈论自己，他们无疑是巴黎知识界最著名的两个理论流浪儿。正是泰凯尔小组和罗兰·巴特的相互影响，造就了六七十年代法国批评界的探索潮流，他们将结构主义时代推进到后

---

[1]　陶丽·莫伊：《性与文本的政治》，卢婧洁、杨笛译，时代文艺出版社1992年版，第195页。

结构主义时代，巴特的《S/Z》《符号帝国》《萨德 傅立叶 罗犹拉》正是这一时期的产物。

实际上，整个 20 世纪，很少有人没在尼采那里呼吸过，尤其是在法国，战争一结束，马克思、弗洛伊德和尼采的巨大身影就挺立在专注于思想的人们面前。马克思被一些共产党人如加洛蒂（Roger Garaudy）、戈尔德曼（Lucien Goldmann）、阿尔都塞等人疯狂地阅读和使用。阿尔都塞在后期马克思主义那里，尤其在《资本论》里，发现了结构主义的因素，他用结构主义的观点解说马克思主义成为轰动性的事件，这种反人道主义的马克思主义吸引了无数的年轻学生，他们人手两册阿尔都塞的大作——《保卫马克思》和《读〈资本论〉》，阿尔都塞一跃成为巴黎的学术明星。弗洛伊德则被拉康创造性地使用着，拉康用语言学模式——浓厚的结构主义色彩的语言学模式——改写了俄狄浦斯的发生史，同时也解说了弗洛伊德的无意识理论。这位傲慢而古怪的精神分析学家经常做出一些无法用精神分析来识读的离奇事情，他三番两次同国际精神分析学会闹翻而自立门户。拉康对弗洛伊德的创造性阅读，可能是整个结构主义时期最富有价值的成果，它展示了理论想象力的极致。然而，对法国知识分子来说，尼采是他们最重要的资源，他培养了法国的癫狂而邪恶的一代：巴塔耶、克罗索夫斯基、布朗肖、福柯、德勒兹，这个名单的最后也许就是罗兰·巴特。不过，巴特克服掉了尼采的狂热气质，他是个优雅的尼采，他以内在的沉着和智性降服了尼采的那种压不住的冲动，但他在本质上是个尼采主义者；尤其是在他的后半生，他不恭地提到"政父的屁股"。他一直像尼采一样采用警句写作，采用断片写作；他一直在谈论欲望、意志；他也创造自己的伦理哲学，阐述自己的道德谱系；他也厌恶上帝、真理、逻各斯和本质；他也有他的权力观和快乐观——我们只要看看他的《文本的快感》《罗兰·巴特谈罗兰·巴特》《恋人絮语》，我们马上就会相信，他的主题多像尼采的主题啊！尤其是当他愤愤不平地指责他原先的三个导师"马克思、弗洛伊德和索绪尔是三个宪兵"的时候，我们当然会相信，尼采才是他真正的终生情人。

第二章 50年代

写作/零度写作

纪德的重影

到底是因为热爱纪德,所以才感觉出他们有诸多相似之处,还是因为二人有诸多相似之处,罗兰·巴特才热爱上纪德?一个人对另一个人产生一种非权力性征的魅力,到底是缘于前者的真实面目,还是后者的想象性判断?为自己寻求一个偶像,到底是为了遵奉他,还是为了替代他?极力高扬一个人,到底是表明自己的不足,还是为自己寻找信心?评述一个对象,到底是为了揭露对象,还是暴露自身?在纪德和巴特的想象性关系中,包含着这样一系列的二重可能性。在《论纪德和他的日记》——巴特的第一篇文章——中,巴特并没有将纪德纯然视作一个对象、一个他者、一个客观物,相反,他把纪德同自己融为一体,纪德是他的一个寓所、一个替代物、一个说话讲坛。这篇文章充分展示了一种移情功能,巴特以一种以己度人的方式,将他的诸多特性同纪德重叠在一起,他挖掘出的纪德的东西,正好是他的东西;他对纪德所下的断语,正好适合于他自己。《论纪德和他的日记》中的确有一些同 30 年后《罗兰·巴特谈罗兰·巴特》相似的句子。他对纪德毫无保留的赞扬，对纪德在文学史上的对称位置，对纪德的伦理态度和作品形式的确认，也许最终就是在诉说自己将来的历史性命运。

此时，罗兰·巴特 27 岁，这个青春季节对他来说却是一段黯淡时光，他一无所成且孤立无助，他需要同自己的身体做双重斗争：一方面，他的同性恋倾向折磨着他；另一方面，反反复复的肺病折磨着他。这种反常的和虚弱的身体状况难以支撑他的信念。正是纪德，同样是个同性恋者，同样有一副糟糕的躯体，成为巴特的路灯。确实，纪德和巴特有太多的相似处了，这些相似点足以构成巴特写作和文学之路的一个支撑点，足以构成久居外省偏僻疗养院的一个青年的精神支柱。对巴特来说，纪德可能在如下两种情况下，都起着决定性作用。一方面是巴特的写作之梦想，纪德或许就是点燃这一梦想的人，正是经由纪德，巴特才决定开启他的写作生涯。另一方面是，巴特的梦想总是被（失学和疾病）不断地延缓着，而纪德正是使之不最终熄灭的原因，在此，纪德总是一个暗示性的存在。

纪德也许就是巴特的文学之父，巴特将自身流淌的血液等同于纪德的血液。他发现了纪德的矛盾性。"纪德是一位同时性的存在者"，他不被一种单一的东西主宰着，他的周身同时并存着各种相关的或对立的东西，纪德的日记表明了这点，他"像一位审慎的放映员一样"，"不断调节自己的形象"来抵制观众一成不变的惰性。尽管他博览群书，但仍不改变自己，他和各种伟大的心灵接触，不过是将他们作为自我的确认；他处于各种潮流的交会处而又不为所动，他始终不被外物带走或驾驭从而迷失自己，尽管他本人内心充满着矛盾，内心总是在徘徊、观望和犹豫不决。因此，在巴特看来，纪德的日记应归属于那种"自我中心"的著作，正是这些日记显示了纪德的外表，泄露了作者的隐私，"勾绘自己的轮廓，列示他的边缘"。同时，纪德的日记展示的是一些细节，他津津乐道于琐碎之物，而且不加调整、归纳，也不预先构思，这样，他就更有泄密的可能性了，从日记中就能洞察纪德的真实处境。如果说，纪德的作品是他的深部的话，那么，日记就会显示他的"外表有多么宽广"，因此，日记同样是一种艺术品，而且，它的一些句子介乎忏悔自白与创作之间，完全可以"将它们插入小说之中"。

巴特将纪德和蒙田相提并论，而且，他令人惊讶地发现了"二重唱"式的法国文学特色。这些"二重唱"正好是隔世纪的，如帕斯卡尔和蒙田，卢梭和莫里哀，雨果和伏尔泰，瓦莱里和笛卡尔，以及蒙田和纪德。"没有什么比这一特点能更清楚地证明法国文学青春常驻的了，同时它也正好证明了法国文学的战栗性和柔顺性，这些特性使它逃脱了系统的僵化，并使其古老的过去和现在的智慧一接触就恢复了活力。如果说伟大的法国文学经典是永恒的，这正是因为它们始终可以被改变。"[1] 法国文学的这种柔顺性和战栗性在纪德那里暴露无遗，因此，人们常常在他那里发现前后不一和躲躲闪闪，纪德的态度和那些坚定的强硬的态度相去甚远，他从不粗暴地对待他人和事物，而是以一种谦逊和适度的方式，一种被世俗道德习惯地称为病态的柔弱方式进行自我剖析，无所保留，"巧妙地退缩或勇敢地维护自己，但从不以自己的改变而对读者滥施影响"。这样，纪德从不使用一种令人难受的宣告方式。

巴特发现了纪德的形式主义痕迹。纪德在日记中宣称，他的作品只能从艺术的观点加以判断。艺术的观点按照纪德本人的解释，就是置意义于度外的写作法则，就是像福楼拜那样只关心具体的写作质量的原则。巴特据此认为，如果《地粮》事先有一个固定意图

---

[1] 《符号学原理》，第23页。

的话，就不会如此优美隽永。纪德的诗尤其如此，他根本不是一个
解释者，他自己最终都不明了他的诗的内在意义。纪德的小说如
《伪币制造者》的特点也是绝对无用性，它们不过是些游戏，什么
都不证明，"它们是由构想故事的无上快乐中产生的，作家在无限
众多和生动的可能方面中将自己输入故事"，"纪德怀着极大的快乐
构思着他的人物"。① 他的作品是其意志的表现，一旦他想成为某
个人物，他就通过小说呼唤出那个人物。而且，纪德也是现代几位
最伟大的重视写作程序的小说家之一，艺术只是一种游戏和技巧。

最后，巴特在纪德那里发现了平凡性和普通性的魅力。纪德的
作品中有时徘徊着平凡性的影子，它包裹在他的风格中，这种平凡
性和他的优雅语言相辅相成。在巴特看来，平凡性和普通性包含着
一种魅力，它用最平实的语言陈述最显然的道理，而未说出来的东
西则诱惑着我们，我们将很自然地被引导去发现它们，因此，经典
作家的作品中总有一些隐蔽、晦涩而模棱两可的主题，他们是一些
"省略掉多余物（庸俗之辈总喜欢这些多余之物）的大师"，显然，
纪德当仁不让地同拉辛、司汤达和波德莱尔共享大师的称号。

《论纪德和他的日记》充分显现了巴特的早熟气质。事实上，
巴特的全部历史都隐含在这篇少年老成之作中。如果考虑到巴特后
来的发展道路，这篇文章更应被看作他登场时的种种暗示。他在纪
德那里发现的矛盾性实际上一直缠绕着他一生，他确实从来没坚执
过什么，从来没在对象上固执地驻扎良久，他也的确没有坚硬的心
灵；相反，他自身也总是左顾右盼，他同样也漫无目的地摸索，他
可以随意地改变自己任何时候的观点，随时可与自己的过去为敌。
他用黑格尔的话为纪德辩护，同时也为自己辩护："在常识看来，
真伪的对立是某种固定的东西；常识期待我们去赞成或拒绝一个现

---

① 《符号学原理》，第30页。

存的系统全体。它不把各哲学系统之间的区别看作真理的逐步发展，对常识来讲，差异只意味着矛盾……把握矛盾的心灵不可能将其消除或只看到其片面性，而是（在似乎与本身对立和矛盾的东西的形式中）承认相互必需的因素。"[1] 矛盾不仅是必需的，它甚至是一种品性，一种决不粗暴和强硬的气质，相反，它导致了一种"谦逊"和"适度"。巴特在功成名就之后依然保持着这两个原则，在一次被问及是否喜欢被采访时，巴特回答说不喜欢，因为采访行为容易使人产生联想，认为被采访者乃是一思想家，同时，被采访人还得不停地说"我"，这同样令人产生厌烦心情，不停地说"我"显然表达了某种自我中心的情绪，而思想家的标签则被巴特谦逊地拒绝了。

这种矛盾性的另一个结果是写作中表白的削弱。他不断定一些东西，尤其是不采用自信的口吻，不采用"令人难受的宣告方式"，而是缓缓地揭示事物本性中极细微的变化。纪德同读者的这种平等关系同样在巴特那里存在着，巴特总是在平静地诉说着，从容而舒缓，完全不像尼采那样在高处大声吆喝着；他甚至不相信写作中的影响，不相信作者对读者的影响，他否认任何教训意图，相反，他后来干脆否认了作者的存在，而把读者的地位无限抬高了。他只承认作者和读者间的流通作用而非训导作用。

这篇文章还过早地暴露了巴特与生俱来的形式主义气质。在《写作的零度》中被系统阐发的不介入写作早已被巴特从纪德那里捕捉到了。纪德日记中宣称不要意义的句子受到巴特的肯定，写作仅仅是写作，而无须解释，无须意图，无须介入，总之，写作是不及物的。这种重视写作程序的写作观被巴特在 10 多年后系统阐发了，但无疑，这是他年轻时就埋下的形式主义种子。同样，快乐是

---

[1] 《符号学原理》，第 24 页。

巴特中年之后的主题，但这篇文章中依然可发现快乐伦理学，纪德在写作中发现了快乐，那些同儿童相像的虚构本能是快乐的源泉。正是虚构，写作中的异想天开，写作中的随心所欲，写作中愿望的满足，它们既构成了快乐本身，又促使作品产生；同时，这种快乐同身体、同意志联结在一起，写作说到底是一种身体行为，一种感官行为，一种谋求身体舒适性的行为，巴特提到纪德想成为一个什么人物时，他就通过写作的方式让自己成为那样的人物，正是在此，巴特将写作——虚构性写作——同意志、欲望、身体和享乐联结起来，而这几乎是巴特世界观中最重要的主题了。

　　巴特似乎是通过纪德的品质来确定他的品质的，或者是通过他的品质来确定纪德的品质的。无论如何，巴特在此明确地述说了他的未来——尽管他也不是用一种宣告的方式，而是用他贯穿一生的温和的随笔方式。似乎难以断言，一个人在 27 岁就明确地形成了他的世界观，就明确地看到了他的后期哲学，但巴特显然在这个时候就看到了他的内心，看到了他日渐成形的气质，看到了他摇摆不定的本性。如果将一种哲学和一种气质结合起来，将一种人生观和一种身体性征结合起来，并将二者看作一条纽带上的两个逻辑点的话，巴特的全部哲学、全部知识、全部趣味当然就是命中注定的。他看不到他将来的著作和想法，但他的身体已经预示了它们，他的知识不是生长在书本上的，而是生长在身体上的。因此，《论纪德和他的日记》与其说是巴特在纪德那里的客观发现，还不如说是他内在气质的不经意的散发。如果再往后翻到《写作的零度》的开篇，我们更能相信——依巴特对风格的理解——他的一切，最初都源于他的生物学基础。

　　他的随笔方式也不例外。在《论纪德和他的日记》的开头，巴特就明确表示，他不愿意将纪德纳入一个绝对不会令他满意的体系中去，而是将他的不连续性的笔记原样刊出。他的理论理由是，

"不连贯似乎总比一种歪曲的秩序要好一些"。对他来说，秩序似乎就是天生歪曲的，他几十年的著述形式都不遵守一种严谨的秩序，他不是按照一个庞大的系统性要求去一步步地巩固一种总体性，相反，他"不想掩饰它们之间欠缺连续性的事实"。巴特发现了纪德的方方面面，但并没在纪德那里寻到一个隐藏的聚焦点。他只是把它们展示出来，而且，也没有明确的顺序要求。这在他后来的著述中更突出了，甚至被故意地强调了。他将随机形式、任意顺序置于一种写作机制之中，并明确了它的理论来源——反总体性的解构潮流。然而，在 40 年代，在他 27 岁之际，他不过是依生命的本能，依一种与生俱来的断片气质，就抓住了 20 多年后风起云涌的理论主张，也许，他天生就是一个解构分子。

作为一个史实证据，《论纪德和他的日记》还暴露了巴特的早年读书生活：他所涉及的范围以及他最早的文学趣味。显然，巴特显示了他对法国文学史的熟悉，他能总结法国文学的特性和运动规律，这无疑是一个庞大阅读行动的结果。而且，富有意味的是，他将帕斯卡尔和笛卡尔也纳入文学传统中，这两个传统意义上的数学家和哲学家被巴特以文学的眼光打量着，这同样暗示了巴特日后搅乱体裁的信念：没有文学、没有哲学、没有史学，只有写作，只有语言，只有文本。写作和语言穿透了学科疆域，推倒了文类的围墙，一切文本中只有语言的灵性在涌动。另外，巴特还提到了大量的作家，尤其是多次提到尼采，尼采的大名贯穿巴特的写作生涯，他的意志哲学、身体哲学、断片文本、格言警句始终在巴特这里存留着，尽管二人间有显著的差异；巴特还提到了蒙田，并将纪德作为蒙田的对偶显现在文学史中，事实上，较纪德而言，他更像是蒙田的对偶，他更好地承继了蒙田以来的法国随笔传统，蒙田、纪德、巴特是法国文学天空中三个伟大的随笔星辰。

最后，《论纪德和他的日记》终究是个文学批评文本，而巴特正是以文学批评家驰名于世的，他巨大的影响也是在文学领域，他的读者和崇拜者大部分在文学系，尽管他涉足过无以计数的领域，他谈及的对象五花八门。文学批评萌生在他最初的尝试中，显然那也是他最内行的尝试，他常常离开文学、离开文学批评，但最后他总还是要回到文学批评，回到文学领域。《论纪德和他的日记》，这个文学批评话题，这个文学性话题，永远是他的起源性话题，是他的源泉、他的阴影、他的幽灵、他的命运。写作则是这个文学幽灵的吟唱，文学命运的主题曲。

历史、语言、零度写作

写作纠缠了罗兰·巴特的一生。他的一生是在写作中度过的，写作是他的漫漫通道，是他的存在环境，他的人生旅途，他行走在写作之中，一如鱼儿畅游在湖水中。巴特就是在写作中呼吸、成长和生活的，在踏上这个写作之途之初，巴特就以特有的敏识和睿智打量他未来的终生事业，他首先给这个他将托付其生命的事业定性，他试图弄清写作所蕴含的一切秘密，包括它的时间性存在、它的历史命运、它的动力和魅力源泉。它到底在何处令他如此为之迷恋呢？

《写作的零度》因此就成为巴特的一个总的序言，成为他写作生活的一个引子。如果说，《论纪德和他的日记》暴露了巴特与生俱来的气质、趣味和生物学倾向的话，那么，《写作的零度》——巴特的第一部著作——则是巴特最初的思考、辨识和认识论源泉了。前者是感性的产品，后者是理智的判断，《写作的零度》从头至尾都有着冷静、平实和从容的语气。无疑，这是巴特深思熟虑的结果，他将法国的文学史还原为一种写作史，并从高处轻松地然而也是大概地把握了它的基本线条。巴特并没有拘泥于小节，他没有在细部对法国的写作史做出微小的辨析，按他的说法，这不过是一部"写作史的导论而已"，然而，这种粗略的把捉非常有趣，他道出了另一种类型的法国文学史——不同于前人的法国文学史，尤其是萨特的法国文学史观，这一点意味深长：《写作的零度》正好是针对着萨特的《什么是文学?》，且对法国文学，尤其是 19 世纪以来的法国文学做出了截然不同的价值评估。

在《什么是文学?》中，萨特提出了三个问题：什么是写作？为什么写作？为谁写作？第一个问题，萨特的见解谈不上新鲜。他将绘画、雕塑、音乐三种艺术类型同文学艺术做了功能上的区分。在他看来，这三种艺术不是符号，不引向自身之外的他物，它们固守在自身形式之中，因此，它们不算是"介入"一类的东西，因为"介入"的最基本意义是干预他物。相反，以文字作表达工具的作家则不一样，他们是"与意义打交道的"，他们不可避免地具有"介入"的可能性。在此，萨特明确地将意义和文字联结起来，他默认的前提是，只有文字才有明确的表意性——只要写下文字，就在展示意义。无论如何，在 40 年代，这个观点开始暴露它的陈旧性，此时，维特根斯坦和海德格尔都在关注文字、语言和意义的问题，萨特的这种理论此时显得多少有些无力。不过，萨特别出心裁地将文字表达区分为诗歌和散文两个领域，他将它们看作对文字的两种不同的使用方式，诗不是"使用"文字，相反，是文字使用诗，诗的语言是非功利性的，它将词"视作物，而不是符号"——萨特的符号概念显然不是后来符号学理论中的符号：符号学理论承认符号具有物质性和表意性，萨特仅承认表意性，或者，符号等同于一种表意工具而无任何何能指性征，因此，音乐等艺术类型在他看来不是符号，诗同样也不是符号，它不具备一种清晰的透明性和对应性，诗直接将词处理为它自身的对象和目的，这样，同绘画、雕塑、音乐一样，萨特也不指望诗具备介入的功能。

因此，"介入"这一重大使命便落到了与诗相对的另一种文字表达形式——散文的肩头。对于散文作家而言，词是客体的名称而不仅仅是客体对象，应将行动结合起来去理解散文作家的语言，在散文里，所有的词语都揭示或联系了实在世界的一种运动变化，词和世界达成一种密切的关系，作家说出的话语，无疑都是对世界的一种态度、一种参与、一种"介入"。这样，散文作家就通过语言来行动，通过语言固有的揭露本性向世界交涉，他的职责是令人知晓世界，令人承认世界同他相关，令人不再盲信他能轻易从世界中脱身。就此而言，散文作家的律令乃至于伦理原则是，他应该将其身心投入他的作品，并具备坚强的意志而非以被动的状态去干预世界。

这样干的目的何在？为什么非要以这样的意志去打搅那个世界？最简单的质问可以这样表述：为什么写作？萨特当然以他的悲天悯人的人道哲学做答，那就是贯穿他一生的信念：自由。作家对世界的介入，其最后的算盘就是要和读者一道争取自由、保卫自由。在萨特看来，"写作活动包含着阅读行动，后者与前者存在着辩证的联系"，一切艺术都需要他人的参加创造。作品的存在取决于读者的接受水平，创作只有在阅读中才能臻于完备。因此，"一切文学作品都是一种吁求，写作就是向读者提出吁求"。萨特的这些言辞无疑是接受美学的先声，不过，接受美学剔去了萨特的显得局促的自由观，不论是姚斯，还是伊瑟尔，乃至斯坦利·费什，他们都将文本的意义转嫁到读者的能动性上，他们大致的共同前提是读者乃文本的意义之源，他们的分歧不过是读者生产意义的方式上各有不同。伊瑟尔强调的是读者对文本空白的想象性补充和再创造，费什则考虑到字词在读者大脑中的运动行程，而萨特完全是伦理学的考虑：读者和作者怎样在自由这个伦理学区域相遇，而且，自由成为判别作品的至关重要的标尺，它是作者和读者辩证的良性循环通道。萨特和后来读者中心理论的另一个差异是，他并没有完全交出写作主体，相反，他既承认读者的无上地位，又过分估计写作主体的作用。他要求写作主体去影响读者，读者在作者的引导下进行再创造，因此，这个写作和阅读过程就是个不折不扣的参与过程，一个具有辐射力的过程，一个双向过程。

正是因为强调读者，萨特接下来就自然提出了"为谁写作"的问题。萨特正是以此为主线灵活地考察了法国文学史。作者和读者的阶级和经济上的二重关系，在他看来就是全部法国文学史的真相。他断言，"一切文人必然是阶级的或压迫种族的食客"，他们只消费不生产，因此，他们只是被另一些人养活，尤其是被那些领导阶级养活，他们养活作家的主要意图是委托艺术家们描绘他们的形象从而进行精神上的反省（他们在物质上无忧无虑），同时，又意图控制艺术家的破坏潜力，但事实上，很多情况下，"作家的行为与养活他们的那些人的利益背道而驰"。这样，作家和领导阶级最初的冲突就产生了。

不过，在 17 世纪，这样的冲突尚不多见，作家当时尚未有潜在的读者，他们的读者是固定的、为数有限的、受教育的统治阶层，而人民大众尚未有阅读的权利和能力，因此，作家和读者保持着默契的关系，读者不仅阅读，还要监督作家的写作，这样，作家和统治阶级的读者就成为同谋，他们及其作品就和等级社会紧紧拥抱在一起。由于当时的社会具有某种相对稳定的形态，社会意识也几乎是铁板一块，宗教和政治思想的力量十分强大，禁令森严，作家无从谈论和寻觅新的思想地盘。萨特称 17 世纪的作家为"古典主义作家"，那个时候的"阅读——正如我们已经看到的，阅读是作家和读者之间的具体联系——变成一种类似礼节性的表示谢意的客套"。作家和读者和气一团——这就是没有潜在读者和冲突性读者的写作和阅读状况。

然而，机会来临了。18世纪是天赐良机，领导阶级的统治信心减弱了，教士不复存在，教会文学也陷入泥潭，上升的资产阶级开始读书，他们渴望创立一种属于他们自己的思想意识，他们不可避免地和领导阶级发生冲突，这样，"作家是脚踏两只船"。文学介于一些纷乱的愿望和一种渐趋灭亡的思想意识之间，"它就像作家处在资产阶级、教会和宫廷之间那样，突然表现出自己的独立性"，从此时起，作家就为自己，同时也以一个作家的身份要求思想的自由和表达思想的自由，作家写作就是向他的资产阶级读者发出起来造反的号召。

19世纪中叶以后，情况又发生了变化，资产阶级思想与文学要求之间出现了深刻的矛盾，而潜在的读者亦出现在社会的底层，作家似乎又面临着"脚踏两只船"的境地。然而，这次，作家们彻底退缩了，写作同无产阶级的物质要求无任何共同语言，它也拒绝为资产阶级意识形态服务，这样，写作就充分发展它的技术独立性，它被一种唯美主义的形式原则所吸引，它耐心地锤炼其写作技巧，它在字词句的组合原则方面苦苦斟酌——这就是福楼拜以来的唯美主义写作形式。这却遭到了萨特的激烈指责，作家耽于技艺而对世界置若罔闻的态度，被萨特称为"词语的癌症"。萨特所称道的是那种具有历史感的作家，那种对世界采取态度的作家。

萨特的文学史观无疑是极具启发性的。他利用阶级冲突、作家的现实生活状况以及作品的稀薄的商业气息来解说文学的演变，无疑具有历史唯物主义的影子。他的决断语气、自信口吻和不容辩说的气势虽然多少削弱了他的严谨和耐心，然而，他的描述总的来说是符合历史实际的。巴特几乎完全接受了他的分期观点，然而，巴特却做出了和萨特截然不同的评判。萨特的文学观是其哲学理论的寄生物，他从头至尾都在呼吁"选择""介入""自由"。萨特的人道主义充分承认启蒙运动以来的主体性，他是主体理论的人道主义的最后一个大坝，对他来说，文学当然是一种道德律令、一种介入工具、一种选择武器、一种自由吁求，最终，就是他的哲学实践——虽然不是这种实践的唯一形式。文学具有如此的能量，除了萨特单纯而乐观的哲学信仰支撑外，他当时对知识分子的力量还抱有希望，战后，知识分子一度十分活跃，不少人在政治上都跃跃欲试，这让萨特看到了希望，呼吁作家介入，也就是呼吁知识分子介入，从而创造战后法国的不再屈辱的历史。

如果说，在《什么是文学?》中，自由是萨特的核心语词的话，那么，在《写作的零度》中，巴特的重心则落到了语言这个后来不可一世的词语上。自由和语言，它们的差异性一目了然，在巴特看来，它们的基本意义甚至是恰好对立的，语言恰恰是结构化的、奴役性的和充满拘束感的，同时，语言是毫无人性的冷血词语，而自由则是人的基本理想，是人性的完善。萨特显然打算用文学点燃人性的火花，而巴特则将人推出了文学的地平线以外。他把文学托付给了语言，文学既抵制语言又玩弄语言，总之，它是在和语言的交易中行进的。

《写作的零度》几乎是依据萨特的《什么是文学?》来谋篇布局的。因为巴特此时还不怎么谈及读者，所以萨特的第二个问题"为谁写作"，巴特并未明确做答。针对"什么是写作"，巴特提出了全然不同的看法，他从语言结构着手，语言结构"是某一时代一切作家共同遵从的一套规定和习惯"，它全面贯穿于作家的言语表达之中，它是一种无处不在的环境和界限，是作家的一个无法穿越的地段，是一种行为的场所，是一种"无选择余地的反射"，是"人类的而非作家的共同性质"[1]。语言结构的顽固性和惰性对于作家而言，其性质是否定性的，作家对未知形式的探索总要在语言结构这

---

[1] 《符号学原理》，第 67 页。

里遇到阻力，语言结构总是以一种遥远的熟悉性牵扯着作家的求新欲望，对作家而言，语言结构是个摆不脱的反动派、挣不掉的牢狱。

语言结构是作家的他者，是作家挣不脱的地平线，但在同样的语言结构面前，作家显示的不是同一种姿态，他们的作品殊异，这无疑是风格使然。巴特将风格和作家的身体及经历联结起来，形象、叙述方式、词汇这些作品要素都取决于风格，"于是在风格的名义下形成了一种自足性的语言，它只浸入作者个人的和隐私的神话学中，浸入这样一种言语的形而上学中"。风格是一种生物性的东西，是文学习惯的私人性部分，它和社会无涉，它是"作家的事物、光彩和牢房"[①]。它是作家的本能冲动，它应归属于发生学现象。因此，巴特将风格看作是来自底部深处的，它是垂直性的，而语言结构则横亘在那里，它是水平式的，这样，风格的垂直性和语言结构的水平性为作家描绘出一种天性。语言结构起着否定作用，而风格则是一种必然性，"它使作家的性情同其语言结合了起来。在语言结构中他发现了历史的熟悉性，在风格中则发现了本人经历的熟悉性"。这样，语言结构和风格各占据一个地盘，二者之间尚有表示另一个形式性现实的地盘，巴特称之为写作。写作正是协同语言结构和风格的力量，语言结构和风格都是盲目性的，对写作而言，它们都是对象，写作是选择，也是功能，"写作是存于创造性与社会之间的那种关系，写作是被其社会性目标所转变了的文学语言，它是束缚于人的意图中的形式，从而也是与历史的重大危机联系在一起的形式"[②]。从本质上来说，写作是一种形式的选择，是一种"形式的伦理"，作家的写作是思考文学的一种方式，而不是

---

① 《符号学原理》，第68页。

② 同上书，第70页。

扩展文学的一种方式，他只是想在"言语的根源处"来要求一种自由的语言，写作使作家从社会目的性返回其创作行为的"工具性根源"。

巴特对写作的界定同萨特相去甚远，几乎可以说是背道而驰。写作不再是一种呼吁，不再为"自由"的社会伦理学而左右，写作偏离了社会性目标，它转变为一种形式求索。如果说写作要求一种自由的话，它仅仅是要求形式选择的自由，要求一种生产语言的自由。同时，写作不可避免地被记忆所束缚住，它难以完全逃脱语言的先前惯用法，因此，写作还是一种"自由与记忆之间的妥协物，它就是这种有记忆的自由，即只有在选择的姿态中才是自由的，而在其延缓过程中已经不再是自由的了"[1]。这样，写作就转向了自身而回避了介入的功能，作家选择的自由，仅仅肯定了他本人的自由，仅仅肯定了他不再成为习惯语言的囚徒，因此，巴特将写作和作家而不是和读者紧紧捆绑在一起，写作所引起的自由是作家的自由，是一种形式自由，一种言语自由，它和读者的、政治的、伦理的自由全然无涉，也就是说，它和萨特所说的自由全然无涉。

巴特区分了几种类型的写作。他将革命写作、马克思主义式写作和思想式写作统统纳入政治式写作中，他称它们为价值式写作，在此写作中，"似乎有一种意图的目光存在着"，不过，这不再是语言的目光了，它可能是一种惩罚的威胁。行为的现实性和目的的理想性被巧妙地结合起来，它们的字词空间距离被抹杀了，目的和现实被糅进单一的性质中，写作被权势或权势的阴影所笼罩，权势成为写作的方向力量，因此，字词不仅是描述性的，它还是评判性的，它变成了一种"假托"，这种假托是赤裸裸的威胁或颂扬。政治式写作在本质上和权力的运用联系在一起，革命式写作尤其如

---

① 《符号学原理》，第71页。

此，在此，语言甚至和鲜血横流联系起来，写作和一种非常环境联系起来，真理和一种巨大代价联系起来，这决定了语词、写作及其真理务必以一种夸张的姿态展现着，它要借助于一种戏剧方式，它本身"就足以延续日常生活中的绞架"。革命式写作的这种浮夸风由于其真诚性在当时却被看作一种实在，它的膨胀被看作名副其实，"革命的写作就像是革命传说的隐德来希，它使人们震怖并强制推行公民的流血祭礼"①。

马克思主义式写作则完全不同。在此，词汇极其专门化，以至它们有浓厚的技术性，修辞手段都被严格地控制和编码了，它们显得井井有条，语词永远不迸出额外的意义，它们是一种知识的语言，是一种单义写作，它们表演的不是夸张而是内敛，它们强加于自己一种说明的稳定性和方法的恒定性，"马克思主义的写作是间接断定性的，因为每个字词只不过是紧紧指示着一组以一种隐晦的方式支托着它的原则"。只是在和具体行动结合起来后，马克思主义写作才由知识语言变为价值语言，这在斯大林时期的独断性写作中表现得尤为突出，每一个词都充斥着价值评判，善与恶支配着一切语义，没什么中性词语了，命名和判断之间不再有延搁和迟缓。斯大林主义式写作不再着眼于马克思主义式事实说明和理由陈述，而是在说明事实之际做出评判，如"宗教主义"这个词，并不对应着某种错误，而只对应着一种刑罚了。

思想式写作是由于介于战斗者和作家之间的新型作者的出现而出现的。这个新型作者从战斗者那里取得了道义承担者的理想形象，从作家那里获得了作品即行动的意识，这样，一旦知识分子取代了"作家"，一种完全摆脱了风格的战斗式写作出现了，它的典型特性是："在其中语言不占据主导地位，而倾向于成为道义承担

---

① 《符号学原理》，第74页。

的充分记号","写作变得像是写在一份集体声明书下角的签字"。但思想性写作充斥着明显的二重性。文学性并未完全消失，它形成了跨不过的而又神秘莫测的地平线，因为知识分子仍是一个改变甚少的作家，他时时被以前作家生涯的写作魅力所拉住，文学写作作为一个强大的过去背景笼罩着思想式写作，并使它变得脆弱、无力和摇摆不定，它有效地减弱了其战斗性征；然而，思想式写作毕竟是勇于承担道义的，毕竟是战斗者的，这最终决定了它依然是政治式的——写作者乃是一种集体自救的抚慰人心的形象，因此，作为政治写作（巴特称之为对警察世界的肯定与维护）之一种，思想式写作只能形成一种"超文学"，它和形形色色的政治写作一道毫无出路，"它们只可能同流合污或变得软弱无力，也就是说不管怎样都导致了一种异化"①。

那么，小说写作和诗的写作——它们被巴特划分到政治写作之外——又如何呢？小说和历史（著述）有着密切的联系，它们都有一个自足的世界，这个世界自给自足，它们井井有条地安排自己的时间、空间、人物及种种物品和神话，因此，它们立体式地——用巴特的词语是"球形"地——展示这个世界，而这个世界无可置疑地具有丰富性和存在的同时性、多样性。说到底，写作，无论是历史写作还是小说写作，只能依靠一种时间的进程往前推进，它们不可能将同时性的世界存在暴露出来，因此，"小说和历史似乎是一个弯曲的和有机的世界的平面投射图"。它依靠一种简单过去时而行动，简单过去时将现实归结为一个时刻点，它从过去的复杂和重叠的时序物事中抽象出一种单纯的动词行为，这个动词行为快速地和另一些行动、另一些事件牵连在一起，它保证了世界以一种逻辑关系的面目出场，以一种固定方向的轨迹而前行。简单过去时维持

---

① 《符号学原理》，第 77 页。

一种基本的线性调子，而动词则是这种线性——它既具因果性，又具逻辑性——的具体执行手段。这样，小说赋予世界一种可理解的清晰性，世界被小说重塑、制造为一种决定论的神话学，世界再也不是不可说明的，"它的每一事件都只是一种状况，而过去时态正是这样一种运作性记号，叙事者按照它把现实的迸发归结为一个细薄而单纯的动词，没有浓度，没有大小，没有展开，其唯一作用在于尽可能快速地把一种原因和一种目的的结合起来"①。世界就此被一个叙述者牢牢控制在手中，它经受着他的灵巧自如的压力，叙事者有力地拒绝了故事中各存在物的封闭性、孤立性和固有的物质惰性，"因为他能在每一个句子中证实各行为之间的联系和等级关系，最后还因为，无论如何这些行为本身都可以被归结为各个记号"。

这样的一种小说写作无论如何是一种明显的谎言。它描绘的是一种似真性领域，它充满着目的论哲学。正是因为小说的目的论特性，小说本身偏离了世界事实，它建立了可信的连续内容，但其虚幻性暴露无遗，它遮掩着所谓连续性真理的非真实事实，也遮掩着谎言本身的非真实事实。小说因此是统治阶级的普遍性神话学，尤其是19世纪以来的资产阶级的神话学。简单过去时和动词的联合互助助长了这种神话学的欺骗性，世界在此既像是真实的，又像是虚假的，小说展现出一种认识论上的二重性，结果，虚构性的秩序本身代替了那个实存世界，巴特将这种虚构能力视作资产阶级的一种普遍手法。不仅小说如此，其他如道德、信仰、价值寻求等也被资产阶级虚构出来，资产阶级将其看作普遍性的准绳。而这正是神话学的发生机制所在，小说及其过去时是这种神话学实践的最佳对象，其目的性既是沿着秩序对终点的逼近，又暗含着一种教导的意图，这种教导，就是神话学的规劝力，神话学的理想。

① 《符号学原理》，第79页。

写作中的第三人称"他"同简单过去时一样，也在生产着一种不露痕迹的神话。"他"是小说的一种习惯形式，同简单过去时一样，第三人称也在指示着和完成着小说的事实，它在形式上表示着神话，表示着一种规约，是社会与作者之间的可理解的契约因素；"他"似乎包含着不偏不倚的公正立场，既不同作者保持着个人的私密关系，也不是社会的特殊宠物，"他"就此成为一个真实性的记号，同时也是一个作者和社会间的契约中介，正是利用"他"，作者和社会在某个点上达成了联系，无疑，这是作者最乐意也最容易构造世界的手段。小说写作中的第三人称和简单过去时，两者都暴露了作者和社会的契约关系，都暴露了作者固有的假面具，都暴露了作者遮人耳目的谎言。这种写作，这种专门语言的使用赋予作者一种光荣而又受到监督的作用，"这种专门语言显示了一种最初看不见的奴性，而这是一切责任所需要的。起初是自由的写作，最初成为把作家和一种历史联结在一起的链索，后者本身也是被束缚着的。社会给他打上了明确的艺术标记，以便更牢靠地把他引入他自己的异化之中"①。

诗则是完全不同的形式。巴特考察的小说特性主要是针对 19世纪的，而对诗来说，他将它搁置在古典时代考察了它与散文的差异，二者的差异仅仅是数量上的差异，因为古典时期的语言具有不可思议的统一性，它们有完全相同的质地，古典时期只有一种语言，因此，诗不过是散文附加上一些无实用性但具装饰性的规则，如格律、韵脚或意象等等，古典诗只是一种装饰性的散文，它和散文保持着相同的语言、相同的结构。只是到了兰波——我们所称为的现代诗人，诗才打破了古典时期的结构，从那时起，诗和散文才有了质的差异，诗越来越固守诗的领土了，它同时包含了语言的功

---

① 《符号学原理》，第84页。

能和结构，诗现在是一种新生事物，它既不是装饰性的散文，也无传统上的承继性，它开始自得其乐了，它俨然摆脱了同散文的那种密切关系。同时，诗和语言又建立了一种同古典时期截然相反的关系，正是这种新型关系，诗对语言的态度，构成了现代诗和古典诗（包括散文）的最重大决裂。这几乎是一个决定性事件，正是在此，现代意义上的写作——巴特竭力鼓吹的写作——开始出现了。

古典诗（和散文）的语言是被思想所产生的，它们被一种意图所左右，它们服务于一种表达，一种转译，一种说明。字词是关系性的，并尽可能抽象，尽可能剔除一些生动的个性化的同时又容易产生歧义的晦涩意义，甚至尽可能地剔除它本身的含义而直接挪到下一个词语，它妄想成为联系的渠道，成为表层的意图链。古典诗的词汇是一种用法的词汇而非创新的词汇，它们迫切地希望组成一个整体，迫切地希望扼杀词语的独立性，它们力图完善一种程式，完善一种关系的完整性和简洁性，它们力图把思想和字词完整地缝合在一起，并有条理地清出一条思想的绳索；古典诗是一种表达、联结、组织和缝合的艺术，而不是创新、生发、驻守和停留的艺术，字词本身没有光环、魅力、经验、氛围和深度，古典诗的魅力是由词与词的精巧组织、简明关系、老到程序构成的，而不是字词的额外辉光带来的。与此相反，现代诗的全部目标就是消除关系意图而代之以一种字词的迸发作用，它保留字词的词汇学基础，"字词在一条毫无内容的关系线上闪烁，语法被剥夺了其目的性而成为诗律学"，关系并未被消除，不过它再也不是字词的目标了，再也不是字词的对象了。它成了字词的手段，字词借助于关系表现自身，借助于关系依次展示自己、炫耀自己，关系是字词表演的舞台，是字词的一种自然延伸，字词有了自己的浓度，有了自己的光晕，有了自己的意义，有了自己的家，字词在垂直面而不是水平面发挥功能。在此，"诗的字词是一种没有直接过去的行为，一种没有四周环境的行为。它只提供了从一切与其有联系的根源处产生的浓密的反射阴影。于是在现代诗的每个字词下面都潜伏着一种存在的地质学式的层次，在其中聚集着名称的全部内涵……在这里，字词是百科全书式的，它同时包含着一切意义"①。

巴特将现代诗和古典诗绝对地对立起来，这多少有点夸大的成分；现代诗和古典诗当然有明显的差别性，但将这种差别性以完全对峙的状态呈现出来，显然忽略了两者在某些方面的过渡状态。不过，总的来说，巴特的判断是正确的，尤其是他对现代诗的理解一直是唯美主义者的经典评判。现在剩下的问题就是，古典诗和现代诗的差异——进一步而言，古典写作和现代写作的差异——的根源何在？正是这个问题，导致了巴特的勃勃雄心，他打算在此"将萨特的主张马克思主义化"，也就是，将写作的演进归于一种历史的进程，一种阶级冲突和生产方式的更迭中。在《写作的零度》第二部分中，巴特将写作置于历史的河谷中，写作不过是其中的一条船，正是历史的波浪托着它前行。

法国文学正是这样一条船。17世纪资产阶级的写作同其政治上的初次获胜有关，因此，"它首先表现为一种少数派的和特权的阶级的语言"。这种语言同权力集团，同独断论密切相关，它要求一种明晰性，它被一种明显地具有权力性征的说教意图所支配。巴特发现，君主制时代的前资产阶级和革命时代以后的资产阶级使用着同样的写作，它们都是一种普遍性的纯关系意图的古典写作，它们都消除了语言的各种表意可能性，因此，资产阶级革命并未改变资产阶级的写作，它一直徘徊在古典写作的轨道里。这样的结果便是资产阶级的意识形态也免除了分裂，其间虽然有多种多样的尝试，如浪漫主义写作似乎引起了一些形式的变化，但它依然保留了

---

① 《符号学原理》，第88页。

古典语言的根本因素：工具性。因此，它最终没有实质性的革命变化。只是到了雨果，这种资产阶级写作才出现了断裂的迹象。在巴特看来，只有雨果才"引出了语言过程与空间的物质性方面"，他注意到"语言的全部孤独性"，雨果完全摆脱了古典写作的那种字词关系式和工具性，雨果"用自己的风格力量对古典写作施加压力并将其引至分裂的前夕"。

但古典写作的真正瓦解是在19世纪中叶。它瓦解的最终原因——依巴特的看法——是三个重要的历史事实的汇聚：欧洲人口统计学的反转；冶金工业取代了纺织业，即现代资本主义的诞生；法国社会变成了三个敌对阶级，即自由主义幻想的最终破灭。这三个历史性事件首先使资产阶级的普遍意识形态分崩离析，或者说，资产阶级意识形态不再是统治性和主导性的，它不过是形形色色的意识形态之一种，这样，曾被资产阶级意识形态所统治的古典写作不再有任何优先性，它不是唯一的写作形式。于是，"写作变得多样化了。从此以后，每一种写作，精雕细琢的，民众主义的，中立的，口语的，都需要一种最初的行动，根据这种行动，作家接受或摒弃他的资产阶级条件"①。从那时起，形形色色的作家都在构想一种新的文学，他们都在探索各自的字词体系，都在思索文学的存在本身，而现代主义就开始显现在这多种多样的写作之中。

写作形式成为一个无法绕开的话题。尤其是将古典写作同所谓的现代时期即19世纪中叶以来的现代写作对于形式的估价做一对比，形式的价值差异将会明显地凸显。就古典写作而言，形式几乎是不折不扣的工具，古典语言因其自身具备的普遍性征使得作家们将其视作公共财产，对古典写作而言，形式只是一种使用价值。而现代写作，则完全将形式的地位抬高了，在此，形式以劳动价值而

---

① 《符号学原理》，第94页。

非使用价值的形象出现，巴特的意思是，作家们现在开始在形式上倾注大量心血了，他们的写作很大程度上变成了劳作，"写作将不是由于其用途，而是由于它将花费的劳动而被保全"。巴特称此种写作为"作家-艺匠"式写作，它由福楼拜开辟，福楼拜苦心地寻词摘句，包含着一种夸示性技术的规则，福楼拜这种技艺式的写作成为作家在资本主义时代的拯救术。

在某种意义上，自然主义写作也类属于这种艺匠式写作。自然主义的意旨乃是试图逼真地描绘现实，这个意旨的实现无疑需要充分地描绘技艺，然而，自然主义（现实主义写作）正是为了和自然达成一致，取得相似性，它将它的全副精力投置到一种"表现"和"模仿"中。当然，它将有意地使其写作主体卑微化，作家不再是一个字词的随心所欲者，他是个二元论信徒，是柏拉图主义者，他唯一的技艺是模仿的技艺，为此，他忽略了语言的种种变化。巴特认为这类写作永远不会令人信服，而且，那些作家不过是些"无风格的作家"，他们"除了运用其安排记号的艺术之外别无他事可做了"。这些现实主义作家为了达到和对象的统一，他们煞费苦心地在句法上大做文章，在状语的布置上精心设计，但他们彻底忽略了词法，词法根本未进入这些作家的文学视野。

在巴特看来，这种种存在于资产阶级遗产内部的艺匠式写作，并未打乱任何秩序。作家只是在形式中寄托其热情，尤其是在语言中寄托热情，他们暗中损坏文学语言，"时时刻刻炸裂作家的套语、习惯表达、以往形式的再生外壳"。但是，作家对语言习惯的骚乱和破坏本性形成了它们本身的常规，导致了它们本身的规则。文学中现在展现的是混乱和无序的句法，社会性语言在此纷纷解体了，因此，写作（文学）不再发表声明了，它们陷入一种失写症，陷入一种沉默状态，文学趋于瓦解，写作中的字词纷纷脱离了它的原有语境，它们越来越孤独了，越来越自恋了，也越来越纯洁了，总之，文学越来越远离它的社会性目标了，它保持着一种令人惊异的孤芳自赏。除此之外，另一种写作——巴特称之为白色写作——也在试图脱离文学语言，不过，它不是通过搞混句法、解放词语的社会语境来摆脱文学套语的。巴特将这种写作既称为白色写作，又称为零度写作或者中性写作，它是一种"直陈式写作"，或"非语式写作"，也可以说是一种不做判断的"新闻式写作"，这种中性的新写作"存在于各种呼声和判决的汪洋大海之中而又毫不介入，它正好是由后者的'不在'构成的，但是这种'不在'是完全的，它不包括任何隐蔽处或任何隐秘。于是我们可以说，这是一种毫不动心的写作，或者说一种纯洁的写作"①。巴特认为加缪的《局外人》是这种白色写作的典范，这种写作语言的社会性或神话性统统被消除了，它以一种中性和惰性的形式出现，在此，思想以它的本己面貌涌现，而不被一种额外的历史情境所歪曲。这种白色写作或者说中性写作，同以往的写作类型迥然有别，它不同于福楼拜式的艺匠写作，不同于马拉美的无声写作，甚至也不同于普鲁斯特式的依赖于某种社会性存在的写作，这些写作都将语言作为客体，都在语言上花费工夫，都将形式封闭起来，都维护了文学的非透明性征，它们都被巴特所称的"艺匠""魔术师""书写者"等处理和摆弄。然而，中性写作则承认了古典艺术对语言的要求：工具性。不过，这个工具不是古典语言那种被利用的工具，它是作家面对新情况所采用的一种使用方式，即一种以沉默来存在的方式，它摆脱了某种典雅或华丽风格，也摆脱了时间因素的纠缠，摆脱了历史的入侵，摆脱了情绪的介入，在此，语言不是沉重的，不是性情的，也不是不可制服的行为，而是一种纯中性的可变迁的方程式状态。

　　写作、文学、语言处于一种永远无法解决的矛盾和冲突中。语

---

① 《符号学原理》，第102页。

言永远是历史性的，是历史的遗产，无论如何作家永远都摆不脱这种语言习惯的阴影，而他所触及的自然则在不停地改变，在不停地流露出新鲜的特征，就此，写作的悲剧产生了，"因为自觉的作家从此以后应当与祖传的、强而有力的记号抗争，这些记号来自十分不同的过去，却把一种作为仪式规约而非作为相互调和的文学强加于他"。尽管如此，写作仍在热切地梦想，热切地幻想一种语言，幻想一种语言的"至福境界"，就此，不论是写作，还是文学，都应"成为语言的乌托邦"。

《写作的零度》有一半是赞同萨特的，有一半是小心翼翼地反驳萨特的。巴特接受了萨特对法国文学史分段的意见，接受了萨特对散文写作和诗的写作的区分观点，尤其接受了萨特对古典时期的写作的一般描述。在此，巴特几乎是在援引萨特的论述：古典语言力求逼真地再现，力求同现实达成一致，古典语言有着内在的统一性和透明度，它同统治阶级的普遍意识形态密切相关等等；巴特甚至还同意了萨特对福楼拜以来（19世纪中叶以来）的作家的描述：耽于写作技艺而无视社会现实。然而，正是在此，巴特开始和萨特针锋相对了，就萨特而言，形式主义的技巧求索于事无补，对现实无关痛痒的态度令人难以忍受，萨特严厉地指责作家的寻词摘句是患上了一种"词语的癌症"，福楼拜、马拉美，一直到超现实主义这段现代主义文学在萨特看来是没落的、颓废的、可悲的非道德怪物。而巴特则做出了完全相反的判断：福楼拜以后的多种多样的写作恰恰扩增了语言的种种可能性，如果说，文学应成为语言的乌托邦的话，那么，在语言之中求索，在一种既定的历史遗迹中尝试、扩张和冒险，恰恰是对一种乌托邦文学的无限接近。而且，无论是写作，还是写作中的语言选择，都是对一种历史处境的表达，是一种重大危机的不自主的反应，现代主义就此而言，既不是一种个人的选择，也不应受到道德上的攻击，相反，正是历史许诺了这一契机，许诺了巴特一直为之辩解的形式主义立场和理想。

　　《写作的零度》用一种自信和决断的语气显示了年轻巴特众多的立场，尽管这些立场似乎并没有完全统一在一个十分成熟的精神世界中，然而，它们绝不相互排斥。在这些立场断言中（巴特一直不大做过多的论证，他甚至懒得举例，按他的说法，本书不过是一部写作史的导论而已），给人印象尤其深刻的是，他将写作和身体联结在一起，写作风格源自作家的一种生物学基础，正是特殊的身体禀赋，构成了写作中至关重要的环节，就此而言，写作起码有一半是先天性的。日后的巴特正是一个打上了明显的风格烙印的作家，虽然他变幻万千，他的"生物学基础"却总是在那里，比如，对警句、断片、括号的嗜好，对宏论的拒绝，唯美主义和形式主义气质等，正是在这里，在这样一种趣味中，我们可以毫不犹豫地相信他的风格论。确实，写作最初和最主要的是一种身体行为，其次才是同那种语言结构的搏斗，同那种顽固而陈腐的权势搏斗，正是这样，语言也成为巴特一生中的重大主题之一，这也是《写作的零度》显露的另一个重要立场。巴特强调字词本身的厚度，强调字词的空间和物质性方面，强调字词的闪烁、辉光，字词的迸发功能，在这本书中，再也没有比这点被强调得更清楚、更频繁了。巴特日后的写作实践几乎是严格地遵循这一原则，不论是一种有意的嬉戏之作，还是严肃的思想写作（对此，他总是将信将疑），他从来没有因为他的主题的紧迫性而置字词的魅力于不顾。这一立场被他如此频繁地贯彻实施，很可能成为他的一种写作本能，或者又一种"生物学基础"。

　　而事实上，这本书被人谈论得最多的则是"零度写作"。"零度写作"在这部书中占的位置极小，巴特似乎并没有刻意强调这一点，之所以用"写作的零度"作为书名，是因为巴特先前用此标题发表过一篇文章。《写作的零度》本身就是一本系统性不是很强的随笔集，它既可以作为一部松散的"写作史导论"来读，也可以将每个小节分开作为一个独立的单元来对待。在此，巴特就表示出对系统性的怀疑——即使是在努力地整理一种系统性的历史。这样，巴特的写作史的过渡和贯穿并没有一种严格的因果绳索，他采用的是另外的方式，小标题方式或空行方式。他在小标题里面依照一种类型的特质进行仔细的辨析，这种类型特质（如政治写作、小说写作、诗的写作等）是按照空间分布的形式而不是时间的串联形式组织在一起，因此，这部写作史又在某种意义上被巴特空间化了、共时化了，或者说，他通过一种类型学的方式组织了历史的分隔，历史在此是以一种空间并置的方式行进的。这种类型学的空间组织形式被巴特如此强化，以至它的历史目标变得遥远、模糊而稀薄。

"零度写作"正是这个写作史中的一个空间类型，它是在标题为"写作与沉默"这一节出现的，它似乎是巴特所简要勾勒的写作史的尾声，因而，它占据一个重心位置。更重要的是，它是个时髦的提法，几乎从没有人提到过一种沉默无语的写作，一种无动于衷的写作，一种放弃责任（无论是形式责任——马拉美的沉默则包含着形式的责任，是一种故意的沉默，是有目的和责任感的沉默——还是伦理责任）的写作，一种完完全全的"缺席"写作，巴特似乎前所未有地发现了一种写作形式，它的最好例证是加缪的《局外人》（后来，他觉得最好的例证是罗伯-格里耶）。无疑，这种新鲜而又出人意料的结论给人留下了深刻的印象。不过，另一个原因也促使"零度写作"声名远扬。考虑到萨特当时的泰斗位置，萨特正在呼吁"介入"，呼吁"出场"，呼吁战斗，而巴特则相反，他在恭维"沉默"，主张"缺席"，他正好和这位学界巨人针锋相对，此时巴特的年轻、脆弱、无名正好和萨特构成了对比，这完全是一次弱势向强势的挑战，"零度写作"多多少少表达了一部分对萨特理论不满的知识分子的潜在想法。

如果从科学的角度来看，零度写作这个概念具有明显的夸张色彩。确实很难找到巴特所称的那种零度写作，即使是加缪，也恰恰是充满意图和目的的。与其说加缪是沉默的，是无动于衷的，不如说他是一种有意的冷漠，是一种有感伤色彩的冷漠，《局外人》从头至尾都布置着一种压抑的而又表面上弄虚作假的情绪。罗伯-格里耶也不是中性的，他恰恰是巴特所谈过的那样，推崇一种"模仿的技艺"，罗伯-格里耶在逼真而又异常认真地（正是这样，而不是零度式地）描摹现实。巴特所推崇的零度写作只是在乌托邦的意义上，在一种审美的意义上，在虚构的意义上才可能存在，正是这样，零度写作与其说是实际的、科学的、冷静的，还不如说是美学的、想象的和乌托邦的。

巴特不可能没有意识到这点，不可能没有意识到加缪写作中的目的和意图标志，就此而言，零度写作与其说是发现了一个真相，不如说是巧妙地隐藏了他的某个理想。零度写作意图消除写作的干预性，消除写作中的价值评判（巴特不喜欢的那类政治式写作），消除写作中的功利色彩，从而扩大写作本身的容量，扩充写作本身的种种可能性。写作一旦斩除任何写作之外的目标，就变得专注自我了，它就开始留恋写作本身了。正是在零度写作的基础上，巴特后来又奠定了一对著名的概念：及物写作（transitive writing）和不及物写作（intransitive writing）。零度写作至少是一种不及物写作，不及物写作是作者（author）写作而非作家（writer）写作，作家写作则是一种及物写作，作家的不及物写作致力于"怎样写作"，"作者是劳动者，他加工他的言语（即便为灵感所启发），他在其著作中自我专注……作者是那种典型的在如何写作中探究世界的为什么的人……作者视文学为目的"①。不及物写作此时有一个目的，尽管是文学的目的。而巴特此前的零度写作不仅没有文学以外的目

---

① Roland Barthes：*Critical Essays*，Northwestern University Press，1985，pp. 144 - 145.

的，甚至连文学目的也不是十分明确，它旨在消除一切符号标记本身。除了不及物写作同零度写作有着某种明显的承继关系外，巴特另一个著名说法"作者之死"也能明显在此看出潜藏的种子，"作者之死"主要是放开文本的专名权和垄断权，让文本充分地自我嬉戏，然而，让作者退场、沉默和销声匿迹不正是另一种形式的零度吗？

如果说《论纪德和他的日记》从气质上展示了他未来写作的身体基础的话，那么，《写作的零度》则预示了他未来的一系列重大主题：言语和语言主题（在《写作的零度》里，他用字词代替了言语，后来在索绪尔和语言学的洗礼下，他才使用言语，并将其和语言对立起来，更详细和耐心地讨论了这对概念的永恒冲突，并将其纳入写作的辖区）；对现代小说和戏剧的几乎本能的辩护问题（这贯穿了巴特 60 年代的批评生活，包括对波德莱尔、布莱希特、新小说、卡夫卡等的解读）；唯美主义的趣味（巴特的终生趣味）和类型学的嗜好（巴特后来说，他是依照分类，尤其是创立一对对立概念，正是这对对立概念的相互刺激，相互类比，才推动着文本的步伐）；等等。

《写作的零度》是巴特的马克思主义时期的产品，毫无疑问，它带有马克思主义的痕迹。在导言中，巴特就明确宣称他"企图对写作和历史的联系加以描述"，尽管是一部"写作史的导论"，巴特仍想在这种粗略的历史框架中，植入马克思主义的辩证的历史唯物论，尤其是马克思主义的意识形态实践论，文学史务必遵循马克思主义的历史观。巴特无论是对古典写作还是现代主义的写作的解释都意图深入历史的土壤中：无论是阶级斗争、阶级意识的土壤，还是历史实践本身的土壤。巴特肯定地断言，"古典写作显然是一种阶级的写作"。"这样一种写作，带着初次政治胜利所有的习惯性犬儒主义，首先表现为一种少数派的和特权的阶级的语言"，"政治权力、精神独断论以及古典语言的统一性，都是同一历史运动的各种象征"。"正是由于君主制时代的前资产阶级和革命时代以后的资产阶级使用着同样的写作，发展了一种本质主义的神话学，一种普遍性的古典写作放弃了一切不稳定的东西以维护一种连续状态……也就是说彻底消除了语言的一切可能性。"①巴特的文学史草图是以历史实践作为根基的，历史的动力基础最终决定着历史的意识形态，因此，在 1850 年前后，由于三个重大的历史事实（准确地说，三项重大的生产力）的发现，主导阶级资产阶级的意识形态发生分裂，于是，写作也多样化了，古典写作就此由于历史的变革发生了解体。

较之萨特的文学史观而言，巴特确实打入了马克思主义的楔子，他承认文学的确是历史实践之上的浮萍。然而，在《写作的零度》里，巴特并没有详细梳理出文学和历史的密切互动关系，他从一个非常大的框架，一个远景轮廓察觉到历史对写作的制约，但他显然缺乏耐心详细地证实这些局部的技术环节，他跳过和忽略了一些辩证细节。三个重大的历史事实同写作的多样化之间显然存在着丰富而饶有趣味的过渡层次，但巴特则将其简化了，他将二者直接而快速地联在一起，仿佛没有什么技术难题。在巴特看来，历史同写作的关系难点似乎不是在二者的复杂运作之中，而是在历史的某些致命时刻。巴特并不花费精力去探询历史的决定性程序，而是煞费苦心地去寻找具有决定性程序的历史时段，这样，巴特就频繁提到"1650 年""1660 年""1848 年""1850 年前后"，似乎写作在某一刻就能发生突变和转折。

巴特遵循了马克思主义，但如他一贯所为那样，他从没有完完全全地忠实于任何人。《写作的零度》最终贯彻的也不是完完全全的马克思主义，我们看到的只是些抽象的马克思主义框架和轮廓，

---

① 《符号学原理》，第 92—93 页。

它给予我们的启发也不是马克思主义的决定论，不是古典写作向现代写作的转化背景，不是"写作和历史的关系"，而是明确而勇敢地揭示了古典写作和现代写作的风格秘密，古典写作和现代写作的形式图景、法则和语言的伦理。他最终完全澄清了什么是写作，什么是古典写作，什么是现代写作，以及形形色色的价值写作和非价值写作。而最重要的是，他为一种形式主义的、非使命感的写作，一种中性的白色写作和零度写作留下了令人难忘的辩护声音，他为它们存留了一块自留地、一块肆意驰骋言语的空间、一块有待开拓的形式主义地盘。

在一处不大引人注意的地方，巴特含蓄地攻击了资产阶级及其神话学。在谈及小说写作时，巴特将简单过去式和资产阶级的普遍神话联系起来。小说是社会的稳定产物，它赋予虚构和想象物以一种似真的形式，利用写作这一虚构手法将一种想象的或人工的现实表达为朴素、自然和真实性的存在，小说致力于将谎言塑造成真理。尤其是资产阶级，在小说写作中，还要隐蔽而适宜地传达自己的教义，自己的价值观和是非标准。小说是一种绝好的手法，它允许各式各样的教导、灌输而又能做到天衣无缝，同时，它可以不顾事实在时间和空间上的差异并将其纳入一种固定的程式化和标准模式、一种唯一正确和合理的观念机制中。正是这样，资产阶级将其价值观推广到各式各样的人群中以获得某种齐一的普遍性。巴特将小说写作视作雄心勃勃的资产阶级神话学的一部分，小说写作旨在维持资产阶级神话学的普遍价值，最终维持它的神话基础。这一洞察一直在巴特那里驻扎，几年后，巴特更仔细地考察了资产阶级的种种神话形式及其推广和发生学机制，最初，这些神话学描述在报纸上以专栏的形式发表，巴特后来系统地整理了神话的种种功能以及揭穿它们的方法论基础。这就是随之而来的既充满趣味，又富于智慧、洞察和无与伦比的目光的《神话学》。

神话学

解神秘化：社会行动

《神话学》是对巴黎50年代日常生活的一次奇怪总结。日常生活通常由一些细节、事件、人物、空间和形形色色的叫卖场所交织而成，它处在运动中并有缓慢而又不太明显的节奏、韵律和嘈杂的脚步声。日常生活往往通过叙事的方式或者现象学式的罗列的方式生动地显现出来，比如本雅明的方式。本雅明对19世纪巴黎的揭示方式无疑具备一种精湛的叙事手法，他对巴黎的日常细节的敏锐捕捉，对互不关涉的碎片的注目，对技术进化主题的偏爱，对街道、人群、姿态、物品的留恋，在一种寓言的意义上将这些废墟建筑起来，从而构成19世纪巴黎的景观，一种现象学式的景观。在本雅明那里，巴黎和它的一位不孝之子波德莱尔构成了一段不可抹灭的历史图景，构成了发达资本主义时代的实际表征。

差不多过了一个世纪，巴特也在为巴黎构图了。如果说本雅明在还原某种历史的话，巴特则直接触摸他身处其间的现实了。他不像前者那样将任务托付给一个诗人及其诗作——对本雅明来说，波德莱尔既是对象也是中介，既是历史本身，也是历史的产物、历史的镜像。本雅明从波德莱尔那里窥探到一些历史面目，同样，也从历史那里了解波德莱尔的秘密基础，就此，本雅明仍旧包含了一些不彻底的马克思主义身影。波德莱尔和19世纪巴黎更多的是些镜像关系、隐喻关系而非决定论或辩证的关系。

巴特则使用了完全不同的方式。他现在仍然在马克思主义的保护伞下工作，同时，他已经对索绪尔有所了解了，他在初步尝试索绪尔的理论。然而，这一切都是在不知不觉中运用的。巴特很可能是在试笔的过程中（《神话学》是应《新文学》杂志的约稿断断续续地产生的）突然发现他的那些神话学共通的谎言基础，即 50 年代巴黎资产阶级和小资产阶级的虚假的意识形态面具。如果说巴特笔下 50 年代的巴黎有一个中心性征的话，那就是：谎言的天下。巴特在《神话学》序中告诉人们："此类思考的出发点常常是由此而产生的焦虑感，即看到报纸、艺术、常识将现实套上'自然而然'的外套的焦虑感。现实，即使是我们生活于其中的现实，无可置疑地是取决于历史的。简言之，在对我们当代环境的叙事中，一看到自然和历史无时无刻不搅混在一起，我就愤愤不平，我就想在那'不言而喻'的装饰性的展出中，探究埋藏在那儿的意识形态荒谬。"① 巴特奠定的基调，很可能是源自"左派"的马克思主义立场，揭露谎言，澄清真相，仗义执言，暴露资产阶级的恶习，巴特似乎表现出斗士风格（不过他的表述削弱了这种风格），就此，他的巴黎似乎是个虚伪的巴黎，有待处理的巴黎。

巴黎的基本成分是神话。巴特所提及的神话远非人们通常所理解的那些传说，那些最早的象征故事以及迫于大自然的压力而做出的虚构奇谈。不过，两种神话似乎都含有虚构的色彩，只是巴特所提及的神话的虚构性更隐蔽、更有企图、更加虚伪。巴特的神话学奠基于巴黎的"现象"和"事实"，他在那些所谓的现象和事实那里找到它们隐藏的一面，找到这些现象和事实的虚假成因。这些现象和事实往往是假面的、人工的和极具匠心的——这些都与本雅明的"现象"截然不同，本雅明的现象也就是巴黎的本相，巴黎的真实面孔，巴黎的日常生活和细节。本雅明也力图解释这些现象起因，但他没有为此设立一个人工意图的前提，他的巴黎现象依赖于

---

① Roland Barthes：*Mythologies*，Hill and Wang，1972，p. 11.

一种技术论，依赖于唯物哲学，现象聚集在一起构筑的是某种象征意义的寓言而非一种造作的神话和虚伪面具。就此看来，巴特和本雅明——两人的经验、表达和目光无疑表现出相近的天分——对巴黎的观察采用了不同的方式，尽管都具备一些文学方式。巴特更重视人工的力量，神话是人为的，巴黎的某些现象似乎也取决于某种人工的意识形态实践；而本雅明则更强调历史实践本身的巨大作用，尽管历史实践和他笔下的巴黎常常是种隐喻关系。这样，本雅明比巴特似乎更接近马克思主义，巴特的马克思主义从来就不在历史哲学这个区域，他的马克思主义往往表现出法国式的马克思主义风格："左派"寓于激情的批判立场的马克思主义、穷人的马克思主义和具有革命性征的马克思主义。巴特贯彻的常常是马克思主义立场而不是马克思主义哲学，他饱含着一种马克思主义情绪、马克思主义的处世风格而不是马克思主义的方法论，正是这样，写作《神话学》的巴特才被称为"危险人物"。

巴特在此似乎也没有纯粹依照语言学的路数，尽管此时他对索绪尔已有所了解。在《神话学》的第二部分"今日神话"中，巴特想发展一种解读神话的系统方法论，这里面频繁援引了索绪尔的语言学理论，将神话的种种机制同语言学进行有机的类比，并试图从语言学那里寻找破译神话的秘方。然而，《神话学》却存在着一个明显的内在分歧，"今日神话"所提出的一套系统方案似乎并没有被巴特本人的神话释读所运用，他的神话释读看不出来经过了充分的理论准备，而且，各神话之间也存在着不同的处置和破译方式，它们并没有依附于一种方法论的力量，就此而言，"今日神话"很难说是《神话学》一书的有准备、有组织的理论总结。相反，它也许正是经历了《神话学》的专栏写作之后，巴特所构思和顿悟的一种理应如此而又实难为之的理论企图，一种理论乌托邦。巴特所宣称的那种"只是在探究了大量的当代现象之后，我才试图以一种方法论形式界定当代神话"的说法并不可信（当然，巴特的许多说法都不可信）。

巴特宣称，巴黎所蕴藏的神话层出不穷，他只是选择了那些他感兴趣的东西。因此，巴黎的种种神话聚集于此多少有些偶然性，如这些神话对象无从分类：《摔跤》《电影中的罗马人》《度假的作家》《穷人和无产阶级》《皮埃尔教士的肖像》《小说和孩子》《玩具》《嘉宝的脸》《酒和牛奶》《爱因斯坦的大脑》《蓝色指南》《脱衣舞》《新款雪铁龙》《迷失的大陆》《塑料》《人的伟大家庭》等共计几十篇。如果说它们有什么共性的话，那就是它们都是些名词，都是些"现象"和"事实"。巴特力图发现这些现象和事实背后的真相，这些现象到底掩盖着或者说牵涉什么，这就是巴特在《神话学》中所致力的问题核心。

在《度假的作家》中，巴特就通过媒介上的一张纪德的照片来分析资产阶级的作家观。这张照片显示出纪德在刚果旅行时的闲暇姿态。巴特正是在此敏锐地发现，这张照片的真实意图，或者说资产阶级的一贯看法乃是作家实质上并非一个闲暇之人，恰恰相反，作家应是超凡的、独一无二的。这张照片从反面巩固了这一论调，或者说巩固了一个由来已久的神话。巴特的意思是：媒介刊载出来一个作家的日常生活状态，一个与常人无异的休闲方式，一个平庸状态。这样一种姿态以一种特殊的方式（大众传媒）出场似乎是在告诉读者作家其实和你们一样，而这句话的潜台词则可能是大家都认为作家和常人有别，作家是超人、非凡之人，是本质上不同的存在者。当代的新闻主义致力于作家的平凡角色出场，但若将此视作一种解神秘化的方式则是大错特错的。事实正好相反，新闻的这种努力正是将作家超凡化的一种方式。巴特对此写道："报纸告诉我一个伟大作家穿着蓝睡衣，一个年轻小说家喜欢漂亮女孩、勒布罗匈乳酪和薰衣草甜，对这样一个世界，我毫不怀疑它兄弟般的幸福。但这并不能改变这样的事实：这种平衡化操作使作家越来越超凡了，使作家进一步离开地球到达天堂了，那里，他的蓝睡衣和他的乳酪决不会阻止他恢复使用他的高贵的创世者言辞。"①

　　表面和实质存在着完全的对立。所要灌输的常常隐蔽在假象之后，超凡作家这一神话正是通过媒体将作家平凡化这一事实得以巩固，巧妙的是，超凡和平凡这种对立观被资产阶级神话学运用得恰到好处。巴特对媒体，对资产阶级的实质都有些暴露，不过，在此没有看到任何语言学的迹象。同样，在《玩具》中，巴特也没有利用一点点语言学，还是那种典型的分析技术和敏锐眼光，还是那种社会学（甚至在此有一点点教育学、心理学）视角，还是那种犀利明快的洞察秋毫的语言和不满情绪。巴特发现，法国玩具与其说是孩子们的快乐工具、快乐方式，倒不如被看作成人们教训孩子们的工具和方式——又是一个剥开常识假象的论断，又是一个解神话学的惊奇发现。玩具是由成人提供的，这不会引起任何怀疑，然而，成人提供的玩具世界恰好是成人世界的一个微缩，这些玩具首先是成人的对象的复制品，它们总意味着某些成年人的东西，总是一些高度社会化的东西而非一种纯粹想象和游戏之物。就此，成年人显然打算使孩子们全面接受和适应将来的成年角色。巴特举例说，有一种能排小便的玩偶，只要给它们牛奶，它们就很快地弄湿尿布，这意味着让小女孩学习做家务，使她适应她将来的母亲角色。巴特对此愤愤不平："孩子只能自我表明为所有者、使用者而非创造者；他不发明世界，他只是使用它，为他准备的是些无冒险的行为、无奇观的行为、无快乐的行为……他只需自我行动，从头至尾，他不会发现任何东西……法国玩具通常以模仿为主，它们意味着生产使

_____

① *Mythologies*，p. 31.

用式孩子，而非创造式孩子。"① 巴特还进一步发现，玩具的资产阶级身份不仅仅体现在功能方面，还体现在其组成材料方面。当代的玩具都由化学产品构成而不再是先前的木头了，而木制玩具是"一种熟悉和诗意的物质，它不使孩子们割断同树、桌子、地板的亲密关系。木头不会使人受伤和断裂，它不粉碎遍地，它耗损，它能长久地持续，它和孩子其乐融融"②。尽管如此，木头还是在玩具中消失了，田园诗的东西再也没有了。资产阶级、化学物品、现代性让巴特感到遗憾和沮丧。

如果说《度假的作家》中的神话是将作家超凡化、神秘化——作家永远在工作、在构思，是个不知疲倦的写作者和思考者——的话，那么，《玩具》的神话则是在巩固资产阶级的现存世界秩序：玩具的成人化风格向孩子们表明，资产阶级的现存世界是自古就有的，是毋庸置疑的，是永远长存的，一句话，是自然而然的。而巴特的写作和分析表明，这些自然而然的东西都是通过手法而强加的一种幻觉。玩具是由成人制作的，完全是人为的东西，而对孩子们来说，它则是一个永不变质的恒定世界，是个务必遵守、务必接纳、务必臣服的既定秩序。在此，玩具走向了它的反面，它不是快乐和嬉戏之源，相反，它很可能是一种控制工具、驯化工具。巴特在这篇短文中隐隐地触摸到了拉康主义的一些东西：孩子们对于象征秩序的一种无奈选择、主体成长的关口和自我的消失。巴特通过一种经验、一种直觉无意之中印证了拉康的理论，尽管他的矛头所指仅仅是法国——法国的善于弄虚作假的资产阶级而不是整个普遍性的成长故事。

这两篇短小的神话无疑都发出相近的不满的声音，巴特显然对

① *Mythologies*，p. 53.
② *Ibid.*，p. 54.

这种有意的混淆视听不满。不过，另外一些神话似乎并没有招致巴特的敌意，并不是所有神话——如果非要将它们说成是神话的话——都是可憎的，其中有些被巴特津津有味地释读，他似乎忘了做伦理学的判决，或者，神话本身并不包含着值得斥责的东西。比如，在《嘉宝的脸》中，巴特发现，嘉宝的脸不具备那种脸通常具备的功能，即一种显示功能，一种表情达意功能。相反，这张脸恰恰具备一种隐蔽功能，它掩盖了所有的内在性，掩盖了所有的本质，掩盖了所有的真相从而保持一种神秘性。就此，嘉宝的脸体现了某种柏拉图主义哲学：理念隐蔽在深处，本质隐而不现，为此，巴特将嘉宝的脸和赫本的脸对立起来："赫本的脸不再有内在性了，却由语法功能的无限复杂性构成。作为一种语言，嘉宝的独特性是一种概念的秩序，奥黛丽·赫本的独特性则是一种物质的秩序，嘉宝的脸是理念，赫本的脸，则是一个事件。"①

这的确是张无可指摘的脸，这张脸也的确不是由资产阶级蓄意而为，同样，它也没有着意将历史和自然混为一谈。巴特在此保持一种中立的口气，一种观赏的超然姿态，一种出色和独特的眼光，甚至一种虚构性写作本能。他在对嘉宝的脸进行形象描绘时，这样极其文学化地写道：

> 它不是一张画出来的脸，而是被贴上一层膏，它被这种色彩表面而非面部轮廓所护住，在这种既脆弱又坚固的雪白色中，独独一双眼睛，如奇特的柔软肉体一般漆黑，是两个虚弱颤抖的伤口。这张脸，它不是描画出来而是在光滑易碎之物上雕刻而成，也就是说，它既是完美的，又是短命的。尽管艳美绝伦，它还是逐渐地变得类似于查理·卓别林的粉白肌肤，类

---

① *Mythologies*，p. 57.

似于其眼睛的黑色植被，他的图腾式面容。①

　　这样写作的巴特肯定沉浸于他的发现和描写中，沉浸于批判和揭露之外的快乐中，他肯定忘了他的解神话学使命和必要的知识分子行为。嘉宝的脸并不构成通常意义的神话，它不过是一个饶有趣味的对象，是有资可谈的对象，是一个别开生面的话题，是个适于试笔的场所，而并非那种需要破译、揭秘、澄清、嘲弄乃至攻击的陈腐神话。在这个神话的结尾，巴特透露了一些语言学消息：脸部作为语言，具备复杂的语法功能。

　　但是，巴特在《神话学》中并没有将对象完完全全地依照语言学模式来处置。相反，《神话学》中的社会学眼光压倒了语言学技术，他更多的是对二者的灵活使用。对象的语言学或符号学分析，可以有效地揭穿对象的构型成分，然而无法将对象置入特定的历史情境。语言学的共时性决定了分析对象本身的孤独和停滞状态而难以找出对象的动力形成基础。在《神话学》这样旨在恢复历史面孔的革命式任务的背景下，语言学是远远不够的。语言学无法回答资产阶级的动机，它只能提供神话的构成、神话的特征、神话的表意，而不能解释神话的起因、神话的意图、神话的更迭和转换。后者全然依赖于社会学，依赖于社会学的目光和本能，只有社会学目光才能为一种立场、一种背景、一种声音、一种情绪、一种姿态，提供源泉，提供资助、后盾和敏识，才能和一种革命性的马克思主义保持基调上的一致，才能构成一种行为，一种知识分子的有效行为，才能构成一份有关巴黎的指涉性说明。而无论是语言学还是符号学，都是十足技术性的，是精致的、科学的（很快，它就成为巴特的一个理想）和分析性的，是智慧、有趣的，但不是激情和充沛

────────────

① *Mythologies*，p. 56.

的。语言学和对象是一种类比关系，一种机巧的富于才识的技术行动，它导向事物的内部，导向事物的横断面，导向事物的关系组合，最终，导向事物之为事物本身。这样，语言学不可避免地和社会学发生一种即使不是冲突也是不睦的关系，即使二者不发生对抗，至少也无法协调。

在《嘉宝的脸》中，语言学成分的出现是突兀的。在前面，没有任何迹象暗示语言学的降临。巴特对嘉宝的脸的分析和观察，一直循着不凡的目光前行：嘉宝的脸导致毁灭感；这张脸的图腾式特征；这张脸对内在性和本质的掩盖；这张脸不经意流露出来的细微的人性功能等等。此时，巴特一直处于社会学的视角，最后笔锋猛然一转，嘉宝的脸变成一种语言、一种秩序、一个理念。似乎这里的语言学视角同前面的种种视角并列在一起，又似乎这种语言学视角是前面种种视角的一种总结和高度概括。不论是哪一种，语言学视角并没有和社会学视角组合得完美协调。二者之间并没有一个相互融合的过渡地带，语言学视角像是一个添加物，一个突然闯入的不法分子，它增加了修辞的力量，迸发出一种出人意料的震撼力，一个新鲜而又有巨大启示性的结局警句，一个漂亮的终极火花。但就此断言嘉宝的脸采用的是一种符号学式的分析，依靠了一种语言学理论，未免就显得轻率和缺乏足够的说服力。

在最重要的一篇神话分析《摔跤世界》中，语言学的理论似乎运用得更充分一些，这是《神话学》中巴特写得最长，也最为看重的一篇。它充分地展示了巴特的神话学分析方式、符号学理想和才智。也许正是这篇重要的文章为《神话学》博得了符号学分析的美名。的确，摔跤似乎比其他的东西更适宜于符号学分析。巴特一开始就宣称，"摔跤的价值即它是一种过分的表演"，它提供一种观看对象。巴特将摔跤和拳击做了对比，拳击具有一种未知的紧凑的时间进程，它期待着下一个时刻的结果的来临，而且将胜负前景视为最后的主要目标。而摔跤则不同，它的每时每刻、每个断片都是可以理解的，它要求对瞬间性的东西进行立即的读解而没有必要将注意力放在摔跤的结果上，也没有必要将它们联结在一起："摔跤是表演的总和，其中没有一个单独表演是功能：每刻都拥有一个激情的全部知识，激情是垂直的、孤独的且并不延伸到辉煌的结局时分。"① 就此，摔跤运动员的功能就不是获胜，而是精确地贯彻人们期待于他的动作，摔跤提供的是些过分的姿态，它探究到意义的极限。比如，摔跤运动员失败了，倒在地上，他并不像别的运动中的失败者那样立即退出比赛，而是极度地夸大他的失败，夸大他的无能表演。这样，摔跤中的每个姿态、每个形式、每个符号都在最大限度地表意，最大限度地呈现自身，最大限度地扩充它的符号所指。因此，摔跤中的符号就获得一种空前的透明性和确定性。任何一个人物出场时，都会清楚地显示他的特征、他的下场、他的品性，而这一切都依赖于一种约定的符号形式展现的能指特征。总之，摔跤的重心绝不是在一种关系中，不是在一种直达结局的线路图中，而是在每个孤独符号的表演和炫耀中。其中，运动员的身体构成最初的基础符号，他是随之而来的一切场面的理解背景和源泉。各种场景、各种表演景观相互阐明、相互解释，从而组成一种意义明确的场面。"摔跤像一种区分的写作：在身体的基本意义之外，运动员还安排一些次要的但总是恰如其分的评述，通过明显地显示意图的姿态、态度和模仿来有助于对战斗的理解。"② 依照巴特的说法，运动员除了展示身体外，还在另外一些地方弄出一整套的复杂符号。摔跤中展示的激情无关紧要，重要的是激情的形象，激情的真假本身也不重要，所有的真假都不重要，所有的内在性都

---

① *Mythologies*，p. 16.

② *Ibid*.

不重要，重要的是形式感，是外在符号，是清晰的形象本身。因此，无论是表现痛苦、失败，还是表现一种俘获、攻击，都要求尽量显现一种"完美的形象学"。最终，巴特得出结论："在摔跤中，事物只是孤独存在的，没有象征，没有暗示，一切都彻头彻尾地展示出来了，每个行为都不私藏什么，它抛弃了所有的寄生意义并礼仪性地提供给公众具有自然根基的纯粹而完满的记号。夸张仅仅是现实的完美智力的流行而又古老的形象。摔跤所描绘的因此就是事物的理想理解，它是人的欣快感，而人在一段时间内走出了日常情境所固有的这种含混性，被置于一种单一自然全景之前，在此，符号和起因相呼应，毫无障碍，毫无逃逸，毫无冲突。"①

巴特在此贯彻了他的符号学理想。摔跤是恰如其分的一个试验对象，较之另一些分析对象而言，摔跤的确更具有一种形式感，具有某种符号学品质。巴特视摔跤为一个符号，但显然摔跤不是那种通常的语言学系列，语言学通常强调语法，强调语法素之间的功能性联系，在语法轨道上，每一个环节都和身处其中的另一些环节紧密相扣。正是这种关系，这种牵扯连带，构成语言学基础。显然，巴特所发现的摔跤并没有一个前后相接的关系性，摔跤中的每一个情节、每一个场面都是"孤立的""垂直的"而非横向组合的，摔跤中没有联系，只有表演，只有表意，只有绝对的意指，只有能指的充分展示，如果摔跤是由符号构成的，那么，它也是独立的符号，而不是语法系列中的符号；而且，摔跤符号中更强调的是能指，是奢华而夸张的能指，能指扩张到极致，以至其所指以一种明确无疑的方式顺畅地突现出来，摔跤中意义的展示就是以能指的极尽展示为基础的。巴特就此发现了一种摔跤符号学。

在此，符号学战胜了社会学。摔跤从另外一种方式暴露了它的

---

① *Mythologies*，p. 25.

特征，现在它臣属于符号学权势。就此，摔跤被表意、记号、能指、形象等细细地瓜分，它一目了然地躺在符号学的手术台上。然而，巴特的更大目标——对历史和自然混为一体的揭露——似乎并没有实现，按照他对于神话的看法，摔跤并不是严格意义上的神话，或者说，他并没有揭示摔跤的神话学基础。如果说神话是人们将一种历史处境刻意塑造为一种永恒而自然的手法的话，那么，在《摔跤世界》中，我们并没有发现摔跤成为自然而然的永恒物的人工之手或者历史契机。巴特给我们展示了一个共时而静态的摔跤世界，一个无历史，似乎也没有欺骗伎俩的摔跤世界。显然，精彩的符号学分析不可避免地会遗漏另一些东西。如果将《摔跤世界》和《度假的作家》比较来看的话，符号学和社会学的差异将更为明显。作家的本性恰恰是人造出来的，比如新闻报纸刊载的纪德的照片，恰恰就在故意地为作家定型化和自然化，它用一种相反的形式强化人们对于作家的那种其实并不自然的自然观，在此，作家的形象充满着故意人为的痕迹，作家神话正是历史之手书写出来的。但作家神话并没有经过符号学的洗礼，作家神话并没有展示令人惊异的特质，它为一种令人称道的目光所发现，为一种敏锐的社会学目光所发现。然而，它并不是罕见的，并非创造性的，在那个时代，只有符号学抑或语言学的发现才是全新的，才是激动人心的，才是完全革命性的。《神话学》中流露出的方法论的分歧说到底就是社会学和符号学的分歧，最终是马克思主义和语言学的分歧。在《神话学》的结尾具有纲领性的方法论论文中，巴特最终舍弃了马克思主义而选择了索绪尔。在"今日神话"这部分中，巴特公开地显示了对语言学的浓厚兴趣，而他在序言中的勃勃雄心似乎也淡漠了。的确，正是在此后，他和马克思主义越来越疏远了，而且，再也没有回头，《神话学》中潜藏的方法论分歧终于以符号学的获胜而告终。这样，我们就接触到"今日神话"——正是从此，巴特开始登上了他的符号学巅峰。

巴特首先断定，神话是某种言语，但绝不是任何一种言语：语言需要某些特定的条件才能成为神话。神话是一种信息、一种表意模式、一种形式，而不是对象、观念或概念。神话是某种言语，所以一切都可以成为神话，因为一切都可以通过一种语言形式存在。然而，神话不是永恒性的，因为实在之物转变为一种言语状态依赖于人类历史，只有人的历史才能调整和规范神话言语活动的生命与死亡。"神话，不论古今，都只能有一种历史基础：它不可能来自事物的'本性'。"① 因此，神话都是经过语言、文学、表象所精心打扮的信息，它不能由对象也不能由材料来确定，它只是由它们构成而已。在此，巴特承认了神话的历史基础，这个历史基础是神话成为符号学系统的必要前提，也是巴特在神话分析中所致力于探究的东西，是巴特的社会学视野中的主要内容。然而，历史基础如何将实在之物转化成言语种类的神话呢？巴特就此考察了作为符号学系统的神话，在此，我们将看到神话是如何构成的。

在巴特看来，符号是形式的科学，它不顾其内容而专门研究表意，它和历史的科学即意识形态恰好是对应的，后者则强调一种历史、一种内容、一种具体的环境，神话学既从属于研究形式的符号学，又从属于作为历史科学的意识形态。前者揭露神话的构成，后者考察神话形成的背景。而符号学无疑在设想能指和所指的关系，按照巴特的理解，能指、所指和符号是不可分的，符号是能指和所指的结合整体——这无疑源自索绪尔的理论，然而，神话是个符号系统，但不仅仅是一个独立的完全索绪尔化的符号系统，它是个二级符号系统，巴特用一个图示形象地展示了神话的构成模式：

---

① *Mythologies*，p. 110.

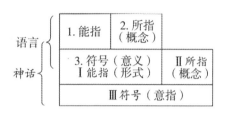

神话在此有两种符号系统，第一种符号系统即语言学系统，它由能指和所指组成符号，第二级系统才称为神话。第一级系统中的符号成为第二级系统中的能指，这个能指和其所指结合在一起，构成二级系统中的符号，正是这个符号才成为神话。巴特将一级系统中的语言称为言语活动对象，它是神话最初的构成，而他将神话称作元语言。为了更清楚地解释这个神话构型，巴特举了一个十分著名的例子来做说明，他写道：

> 我坐在理发店，有人给我一份《巴黎竞赛》。在封面上，一位身着法国军服的年轻黑人正在敬礼，他的眼睛望着高处，可能正盯着一面三色国旗，所有这些都是这幅画面的意义。但是，无论天真与否，我清楚地看出它的表意：法国是一个伟大的帝国，她的所有儿子，不分肤色，都忠实地效忠于她的国旗。黑人在效忠于所有的压迫者时显示的热情是对那些针对所谓的殖民主义进行的贬损的最好回答。这因此又面对着一个更大的符号系统：有一个能指，它本身由先前的一个系统构成（一个黑人士兵正在行法国军礼）；有一个所指（在此，它是法国性和军事性一个有目的性的混合物）；最后，还有一个通过能指的所指的显现。[1]

----

[1] *Mythologies*，p. 116.

这个例子清楚地显示了巴特的神话学构型：整个封面照片无疑是一级系统中的能指，它的表意（黑人士兵在行军礼）是一级系统中的所指，二者结合在一起构成了一级系统中的完整符号。然而，这个完整符号又作为二级系统中的能指出现了，这整个画面又表明了对殖民主义的斥责，这构成了这个画面的另一层所指，画面（既是一级系统中的符号，也是二级系统中的能指）和这个所指结合在一起，才构成了一个完整的神话，一个二级系统中的符号。为了更清楚地表明它们之间的关系，巴特用一些更具指涉性的概念对这些语言学术语重新命名，他将一级系统中的符号称作意义（meaning），这个符号在二级系统中又是能指，巴特又在这个层面上称它为形式，两个系统中的所指，巴特都称为概念，而二级系统中的符号，巴特称其为意指（见第66页图示）。

巴特详细地讨论了这个神话构型内的运作机制：神话的能指（符号）既是形式，又是意义，正是它将两个系统（语言学系统和神话系统）连接在一起。对于意义而言，它要求理解，要求在一级系统中得到完整的消化，"它总是完整的，它要求一种组织，一种记忆，一种事实的比较顺序、观念、决定"。然而，一级系统中的意义（符号）很快就往二级系统中的形式（能指）退化，在这种退化过程中，意义在自我贬值，"它抛弃了它的连贯性，它掏空了自身，它变得贫乏，历史被蒸发了，只剩下字母，在此，阅读程序中有一种反常的转换，有一个从意义到形式，从语言学符号到神话能指的非常退化"。如果说，一个句子在一级系统（语言学系统）中作为符号的意义的话，它很可能有一种饱满的内容，一个长长的历史，一种内涵，然而，它作为二级系统（神话系统）中的能指时，这种历史、内涵、内容都在退化，都在消失，都变得贫乏和游离。"人们认为意义要死掉，但它是一种延缓的死亡；意义失去了其价值，但保留了其生命，正是在此，神话的形式才获得滋养。对形式而言，意义像一个即刻的历史存储，一个温顺的财富，在某种快速的转换中，可对它进行召唤或解散；形式又应不断地扎根于意义之中并在那儿获得它所需要的本性以利于它的生长，最主要的是，它应能躲藏在那儿。正是意义和形式间连续的躲藏—寻找游戏决定了神话。"① 因此，意义向形式的转换不是一种简单而直接的退化，它包含着一种丰富而复杂的辩证法，意义并没有完全毁掉，毁掉的是那些具体的、偶然的、即刻性的历史内容。而它的一般形式、普遍生命则作为神话的能指出现在二级系统（神话系统）中。

神话的能指确定了，那么，神话的所指呢？巴特称所指为概念。概念吸收了被形式流放的历史，它又重新招募了历史内容，招募了认知意愿。神话中的形式（能指）变得极其抽象简化（它去掉了一级系统中的语义内容），为的是给神话中的概念提供丰富的联想内容，正是在一般性的抽象之中可搭配许多的血肉框架，"从意义到形式的过渡中，形象遗失了知识，而概念则更方便地接收了知识。实际上，神话中的概念所接纳的知识是混杂的，它由屈从而无形的联想构成，人们应严格强调概念的这种公开性，它根本不是一个抽象而纯净的本质；它是一个无形的、不定的和模糊的浓缩，其统一性和连贯性主要取决于它的功能"②。这样，概念由一些复杂而丰富的内容构成，它通过在能指的基础上产生自由的联想而获得，就此，神话中的概念"没有固定性，它们可以形成、改变、分解和完全消失，正因为它们是完全历史性的，历史才很容易地压制它们"。就此而言，神话的概念（所指）的"基本特征是适应性（appropriated）"，它很容易将一种能指和一种内容搭配在一起，很容易发现一种历史语义生长在神话的能指（形式）上面，也就是

① *Mythologies*，p. 118.
② *Ibid*．，p. 119.

说，一个微小的形式（一个词，一个姿态，甚至一个侧面姿态，只要它被注意到）可以充作一个有丰富历史的概念的能指。这就是神话中能指和所指的不对称关系。

神话系统中能指和所指的结合，巴特称其为意指。意指实际上就是神话本身，一如索绪尔的符号就是词本身一样。神话（意指）不隐藏任何东西，"它的功能是改变，而不是消失"。神话的概念（所指）与其能指（意义）之间的关系主要是一种变形（deformation）关系，概念改变了意义，改变了语言学系统中的意义，因为概念（所指）需要它们，利用它们。概念改变意义，但不是消灭意义，它只是去掉意义的历史，去掉它的记忆而保留意义的存在形式。"严格说来，概念改变但不消除意义。一句话能恰如其分地指出这种矛盾：概念异化意义。"概念对于意义的异化就构成了神话的动机性。神话的意指，绝不会是完全任意的，它总含有部分动机，而神话动机的实施则依赖于类比性，即意义（形式）与概念之间的类比性，这种类比性往往是部分的，因为意义不能是完全充实的，否则，它就不可能给类比提供机会，正是意义的不完整性使得它和概念产生类比关系，并最终为神话的意指做好准备。动机性就源自这种类比关系中，并从中选择一种适合于自己的方案而最终实施它。就此，神话的意指是选择性地利用概念对语言学系统中的意义进行有目的的改造和"异化"。

巴特终于构筑了他的烦琐而细致的神话学模型。显然，巴特遵循的是索绪尔模式，主要是索绪尔的能指/所指语言学模式。他创造性地将这种模式进行二度试用，在他看来，神话实际上包含着二层能指/所指模式，正是这种两级性，使得神话既是一种语言类型，又不是一般的语言类型。神话是在语言学模式内活动，但它又借助于一种外在的转变力量，按巴特的说法，一种有动机、有目的、有类比性的联想式转变，正是这种转变才导致语言系统中的符号转变为神话意指方式。巴特在此显然改良了语言学的静态特征，他在符号与能指、意义与形式之间大做文章，他引进了一种外在力量，正是力量在发挥作用但又没有改变语言学系统本身，它只是从一个语言学系统转换到另一个语言学系统而不是彻底离弃、捣毁、走出语言学系统。最终，巴特还是将神话归纳于语言的名下。

这一切颇具匠心，而且具有理论上的自足性，理论本身也显得奇妙而又有想象力。他对索绪尔的运用（包括语言学理论同精神分析学的类比）十分娴熟且非常成功。依据巴特对神话的理解，神话以它现有的理论姿态出现是完全合理的，或者说，神话这个特定概念（巴特意义上的）完全是巴特依据语言学理论生产出来的。在巴特那里，神话不是一个实在的、永恒性的、有待辩驳分析的圣词，不是一个源远流长的概念，而是他自己发展、观察和生产出来的一个流动性的具有活力的概念。就此而言，巴特对神话的理论总结与其说是一次对永恒之物的求真性探究，不如说是一次匆匆的理论搭台、一种事先的理论建设、一种开端性的理论准备。因此，神话是不是一种语言，神话意指是不是符合一种语言系统论不是问题的核心，一句话，对神话所做理论总结的对与错不是问题的核心；问题的关键处是巴特对神话的理论总结与他具体的神话分析是否吻合一致。

巴特在关键的一点上从理论的战略高度呼应了他的神话分析，但他无力做出更具体的证词：这就是将文化（culture）转化为自然（nature）的历史力量。在《神话学》的神话分析中，巴特四处寻找这种历史力量，而且，他常常将其具体化，找出这种历史力量似乎成为他的目标、他的主旨、他的行动指南。而在"今日神话"中，巴特提到了历史，提到了动机性，但他无法将历史镶嵌到一个语言学系统中，历史是实在之物，是活生生的实践力量，它和能指、符号以及整个语言学系统并无多大联系，语言学系统无法容纳、吸收和调节它。在此，巴特碰到一个矛盾：如何将历史之物改写成一个符号之物？依据他对神话的看法，神话是一种语言，那么，他对神话的分析，应是对某种语言化或符号化之物的分析，应揭示它的能指、所指和意指，然而，巴特在具体的分析中并没有将实在之物改造为符号之物。在《神话学》中，汽车依然是汽车，洗衣粉依然是洗衣粉，脱衣舞仍然是脱衣舞而不是汽车符号、洗衣粉符号或者脱衣舞语言，也没有发现汽车的能指、所指及二者的意指关系。巴特依然是从历史学或社会学而非符号学的眼光来观察这些神话的，比如雪铁龙轿车越来越家常化了，它从速度的炼丹术转向一种舒适感，转向驾驶的乐趣从而满足小资产阶级进步的神话。显然，这里没有语言学，也没有索绪尔的影子，只有社会学、历史学和经验。

《神话学》第一次显现了巴特的独特目光和他的敏锐的洞察力。这里，知识记忆无足轻重。如果说《写作的零度》以大量的阅读，以对文学史的熟悉作为论述的基础的话，《神话学》则几乎不需要书本知识尤其是文学知识了，巴特在此完全脱离了文学区域乃至书本区域。《神话学》没有任何知识背景，它面对的是些日常生活、日常经验和巴黎的日常景观。《神话学》中的神话分析似乎也并没有遵守一定的规则，它几乎不是在理论的引导下去按部就班地识读。如果说这些神话分析有什么共同性征的话，那么，它们就是一致的文体、一致的智慧、一致的眼光、一致的解神秘化目标——而绝不是在方法论上的语言学习惯，不是一种理论旨趣和科学目的。《神话学》的成功也恰恰是它的文体的成功，它表现出的优雅、睿智和出色的语言叙述使《神话学》成为一部充满智慧的随笔集、一种理想的随笔写作范例。解神秘化、揭穿小资产阶级的本质贯穿着这本随笔集，成为《神话学》的一种倾向性声音，正是这种声音，使巴特成为巴黎的危险人物；这种声音，既是这部随笔集的韵调，又是它的主题；它既是美学的，也是政治的；它既充满着形式感，又表达着情绪；它是文体和目标的一次创造性结合。

解神秘化从巴特那里就拉开了序幕。巴特将一些幕后的隐蔽的然而又是有意为之的东西暴露出来，自然而然的东西实际上是人为的，是人工产品，是目的性结果。在即将到来的 60 年代里，解神秘化出现在各个领域。如果说巴特依据的是一种经验，一种对日常生活的奇特洞察力而发现那些神秘化程序的话，那么，福柯则是从更远的理论高度——毫无疑问，这点归功于尼采的启示——揭露了更触目惊心的神秘化进程。巴特将神秘化限制于巴黎，限定于小资产阶级，限制于日常生活和大众传媒，总之，他限制于一种经验、一种感性、一种细微局面。而福柯几乎是根本性的，在福柯看来，决不仅仅是某个微末时期，也不仅仅是某个地点，在一个漫长的人类文明期，在几乎是全盘性的局面上，人们都在从事虚假的神秘化工作。福柯对于历史所做的谱系学考查发现，当前的一些根本性观念，一些为人所深信不疑的确定的知识形式，一些千百年来的自视真理的认知，实际上都是人工生产出来的，都是某种权势的结果，都是控制和被控制交锋的结果。没有什么永恒的确定不变的真理和本质了，任何一种真理都仅仅是种目的性知识，都打上了权力的烙印。最令人吃惊的是，福柯发现，"人"这个概念本身——连同它所有的固定品性：人性、道德、责任、正义、爱、善、恶等等——也是虚构出来的，它是个假想物，而不是一个天生的自然物，不是恒定的源远流长的本质。"人"也是加工产品，也是历史之手炮制出来的。如果真有什么最大的神话，真有什么最隐蔽的神秘化的话，"人"毫无疑问占据着这个位置，就此而言，福柯也是个更彻底的解神秘化大师。

福柯并没受到罗兰·巴特的影响——福柯所受影响主要来自尼采，来自《论道德的谱系》，来自权力意志说，然而，二人共同揭穿了某种类似的神秘化过程，共同显示了历史的虚假面孔。不过，巴特很可能影响了让-吕克·戈达尔以及另一些先锋派导演。在戈达尔以前，电影总的来说仅仅在于模仿，在于对现实的再现，电影力求和现实达成一种镜式关系。然而，戈达尔对电影和现实的关系做了全然不同的思考，他的重要成就之一即是不再将电影视为临摹现实的工具，而是将电影视作一种叙事媒介和交流媒介，戈达尔开始重视电影过程本身了，他通过一些特殊的方式，比如强调拼贴时的接缝、人物突然离开流畅的情节转而对观众娓娓诉说、电影美学视之为"错误"的蒙太奇方式等，来暴露电影的结构本身，暴露电影的制作技术和叙事手腕——如巴特暴露历史的别有用心。戈达尔通过这种方法让观众参与进电影中来，让观众警觉和不要盲从，进而搞垮电影中时时显露出来的那些自然而然的假象。那些流畅的完美无缺的电影场面现在看来都是人为的虚假的神话，电影同样是神秘化工具。戈达尔的一些追随者做得更加彻底，他们让一些摄影机突然不经意地闯入电影画面中，进而更明确地宣告，电影最终是摄影机的产品，是完全主观化和人工化的产品，电影中的一切都是虚构出来的而不是那些具有自然而然的本质的东西。

在巴特之前，布莱希特就干着类似于戈达尔的事情。他的间离戏剧同戈达尔的结构电影和巴特的神话分析十分相似（也许还可以加上马歇雷的文学生产理论）。布莱希特同样反对戏剧对现实的模仿，资产阶级戏剧（巴特针对的也是资产阶级）旨在直接逼真地再现世界，使观众心动神移，信以为真，成为戏剧现实的忠实俘虏。观众不假思索地承认了舞台上的一切，进而全盘接受它们，全盘接受那个天衣无缝的整体，全盘接受整个资产阶级价值观和世界观。对此，布莱希特深为不满，在他看来，没有一种一成不变的现实，没有一种本质性现实，现实总在变化中，总在创造中，总在人的手中，因此，戏剧的任务不是反映和模仿现实，而是暴露现实的形成过程，暴露现实的历史步伐，进而展现对社会现实的一种看法。因此，剧本本身就不应该是一个首尾统一的有机整体，不是那种自然而然的神话，也不应彻底地吸引观众，而应是断断续续的，应打破观众对剧情的期待，让观众时时刻刻地意识到，剧场不过是在做戏，是在炮制，是在编造，是人为的手段而不是浑然天成的；间离戏剧就应该激起观众的自我意识和批判意识，拉大观众和演出之间的距离，迫使观众怀疑他们所"习以为常"的态度与行为，从而最终怀疑资产阶级的种种风俗和套辞。

巴特和福柯用的是书本著述的方式，戈达尔和布莱希特用的是艺术实践的方式，这四个人都在解神秘化，都不相信某种神话化的"本质"，都在暴露神话的运作机制，这四个人都聚集到反形而上学的大旗下，都是反本质主义的哲学实践者。巴特此时可能尚未意识到他的解神秘化的哲学任务，然而，他已经悄悄地踏上了反形而上学的征途，他是自发的，尽管在后来，他已意识到他从事的种种工作一直在和强大的哲学传统对垒，但他终究没有用哲学形式来斗争。在写作《神话学》的50年代，巴特反形而上学的气质被充分暴露了。他和布莱希特的相遇不是偶然的，同时，他对罗伯-格里耶的鼓吹也证实了这一点。《神话学》、布莱希特、罗伯-格里耶是巴特50年代后半期的重要对象，如果说，他在同时关注这些问题而没有现出内在的分歧的话，那么，也许正是反形而上学气质和对创造性东西的自发迷恋起到了至关重要的作用。

解神秘化：戏剧行动

巴特给予布莱希特极高的评价："布莱希特的作品至少在今日以一种额外的辉光在两个沙漠间闪耀着：我们当代戏剧的沙漠，在他的周围，不再有任何伟大的名字值得提起；革命艺术的沙漠，自日丹诺夫以来已陷入一片绝望的贫瘠之地，任何对戏剧和革命的思考都应当提及布莱希特。"[1] "布莱希特是一位最重要的同时代人。"
"他的作品十分伟大。"[2] 1954年，巴特首次看到《大胆妈妈》的演
出，第二年，他发表了《盲目的大胆妈妈》，对这部戏剧和布莱希
特做了热情洋溢的评价。《大胆妈妈》是布莱希特的代表作之一，
它讲述了30年代的战争期间一位随军出售食品的女人的故事。她
的孩子全都遭到杀害，一切都被毁灭，都在衰亡，然而，对此，她
却浑然不觉，在她的逻辑里，战争是自然而然的、无法避免的，对
她而言，事情就是如此，也本应如此。

　　然而，巴特却看到了更多的东西，他和大胆妈妈并没有统一起
来，他（以及观众）看到了大胆妈妈所没有看到的东西，他理解了
大胆妈妈所没有理解的东西。《大胆妈妈》提供了一些额外的东西
给观众而不是戏剧中的人物。观众看到了大胆妈妈，看到了大胆妈
妈是"她所无法看到的东西的牺牲品"，观众也看出来战争实际上
是可以拯救的邪恶，而不是大胆妈妈所想象的那样是无可避免的。
就此，"戏剧建立了一个决定性的双重功能：我们同时既是大胆妈
妈也是她的解释者；我们参与了大胆妈妈的盲目性也看到了同一种
盲目；我们既是遭战争命定论愚弄的被动演员，也是对命定论解神
秘化的自由观众"[3]。总之，《大胆妈妈》这样的戏剧的根本点即是
阻止观众全身心投入戏剧里，它令观众和戏剧保持距离，按巴特的
说法，观众往往只能使一部分自己等同于大胆妈妈，之所以要和大
胆妈妈等同，主要是为了能及时地从那里脱身而出，从而能清楚地
认识大胆妈妈的盲目性。巴特对布莱希特的戏剧做了如此的总结：
"布莱希特的所有戏剧都臣服于一种必要的距离。戏剧的本质就聚
积在距离的永恒性上：这不是任何一种被质疑的戏剧风格的成功，

---

① Roland Barthes: *Critical Essays*，Northwestern University Press，1985，p. 71.

② *Ibid.*，p. 38.

③ *Ibid.*，p. 34.

这是观众的意识因此也是他制造历史的能力，布莱希特坚决排斥将观众卷入演出中的戏剧性结局，他拒绝浪漫主义、夸张、自然主义、粗鲁、唯美主义、歌剧，以及一切使观众完全自我等同于大胆妈妈、迷失于大胆妈妈、使自己陷入大胆妈妈的盲目性的愚弄和参与风格。"

巴特称布莱希特的戏剧为一场革命。在布莱希特以前的绝大部分戏剧都遵循着如下原则：观众与角色愈是认同，愈是相似，便愈有魔力，愈是出色。而布莱希特则彻底地否定了这个千百年来不受质疑的戏剧观。布莱希特要求剧场中的观众只应将自己的部分投入舞台上的戏剧中，另一部分则留给自己，留给自己的"认知"，他应该对舞台上的戏剧保持清醒的判断、警觉，而不应完全盲目地将自己交给戏剧，从而完全迷失自我。布莱希特的戏剧观从根本上摧毁了我们长期以来的戏剧知识、趣味和法则。他的全部戏剧体系同现时代的重大主题相吻合，即"人们承受的痛苦掌握在他们自己的手中——换言之，世界可以改变，艺术能够而且应该干预历史；它应当同科学持有相同目标，它们应当联合起来；我们应当有一种解释的艺术而不再仅仅是表达的艺术，戏剧应当通过揭露历史的运动而参与历史；舞台技巧本身是'介入'的，最后，没有永恒艺术的'本质'诸如此类的东西了，而应当是每个社会都应当发明艺术，发明一种为其解放担负责任的艺术"①。

很快，巴特提出了有关布莱希特批评的任务，在他看来，布莱希特的戏剧和莎士比亚或者果戈理的戏剧具有不同的重要意义，布莱希特的戏剧目的十分明确，它关注着当代。它关注着现实和我们自身而不是为了获得永恒，因此，布莱希特批评只是有关观众、读者、消费者的批评，也就是说，是一种涉及密切相关的人的批评，

---

① *Critical Essays*，p. 38.

为此，巴特指出这种批评的四个方面：

第一种是社会学批评。在此，有四种类型需要区分，在极右方面，因为布莱希特作品的政治介入而被完全地搞得名誉扫地，依照他们的看法，布莱希特的作品平庸至极，而且从属于通常的政治阉割，作者和作品分开了，作者被分配到政治领域，而作品则被指定在那面不朽戏剧的旗帜下。在左翼方面，最初是人文主义的读解，布莱希特被视为人的人文主义进步过程中的创造性角色，然而，这却隐藏了那种反理智主义的偏见，即为了将布莱希特更"人道化"，他作品中的理论部分遭到诋毁或被缩减到最低点；对共产主义者来说，他们对布莱希特正面英雄的反对持保留态度，对他的悲剧观、他戏剧中的形式主义来源持保留态度。

第二种批评是意识形态批评。巴特认为布莱希特戏剧中确实存在着连贯、一致和精心组织的意识形态内容，应该对此进行描述。决不应该将布莱希特的理论作为戏剧文本的附属物，也不应该将戏剧演出和理论区别开来，在布莱希特那里，理论和实践是密切统一的。正确的关于布莱希特的意识形态批评应肯定布莱希特的系统性，"将之视作一种理性戏剧不会削弱这种戏剧的创造性价值"[1]。布莱希特作品提供了布莱希特意识形态的这样几个方面："人类不幸的历史特征而非自然特征；经济异化对精神的污染，其最终后果是使它所压抑的人对他的奴役原因一无所知；自然的可矫正的位置，世界的可驾驭性；方法和处境必要的一致性；古时的心理'冲突'向历史'矛盾'的转化，它服从于人的纠正权力。"[2]

第三种批评是符号学批评。由于符号学关注的是意指问题，因此，从符号学的眼光看，布莱希特的戏剧关注的是意指现实而非表

---

[1] *Critical Essays*，pp. 73 - 74.

[2] *Ibid.*，p. 74.

达现实。而布莱希特的间离理论正好是能指与所指间的间离，它承认符号的任意性。这种符号学性征恰好与那种再现论美学相反，对后者来说，艺术是虚假的自然、伪自然，而对布莱希特来说，艺术是一种反自然。"布莱希特的形式主义是对资产阶级和小资产阶级的虚假自然的有意混淆所做的激进抗议：在一个仍旧异化的社会里，艺术是批判性的，它除掉一切幻觉，即使是'自然'的幻觉：符号应当是部分任意性的，否则我们要陷入表达的艺术，一种本质主义的幻觉艺术。"[1]

第四是伦理学的批评。巴特认为，布莱希特的戏剧是伦理剧，它集中于一个问题，即在一个恶的社会中如何保持善，布莱希特的戏剧对此做了清晰的解答。他对伦理问题的发现和解决，他对具体情境的正确分析，他揭示出历史情境的特殊性，揭示它的人工的惯常性质，这就是他的最终任务。"布莱希特的伦理存在于对历史的纠正性读解中，伦理的可塑性（必要时的可变惯例）来自历史的可塑性。"

也许是巧合，布莱希特不折不扣是针对着历史的，他旨在关注人的现时处境；而罗伯-格里耶恰恰相反，他的小说根本没有历史和人的位置，丝毫没有现实的余温。然而，正是这两种似乎是对立的艺术实践几乎在同时吸引着巴特。显然，布莱希特和《神话学》一脉相承。二者都在试图解神秘化；而罗伯-格里耶则和《写作的零度》联结在一起，在写《写作的零度》时，巴特尚未发现罗伯-格里耶（事实上，正是1953年，《写作的零度》出版之际，罗伯-格里耶的第一篇小说《橡皮》才问世），他只是注意到了加缪，并将加缪作为零度写作的最合适代表，罗伯-格里耶出现后，巴特毫不犹豫地以他取代了加缪，并将他安排到文学史中最后的最重要一

---

[1] *Critical Essays*, p. 75.

环。在《写作的零度》发表 6 年后的 1959 年，巴特在讨论文学和元语言之际写道：

> 一般说来，有这样几个发展阶段：首先是文学组合的艺匠意识，它局限于苦苦索求（福楼拜）；然后，是在同一个写作问题上将文学和文学理论认同的英雄意志（马拉美）；再后，是通过无限地延缓文学，宣称要开始写了，并将这种宣告转变为文学自身从而在某种程度上避免文学雷同的希望（普鲁斯特）；更后，通过有意地、系统地扩增字词对象意义的无限性而不使它遵从于任何一个所指的单一意义的文学信念的尝试（超现实主义）；最后，与此相反，将这些意义提升到这样一点，即获取文学语言的此在，写作的中性（尽管不是单纯的），我在此想到的是罗伯-格里耶的作品。①

中性写作的代表现在是罗伯-格里耶。罗伯-格里耶成为《写作的零度》的一个延伸，也是一个完美的答案和句号。同样，布莱希特是巴特的《神话学》的一个延伸，是《神话学》在艺术领域中的一个解神秘化范例。然而，布莱希特和罗伯-格里耶不是决然对立的。虽然两人的目标不一样，布莱希特的戏剧有其历史使命，有某种意图，类似于巴特解神秘化意图，罗伯-格里耶没有丝毫的政治和历史使命，说到底，他从事的是物的文学。但是，从艺术实践来看，无论是罗伯-格里耶还是布莱希特，两人都在从事对模仿论美学的解神秘化工作。布莱希特的戏剧表明，历史有一个生产过程，戏剧同样有一个生产和演出机制。布莱希特旨在将戏剧的表演程序暴露出来，从而揭露那种奠基于模仿论美学的戏剧的虚伪性，自然

---

① *Critical Essays*，p. 98.

而然的戏剧实际上充满着人为的技术。同样，在巴特看来，罗伯-格里耶"物的文学"同样是要消除附加于物上的神话学眼光。在罗伯-格里耶以前的文学中，物总是一种有目的、受操纵和摆布的物，物总有其使用价值，有各种各样的叙事和价值功能，它们通常是意义的道具。按罗伯-格里耶的说法："每时每刻，种种文化的外围（心理学、伦理学、形而上学等等）自行强加于物，掩饰着它们真正的陌生性质，使它们更可理解、更迎合人心。"因此，罗伯-格里耶为自己准备的任务是"必须制造出一个更实体、更直观的世界，以代替现有的这种充满心理的、社会的和功能意义的世界"①。

这就是对物进行的解神秘化任务，也是巴特的兴趣所在。巴特在罗伯-格里耶的写作里发现了一种"客观的文学"。罗伯-格里耶所描写的物没有任何功能性征，而且，它如同镜子所显现的那样不动声色地展现在人们面前。物完全不顾及叙事的要求，它只是待在那里，它不暗示，也不从线条和物质的组合中提升某种表意性的物的本性。"罗伯-格里耶的写作没有借口，没有密度，没有深度，它停留在物的表面，并不偏不倚地检阅它，不厚爱任何一种特性：它是诗意写作的不折不扣的对立面。在此，词既不爆炸，也不历险。"② 而且，罗伯-格里耶和自然主义以及老派的现实主义在物的描写方面也无共同之处。后者总是赋予物以一些暗示性的判断功能。在此，物不仅有形状，还有气味、记忆、类比等等，总之，这些物都在表意，它们都被构思、被设想，都包含了人的心理活动。相反，罗伯-格里耶剔除了这些附加功能，他只是遵循着一种理解秩序：视觉感。物不再是中心，也不是意识和象征的混合物，它们仅仅是视觉抗体。就此，巴特断言，罗伯-格里耶的物不是由深度

---

① 柳鸣九编：《新小说派研究》，中国社会科学出版社1986年版，第62、63页。
② *Critical Essays*，p.14.

构成，物的表面下没有"一颗心"，物存在于其现象处，它们既不
是二重性的，也不是寓言性的。"罗伯-格里耶对物的浪漫心保持的
沉默不是那种暗示性的或神性的沉默。它是设置物的界限而非物的
氛围的沉默。"巴特注意到罗伯-格里耶和海德格尔的类似处，罗
伯-格里耶曾引用海德格尔来论述贝克特的《等待戈多》，同时也来
论述他的文学观。确实，这三者都驱赶了附加在物和对象上的形而
上学特性，就此而言，巴特和他们一道都是反本质主义的先行者。
在这个意义上，巴特称罗伯-格里耶的小说为一种表面小说，它抛
弃了社会深度（巴尔扎克）、心理深度（福楼拜）、记忆深度（普鲁
斯特）等。罗伯-格里耶的小说宣告了那种以人和社会作为内在性
的小说的终结，在他那里，没有什么开采的、探究的，也没有什么
人的神秘本质。小说现在成为人对环境的直接体验，而人再也不会
陷入心理学、形而上学或精神分析学以便探寻事物之谜了。"罗伯-
格里耶的小说教会我们不再以上帝、忏悔或医生的眼光去看世界，
而应以一个城市中的行人的眼光，以一种呈现在他面前的景观，以
一种自己的视觉权力去看世界。"[1]

　　巴特对罗伯-格里耶的表面性小说赞叹不已。同时，他还发现，
罗伯-格里耶摧毁了对叙事性的迷恋。这两个特性，使罗伯-格里耶
远离了以前的一切写作形式。传统的小说，遵循着逻辑线索，对连
续性的故事保持确定的信念。然而，巴特从罗伯-格里耶那里发现，
物没有任何意义，他在不断地为物清除掉意义，从而清除掉由于意
义的运作而组织起来的连续形式。这样做，除了对于种种传统的写
作形式进行颠覆性的写作革命外，它的另外原因是什么？巴特又恢
复社会学眼光来看待以罗伯-格里耶为首的新小说。在他看来，当
前社会总在设法整合作家，然而，作家不再是贱民，不依赖于施

---

[1] *Critical Essays*，p. 24.

舍，也不服从于完备的等级制。这样，作家（巴特认为他们是快乐的作家）和社会就充满着矛盾，而罗伯-格里耶等人的新小说正好是对这种矛盾的反应：他们逃避现实，寻求技艺，抛弃责任感。他们只是将物作为小说的主要对象和材料，物第一次成为小说的主角，第一次完完全全地暴露了那种未受异化的物的品性，也是第一次去除了附加于其上的神话学意义。

《写作的零度》曾有攻击小说的神话学的论断，那也是巴特最初对资产阶级表示出的解神秘化意图。巴特指出，小说赋予想象物一种真实性的形式保证，从而将虚假和真实等同起来。罗伯-格里耶在此所做的恰好和这种神话学相反，他剥开了虚假性的面纱、物的附加意义的面纱。

物的附加意义等同于物，前者被神话化了，它被各种各样的标准、价值和道德名目所利用、所神化，罗伯-格里耶廓清了物的本来面目——这恰恰是巴特的解神秘化目标。正是在这点上，罗伯-格里耶和布莱希特统一在一起，他们和《神话学》一道，同时对资产阶级的神话学进行揭露：巴特针对资产阶级的日常价值标准，布莱希特针对资产阶级的社会实践，而罗伯-格里耶则针对资产阶级多少年来的美学法则。无论是哪一种解神秘化工作，在哲学上都和反本质主义相呼应，都和海德格尔主义有着潜在的契合，后者正是在默默地祈祷：不要给物派生意义，不要给它增加对立面，让物成为物，而不是任何一个等级系统中的意义环节。海德格尔说，存在者存在着。罗伯-格里耶说，让物成为物自己。巴特的解神秘化（demystifing）和海德格尔的"去蔽"（Aletheia）十分相似，后者针对柏拉图主义，针对"模仿论"和"符合论"的真理观，"去蔽"就是要去除多少年来形成的形而上学积垢，正是形而上学将存在者掩盖起来，造成了存在者的"遮蔽状态"；而真理不是符合，是解蔽、敞开，真理乃是存在者之解蔽。同样，在巴特看来，解神秘化乃是求得真理之所在，真理总是被形形色色的历史所掩盖住。不过，巴特所固有的经验主义品质并没有将解神秘化上升到哲学高度，他依赖于经验、观察和具体的实践对象，依赖于布莱希特和罗伯-格里耶，将解神秘化变得更具现实性和政治性了，变得更具法国味了。

第三章 结构地图

符号学

　　罗兰·巴特的50年代生涯带有明显的马克思和索绪尔的冲突身影。索绪尔和马克思都以其巨大的理论魔力吸引着他。马克思主义的批判维度、无产阶级立场、历史视点，无论是在《写作的零度》还是在《神话学》中都得到贯彻；然而，从《写作的零度》到《神话学》，马克思的色彩被逐渐冲淡，索绪尔的影子却越来越清晰了。在《写作的零度》中，巴特就指出了系统性的语言结构和个人风格之间的潜在冲突，如果考虑到个人风格和私人语言的某种一致性的话，这种冲突就相当于语言结构和言语的冲突了，而这正是索绪尔的最重要主题之一，这也几乎是贯穿巴特一生的主题：直到晚年，巴特还在愤愤不平地指责语言结构的法西斯主义性征，他一直在寻找各种各样的方式来对抗那个无所不在的乏味而又顽固的语言结构。正是在同这个语言结构的争斗中，巴特才显示出他的才智、他的不凡表现、他的全部魅力。索绪尔的语言结构和言语的对立一开始就以一种本能的方式抓住了巴特。随后，在雅各布森和列维-斯特劳斯的启发下，巴特进一步灵活地消费了索绪尔，并在此基础上完善了他的符号学理论和文学结构主义方法。如果要澄清这一时期——大致是 60 年代——的巴特的变化的话，无论如何，索绪尔是无法绕开的有力的参照。

　　索绪尔断断想不到他的语言学理论催发了一场人文科学革命。1913 年索绪尔逝世后，他的学生根据笔记整理了他的讲稿，1915年，他的《普通语言学教程》得以出版。这部著作的革命性贡献在于它首先赞成一种"关系的"观点，即语言是一种系统、一种结构、一种关系组合，语言是形式构成的系统。它的对立面是言语，言语是有赖于语言系统的言语行为。语言（系统）是社会的产物，它是某一社会团体全部成员的储藏物，它潜藏在人们的头脑中，是人们潜在的语法体系。而言语则是语言的体现，它包括"说话者赖以运用语言规则表达个人思想的各种组合"和"使他有可能把这些组合表露出来的心理和生理机制"两个方面。显然，言语行为是个人化的，按索绪尔的意思，它难于归类，难于作为分类对象进行研究，语言学家的任务当然是将有体系性的语言结构作为研究对象。巴特根据索绪尔对二者的界定，将语言结构和言语的关系表述为"语言结构就等于语言（language）减去言语"。巴特断言，语言结构无法被个别人改变或创造，"它基本上是一种集体性的契约"，是一种"社会性法规"。语言结构和言语"只能在一种辩证的过程中来规定其完整的意义"[①]，二者相互依存，真正的语言实践只存在于语言结构和言语的辩证的互动关系中，语言结构通过言语来显现，而又在暗中操纵言语。同时，语言系统又只能在言语中产生，因为言语的不断变化发展缓慢地推动着语言系统的变化，语言系统总是在事后总结种种言语后定型，进而再一次制约着言语行为。巴特依据索绪尔的看法，认为不可能有研究言语的科学，只有一门关

[①]　《符号学原理》，第 117 页。

于语言结构的科学。正是在这里，巴特显示了结构主义科学的要求。

巴特当然不仅仅在语言学范围内讨论语言结构和言语的对立，他在一个更广的范围内应用着这个语言学的二元论模式，从而将语言学扩展到他所致力的符号学领域。巴特宣称，"语言结构和言语这对概念的社会学意义是明显的"，比如语言结构和涂尔干的集体意识概念不无相似之处，集体意识独立于个别表现正类似于语言结构独立于言语。梅洛-庞蒂从索绪尔出发也获得启示，他认为一切过程都应以系统为前提，就此，梅洛-庞蒂提出了事件和结构这一历史学的经典对立。而列维-斯特劳斯在神话学中对于索绪尔这一对立的运用则最为引人注目，各式各样的神话素都取决于一种影响广泛的神话结构。巴特从这些先行者那里受到鼓舞，他总结说："语言结构和言语这对概念在语言学之外或之上导致了丰富的发展。我们将假定，语言结构和言语这对一般性范畴广泛存在于一切意指系统中。"①

一切意指系统当然包括各式各样的社会性要素或物品。对它们着手进行分析前，首先的一步就是要区分哪类属于语言结构范畴，哪类属于言语范畴。但是，巴特立即指出，索绪尔的二分法模式在具体运用中可灵活变通。比如服装，巴特说，按其在社会交流中表现的内容，可区分三个系统。在书写的服装——时装系统中用语言描写的服装——中，并不含有"言语"项，而只有一项纯粹状态的"语言结构"。在摄影的服装中，则存在着这种二元对立。摄影的服装一般是由妇女穿着的，服装本身作为语言结构，而妇女模特则因为她的适用性和个别性，她体现着那件普遍性的服装，因此，她是这一表意系统中的"言语"项。最后，在实实在在的服装中，典型

---

① 《符号学原理》，第125页。

的"语言结构"和"言语"的二元对立显现出来。无疑，衣服的各部分、各细节的一般组合规则是语言结构，而那些个别的制作和穿着因素则是言语，一句话，服装（costume）是语言结构，衣服（habillement）是言语。同样，饮食系统也体现了语言学中的这种二元对立，巴特指出了饮食语言结构和饮食言语后断言："一套菜则可清楚地说明语言结构和言语的作用；整套菜是参照一种（民族的、地区的或社会的）结构构成的，然而这个结构是随着时代和用食者的不同而加以体现的，这正像一种语言的'形式'按照某一说话者随特殊信息的需要不同去进行自由改变和组合时加以体现的情况一样……大致说来，作为各种言语的某种沉积的用餐法构成了饮食的语言结构。"①

索绪尔语言理论的另一条也是至关重要的一条则是"记号的任意性"。索绪尔所提到的记号的任意性指的是能指和所指间没有一种必然联系，"apple"（苹果）这个能指指代一种水果完全是任意的，它并不比另一些词有更恰当的理由来指代这一水果。对其他的词而言同样如此，如"cat"（猫）并不比"dog"（狗）有合适的理由指代猫这一动物，"cat"指代猫完全是任意的，这二者取得联系并没有什么内在的原因。索绪尔将语言中的记号的任意性原则提高到语言学中的根本问题，他说："这个原则支配着整个语言的语言学，它的后果是不胜枚举的。诚然，这些后果不是一下子就能看得同样清楚的，人们经过许多周折才发现它们，同时也发现这个原则是头等重要的。"② 在索绪尔看来，能指和所指的任意性不仅限于此，它同时还有另一些内容。首先，能指是可以演变的：与某些所指（概念）相联系的具体声音系列可以变化；某个能指（声音系

---

① 《符号学原理》，第 127 页。
② 费尔迪南·德·索绪尔：《普通语言学教程》，商务印书馆 1980 年版，第 103 页。

列）也可用来表达不同的所指（概念）。同样，所指（概念）也经常转移、变化，一些概念起初指的是一些事物，后来又表示另一些特性等等。这样，能指、所指都不是稳定的、一成不变的，二者的关系是任意的，能指和所指本身也是任意性的，而记号正是能指和所指的任意的但又是密不可分的关系组合。

巴特抓住了记号是由能指和所指组成的这一索绪尔的重要原理。在索绪尔之前，人们常将记号和能指混为一体，而将所指排除在记号之外。巴特正是遵循索绪尔的这一原理，坚持所指是记号的一部分，就此，研究所指的语义学应是研究记号的结构语言学的组成部分。能指面构成了表达面，所指面构成了内容面。而无论是表达面（能指面），还是内容面（所指面），都具有形式和内质两个层次。就此，巴特从语言学的记号的特性推导符号学记号的特性，二者类似，符号学也是由一个能指和一个所指组成。比如在公路规则的一个符号学系统中，绿灯是能指，而可以通行则是所指。这样，符号学很可能是语言学的一个特例而非如索绪尔所想，语言学是符号学的一个类属。巴特一直坚持，符号学应来源于语言学。

巴特详细地讨论了所指和能指。通常认为，所指不是一桩事物，而是该事物的心理表象，即便是索绪尔，也认为一个词的所指，指的是词所表示的心理形象。而巴特对于所指的看法近似于斯多葛派哲学家的看法，后者区分了实在物、心理表象和可言者三个方面，而所指则正是可言者，它既非意识行为亦非现实，它只能在意指过程内加以定义。巴特这样定义所指："所指是记号的两个关系项之一；使所指与能指相对立的唯一区别是，能指是一种中介物。"在符号学中，只要物品起着能指的作用，也就意指着通过能指来言说的东西，这时，"符号学中的所指就能由天然语言中的记号所取代"。依此类推，能指也是一个关系项，它同所指密不可分，能指是中介物，它具有物质性，它的内质永远是质料性的。而将能指和所指结合在一起的行为，这个过程，巴特称之为意指，意指的结果当然就是记号。

巴特从索绪尔那里发现的另一个重要遗产是语言系统的两个平面：组合段平面和联想的平面。组合段平面具有延展性，这种延展性是直线性的，也是不可逆的。索绪尔发现，在语言的序列中，一个成分的价值取决于序列中这个成分的前后各项。两个成分不能同时说出来，每个成分都以一种在场的方式联结起来，语言也就是在这种横面上逐一地展开。联想平面则是纵向的，如果组合平面是指一个坐标轴的横轴的话，联想平面则是该坐标的纵轴。联想平面遵循的是一种替代原则，一种类似性原则，联想平面的成分既类似又对立，它们构成一个记忆系列，一个记忆的"宝库"，比如，"情人"就可同"恋人""爱人"等词构成一个联想系列，它们是类比性的，它们以一种缺席的方式联结在一起。具体而言，组合轴（联想平面）就是结合在一起的可能性，它使一些成分和另一些成分的前后结合成为可能，而聚合轴就是在一定语境下，某些成分可以互换。举例而言，"I am a teacher"中的"teacher"可用"lecture"或者"professor"等词来替换，这些词就构成一种聚合关系；而"I am"后只能接一个人称性名词而不能接"stone"或"tree"等实物性名词，这种横向的联结法则就是组合关系。在索绪尔看来，整个语言系统可归结为组合关系和聚合关系，且用这些关系加以解释，语言系统中的成分完全由它们在系统中的相互关系确定——这就是所谓的结构主义语言学。

在讨论组合关系和聚合关系（巴特称之为系统）的过程中，罗曼·雅各布森起着决定性作用。他将隐喻（聚合关系）和换喻（组合关系）的对立应用于非天然语言的语言，这样，就有了隐喻型话语和换喻型话语，通常这两种话语交织在一起，但以其中一种为主。巴特举例说，俄国抒情诗、浪漫主义和象征主义作品、卓别林的影片和弗洛伊德的梦境象征都属于隐喻秩序，相反，新闻报道则属于换喻，而文学几乎全都是隐喻性的，即是说，几乎全是聚合秩序的。在巴特看来，"雅各布森有关隐喻主导地位和换喻主导地位的论述使语言学研究开始向符号学研究过渡了"[①]。隐喻关系（系统）和组合关系广泛地存在于各意指系统中。而符号学的任务之一就是研究和分析意指系统中这两根轴的每一根。同样以服装系统和饮食系统为例，在服装系统中，聚合段（系统）是"衣片和零件的集合"，"零件的变动选择与服饰意义的改变对应"，如"无边女帽—女烫帽—宽边女帽"等女帽系统。而组合段则指的是同一套服装中不同部分的并列，如"裙子—衬衣—背心"。在饮食的意指系统中，"各种正菜""烤肉""小吃"组成聚合关系，而"用餐时实际选择的菜肴系列"，即一套菜"构成组合关系"。无论是聚合关系还是组合关系，都存在着复杂的分割和运转机制，而"创造性活动正是发生于这两个平面（组合面和聚合面）的交界处"。

巴特在他的符号学图式中最后提到了"直接意指与含蓄意指"，"因为一切意指都包含一个表达平面（E）和一个内容平面（C），意指作用则相当于两个平面之间的关系（R）。这样，我们就有：ERC"。[②] 巴特假定，这样一个意指系统 ERC 可包括进另一个意指系统中，即是一个意指系统全体构成另一个意指的表达面或者内容面。这样，这两个意指系统就会有二级关系，巴特图示如下：

$$\overbrace{\text{E R C}}^{\text{E R C}} \qquad \text{E R C} \overbrace{\text{C}}_{\text{E R C}}$$

巴特称左图为含蓄意指符号学，它也可表示为（ERC）RC，第一个完整的表意系统构成了含蓄意指系统中的表达面。右图被巴

---

① 《符号学原理》，第149页。

② 同上书，第169页。

特称作元语言，它也可表示为 ER（ERC），它的内容层面由一个完整的意指系统构成，它是一种以符号学为研究对象的符号学。含蓄意指的表达面（能指）被称为含指项，它由直接意指系统构成，即是由能指和所指组成的记号构成。而含蓄意指的内容面（所指），据巴特看来，是意识形态的一部分，"总的说来，意识形态就是含蓄意指的所指的形式，而修辞学则是含指项的形式"。二元语言和含蓄意指不同，它正是将第一个意指系统中的记号构成它的所指，而元语言处于直接意指的层次上，它本身也介入一个含蓄意指过程中，巴特将此关系图示如下：

3. 含蓄意指	Sa：修辞学	Se：意识形态
2. 直接意指	Sa	Sé
元语言		Sa Sé
1. 真实系统		

真实系统（一个完整的记号，一个意指系统）构成了元语言的所指，直接意指正是因为谈论一种意指系统，谈论一种语言（真实系统）而成为元语言，它是一种以符号学为对象的符号学，而这种二级符号学（元语言）又成为含蓄意指的能指表达面，这里，它以一种修辞学的方式出场，同其内容面（意识形态方式）一道构成了含蓄意指系统。这就是最终的意指图。

　　作为结论，巴特宣布，符号学研究的目的在于，"按照全部结构主义活动的方案（其目的是建立一个研究对象的模拟物），建立不同于天然语言的意指系统的功能作用"[①]。巴特将符号学研究的重心存放在意指作用上，为此，他吁求一种限制性原则，即只有同表意系统中的意指作用发生关联的东西才纳入符号学的范围，并不涉及与意指无关的东西。巴特将符号学与另一些解释性科学如心理

---

① 《符号学原理》，第173页。

学、社会学、历史学等明确地分离开来，他给符号学划出自己的地盘，让其从事自己的分内工作，而且，只在同意指相关时，其他学科才会和符号学对话。就此而言，符号学应遵循一种内在性原则，应研究意指系统的内部。然而，如何确立一个意指系统则是必不可少的，因为研究对象通常是一个混乱的整体，巴特建议在着手符号学研究之前，应处理现象整体即全体文本，只有确定了这个全体文本后，才能严格地遵循符号学原理进行研究。现在，关键的问题是用什么样的标准选择全体文本，巴特的建议是笼统性的、大致的，他的第一个建议是对象应足够多，只有足够的对象才能保证判断的准确性。另外，文本应是齐一性的，应有内质的齐一性和时间的齐一性，也就是尽量消除历时感，全体文本应相当于一个历史的共时"断层"，应尽可能聚合一个同时性整体，只有内质和时间的齐一性，才能确保意指显示的科学性和规律性，这正好是符号学的宗旨，而"符号学的可能的基本目的（也就是最终显示的目的），正是要去发现系统的时间本身以及形式的历史"[1]。

巴特对含蓄意指符号学的讨论非常近似于早些年对神话的讨论，只要将他画的两个图示比较一下就一目了然。在"今日神话"中，一个完整的记号，一个由能指和所指结合而成的语言系统构成神话的能指层，而在含蓄意指符号学中，同样是一个完整的记号，一个完整的意指系统变成了第二系统的能指层。在"今日神话"中，巴特将神话的这种二级系统揭露出来，而并没有将这种二级意指系统上升为一种普遍的意指方式，巴特仅仅局限于神话学的讨论中。而现在，巴特将此普遍化了，他断言，以天然语言提供的第一系统为基础的社会，将不断发展出一些第二意义系统，而且这种发展将逐渐涉及一门真正的历史人类学，巴特称这种二级意义系统为

---

① 《符号学原理》，第175页。

含蓄意指符号学，按照他先前对神话的分析和理解，毫无疑问，神话应类属于含蓄意指符号学。

事实上，《符号学原理》所做的工作就是将所有的特殊意指系统的符号学分析普遍化，就像"今日神话"将《神话学》中的具体神话分析普遍化一样。巴特在此表现了足够的语言学知识，这是他为数不多的规范写作，语言学知识作为他的符号学基础，也作为他的写作证据，在《符号学原理》中表现出至关重要的位置。索绪尔在巴特这里达到了他对人文科学影响的巅峰位置状况。再也没有一个人比巴特更注意索绪尔了。自格雷马斯将索绪尔介绍给巴特后，巴特一直隐隐地工作在索绪尔的保护伞下，尽管马克思和萨特也常常徘徊在巴特那里，但自《神话学》后，他们都被巴特抛弃了，巴特越来越依赖索绪尔。符号学就是以语言学为基础，尤其是以索绪尔的理论为基础。巴特正是从索绪尔出发，他在《符号学原理》中大段大段地介绍索绪尔的理论——这并不符合他的一贯风格，即那种创造性的写作风格——并以雅各布森、列维-斯特劳斯、本维尼斯特、叶尔姆斯列夫等为中介，系统性构造他的符号学理想。对巴特来说，索绪尔（及其语言学）是普遍性的范例，是他的探究基础，索绪尔模式广泛地存在于种种社会生活中，巴特的目标即要在形形色色的多变的社会生活中，发现语言学规律。社会现实不仅仅（或者说不再）是历史实践的结果，它现在被语言学眼光，被能指/所指、语言结构/言语、隐喻/换喻等注视着、打量着和改组着。语言学现在成为一个视点，它成为符号学的基本方式，社会现在是种种剔除了具体史实背景和内容的符号学组织，它们被语言学切分、定型和玩弄了，它充满着语言学事实。

巴特精心设置的符号学理想毫无疑问成为语言学转向合唱队中的重要声音，尽管不是最成熟的声音。社会现实不是独立存在的，它暗含语言学规律，语言现在成为这一切的始源基础，语言似乎含有世界的真相，就此而言，巴特远离了本体论哲学和认识论哲学。前者（本体论哲学）确信，事物背后有一个神、一个理念、一个逻各斯在支配和主导着，世界由它们控制，由它们操纵，由它们派生出来，这乃是典型的柏拉图哲学模式；后者（认识论哲学）不再探讨本质为何物了，却探讨怎样认识本质，它的基本问题乃是人的意识和世界的关系问题，人对世界认识的可能性问题，这样，它最终滑向了人/世界的二元论哲学，即包括唯物论和唯心论二种模式的认识论哲学。巴特的思考问题与此不同，他探讨语言和世界的关系，在此，主体（人）被消灭了，他不存于这一哲学问题中，意识也不再是意义的源泉或者生产场所，也不是知识可靠性的最终保证，意识也被这一哲学驱逐了。现在，只有语言存在着，语言和世界在发生着关系，世界依赖于语言，它是语言的体现、语言的潜在反映、语言的面孔。

巴特代表的符号学和结构主义（二者的区别只是方法上的而非根本性的）成为显赫的语言学转向的一支。另外则有维特根斯坦的分析哲学和海德格尔的存在哲学。对维特根斯坦来说，语言是他的界限；对海德格尔来说，"语词破碎处无物存在"。二者都强调语言的生产性，正是语言在"说"，在命名，才开启了一个世界，或者说，世界才被澄明；世界是因为语言而存在、而显现的。显然，海德格尔和维特根斯坦都以一种哲学的方式确定了语言对于世界的优先性，他们思考的是二者的根本性关系。对巴特来说，《符号学原理》确立了语言和世界的关系（语言对于世界的优先性），但他更强调语言秩序对于世界秩序的优先性，他对于索绪尔和语言学的强调，意在寻找一种阐释世界的方法，而非纯粹对世界的看法，因此，巴特在此更注重的是方法论而非海德格尔那样的普遍性的世界观；巴特强调的是语言对于世界的阐释能力，而海德格尔强调的是语言对于世界的生产性；巴特强调的是特定的语言学语言结构，海德格尔强调的是普遍性的神圣语言；巴特将语言学作为工具（尽管是优先性的），而海德格尔将语言作为先验本体（尽管他讨厌本体）；巴特注重一种类比性（世界同语言的类似性），海德格尔则强调一种决定性（世界被语言所决定，它是语言的效果和产品）；巴特是实用的，海德格尔则是思辨的。

显然，在语言和世界的关系这个问题上，巴特缺乏足够的哲学气息，他天生具备的是具体的实践能力，他常常将一些玄想问题拉回实践性的方法论上。在《符号学原理》中，巴特没有正面讨论语言和世界的哲学关系，但无疑却隐藏着语言优先于世界这一哲学论题。巴特强调符号学是语言学的类属而不是相反，这给予了语言学足够高的地位，因为符号学是处理世界、处理社会现实的一门科学，它来源于语言学，在此，语言学具有基础身份。《符号学原理》从写作结构上也表现出对索绪尔的极大忠实，每一章的开头，都叙述索绪尔的理论，然后，从索绪尔出发，又过渡到雅各布森等人，再回到巴特自己正构思的符号学原理，好像索绪尔是个不可动摇的公式、原理，是巴特的起源性存在一样。

巴特的符号学原理当然不是他的独创，但没有一个人比他整理得更系统、更细致、更具有实用性。在《符号学原理》中，作为一些分析事例，巴特已经展示了符号学的若干实践分析方法，正是源自语言学的符号学方法首次关注到了一些从未开垦过的区域。在符号学以前，想涉及家具或者饮食的意指方式是不可能的，而符号学正是由于它特有的旨趣而关注到了物的系统、物的结构方式、物的语言和言语、物的隐喻和换喻，总之，符号学关注到物的形式——长期以来我们视而不见的东西。经由符号学的眼光，物才暴露了它的某些秘密、它的某些历史背景、它的人工手法、它的规律性存在。物不再是僵死之物，不再是无生命、无历史、无语境和无章法之物。物重新得到关注（当然，不是罗伯-格里耶式的关注），它获得一种符号学生命，就此，也获得某种历史性命运。符号学，至少是巴特理想的符号学开辟了一条全新的路径。今天，物重新受到重视，不过，这种重视不是由符号学激发的，它由今天的历史语境激发，由今天物的膨胀所激发——物的空间如此膨胀，以至它不得不吸引人的眼光，物现在更具有某种人为的语法了。巴特所倡导的符号学在今天与这些膨胀的物不期而遇，它成为一种经典方法，它成为考察物的最有效遗产，成为揭露物的秘密的有效手段。符号学首次在文学之外展示了它的价值，它重新让物，让一切意指系统，让一切人工产品进入正统的学术机器之内，就此而言，符号学几乎是学术机器内部的一场革命。在此之前，所谓的学术永远只是关心那些一成不变的学科类型，关心那些所谓的文学、哲学、史学和法学，关心那种被称作思想和知识的东西，关心那些书本和典籍的东西，关心那些已逝的和意识的东西；而符号学则扩大了学术的疆域，它承认，几乎所有非天然的东西都可作为学术对象，都可得到关注和探究。符号学对于意指系统的兴趣在今天得到了完全的认可，今日所谓的文化研究正是广泛接纳了不被传统学术机器所承认的东西，尽管不一定全按照符号学的方法，然而，在对象的选择上，它在充分地实现着符号学的理想。

符号学方法比符号学范围在当时更引人注目。如果说符号学范围在今日越来越被证明具有开拓性的话，那么，符号学方法在当时则完全是创新式的。只要打开批评史——无疑，符号学首先应归于批评一词名下——符号学分析法的开创意义就一目了然。符号学率先向种种历史批评和社会批评发起了抗议，按照巴特的说法，符号学只对内在性感兴趣，只对对象的意指作用感兴趣，而意指几乎从没被人问津过，无论是历史主义还是精神分析学，无论是存在主义还是现象学（这正好是法国当时的主导性批评潮流），都没有将表意实践，没有将语义学，没有将文本的生产机制作为焦点。它们揭露了对象的方方面面，然而对象本身的生产制度却没有被认真揭发出来，这一任务只好交给符号学了。符号学并不比任何一种批评流派具有优先性，然而，因为它的首次发现，它对内在性的细腻考证，它具有无与伦比的创新性——尽管在今天，它已经人所共知。符号学的形式主义痕迹有力地抵制了社会学的泛滥，它纠正了长期以来的对文本性的漠视。在《符号学原理》中，巴特并没有提及文学，然而，文学本身的生产机制无疑适合于它的符号学原理。符号学出现时的情景，符号学所占据的位置，都有力地改变了批评的历史步伐，改变了人们对待事物的方式。

　　《符号学原理》是巴特"所做的科学化美梦"的结晶，巴特在此想提出一种虽非成熟但想万能的分析方法。从这本小书的结构上可以看出此时巴特的科学化理想，巴特在此表现得中规中矩、条分缕析，往日的那种机智和妙语一扫而空，相反，充满着行话术语，没有激情，没有想象，只有图表，只有提纲，只有公式和硬性的法则，巴特在用一种数学化的方式组织这个文本，他像是在写一篇处处设防、富于逻辑（小标题套小标题，章节环环相扣，论证频繁引用且时常举例）的科学论文。他在尽力让它完整，让它无懈可击，让它周到，让它系统化和组织化，让它全面而万无一失，总之，让它成为一种普遍性的符号学科学，让它成为无往不胜的药方。巴特似乎寻找到了某种梦想的终极原理，然而，符号学本身则潜藏着分歧。就巴特而言，在《符号学原理》中，他一步步地依循着索绪尔，依据语言学理论，提出了符号学的几种分析模式：语言结构/言语、能指/所指、组合段（转喻）/系统（隐喻）、直接意指/含蓄意指。就每一种二元对立而言，它们的确可能存在于符号学的对象上，比如，我们确实可以指出衣服的语言结构/言语、能指/所指，或者说转喻/隐喻，然而，它们以一种怎样的方式结合在符号学科学内部，即是说，语言结构/言语这对二元对立与能指/所指这对二元对立以一种什么样的方式在符号学中统一在一起，或者说，它们干脆各行其是，符号学让这些二元对立各自割据一方？符号学分析到底是同时关注这四个二元对立并将它们有机地统一起来，还是只随意地选择一两个二元对立进行具体的实践？这四个二元对立到底是平行性关系（起码，在《符号学原理》中，它们是平行地放到同一个层次上讨论的）还是具有上下级的类属关系或等级关系？巴特对语言学上的每个对立都进行了细致的检索和裁定，对语言学向符号学过渡的环节也做了充分的说明。然而，他对这些二元对立的关系性本身却语焉不详，他没有做出一种总体性的承诺：符号学到底是局部性的细察还是总体性的分析？

不过，有两点是巴特所深信不疑的：符号学在方法上的科学性和对象研究的内在性。这成为巴特这一时期的研究梦想，在写作《符号学原理》的同时，巴特正在为拉辛而与人发生舌战，其论战的焦点正是科学性与内在性，这场被称作"新旧批评之争"的论战将巴特推上了法国批评界的浪尖，正是这场论战之后，以巴特为代表的全新的批评方式开始主宰一个时代。

文学科学

在巴特不遗余力地推动符号学和结构主义之际，他对当前的法国批评状况有十分清醒的判断。正是这样，他将他的符号学（有各式各样的符号学）和结构主义——这二者的区别微乎其微，在所有的关键问题上都是一致的——划归到学院派批评之外，巴特似乎预见了即将来临的一场冲突，在发表《论拉辛》的同一年，他就批评本身连续发表了看法，在《两类批评》和《何谓批评》中，巴特已经澄清了新旧批评的各自特性以及它们的种种意识形态动机、任务和目的。在随之而来的论战中，学院派批评的代表雷蒙·皮卡尔对巴特的指责正好证实了巴特对法国当代批评的判断。

在《两类批评》中，巴特指出，当前法国存在着两类批评：一类是学院派的，它来自朗松的实证主义方法；另一类批评巴特称之为解释性批评，其代表人物为萨特、巴什拉尔、戈德曼、普莱等人，它和存在主义、马克思主义、精神分析学、现象学有关，巴特也称这种批评为意识形态批评，来对抗第一种据称是客观方法的学院派批评。不过，这两种批评也有联系，意识形态批评也是由大量学院里的教授来实践的，而大学有时也承认解释性批评。但这两种批评仍存在着根本性的紧张关系。乍看起来，学院派批评注重文学的外部环境，注重分析文学的源泉，而"让其他批评自由地解释作品，或更准确地说使它们'意指'某种意识形态系统的关涉性"，这样，这两种批评"没有道理不相互合作和认同"。然而，在巴特看来，实证主义在两个根本点上显示了它的意识形态本性。首先，"通过有意地限制于对作品'环境'的调查，实证主义批评拥护那种完全错误的文学观"。实证主义批评不考虑、不质疑"文学存在"（the Being of literature），也就意味着它相信这种存在是永恒的或"自然而然的"。然而，到底什么是文学？为何写作？不问这类问题实质上也就是依据常识，依据传统的观点回答了它们，也就是说，"作家写作就无非是自我表达，文学存在也就是意识和激情的一种'转译'"[1]。对此，巴特辩解说，没有一个永恒性的文学本质，相反，在文学的底部，存在着不同的形式、功能、机构、推理和计划等的程序，其相对性要历史学家来辨识。学院派批评的第二点则是假设的类比。由于学院派批评主要是对"起源"的调查，所以它总是将他物、文学之外的他处和作品联在一起进行考察，这个"他

---

[1]　*Critical Essays*，pp. 250 - 251.

处"可能是先前的作品、生平环境或者是作者在作品中表达的激情。"他处""他物"和作品的关系是类比性的，它暗示着写作即是再生产、复制，或是被激发等等，作品总是和这些作品之外的东西具有决定性的关系，具有一种类比和相似关系。然而，巴特指出，这纯属一种假设。他举巴什拉尔为例论证道，文学作品正是从毁坏这种类比模式开始的，巴什拉尔已经表明诗学的想象不是构造形象而是拆毁形象。欲望、激情、挫折可以恰如其分地产生一种反面表述，作品主人公陷入爱河也许正是因为作者在实际中厌恶了某个异性对象。总之，"相似性不是创作逗弄现实的特权关系"。

而解释性批评完全是一种内在性批评。对此，学院派持否定态度，但如果解释性批评和作品外的某处发生联系，比如精神分析学探讨作者的秘密，马克思主义探讨作品的历史处境等等，学院派批评会将它们作为片面性又不乏益处的东西来接受，总之，只要作品和它之外的东西发生关联，和文学之外的东西发生关联，这样的理论都可以被学院派接受，"不被接受的是这样一种批评：在作品内建构自身，而且只是在内部、在功能，按今天的说法在结构上进行了完全的描述后才确定它与世界的关系的批评。这样，被拒绝的是现象学批评（它阐明作品而非解释作品）、主题批评（重构作品的内在隐喻）和结构批评（将作品视作功能系统）"①。为什么要拒绝这种内在性？巴特给出的答案是多样性的：可能是决定论意识形态的顽固不化在起作用，也可能是决定论批评向功能或者意指批评的转化将使知识的标准、技术的标准、学院派批评家职业的标准发生深刻的变化。巴特在此敏锐地指出了大学和学院派批评的内在关系，大学要求巨大的、艰深的和耐心的知识体系，从而获得学位的保证，只有实证批评而非内在性批评才能适应这种大学制度，就

---

① *Critical Essays*，pp. 253 - 254.

此，"我们能理解大学在转换其要求时的犹豫不决"。

巴特对校园表示了微词，他主要著述时期不在正规校园里，这也是他对制度性的一次微词。在皮卡尔对他进行指责后，巴特依然坚持有一个所谓的学院派批评，"大学是一个机构，它有自己的语言和价值体系，它是通过检查而获得认可的，有一种谈论文学的学院方式……大学不应被神化，它也能被批判"[①]。不管怎么说，巴特极不满意那种古老传记式的学院派批评，那么，批评到底应该以什么样的形式出现，或者说，巴特此时所想的批评到底是什么？在《何谓批评》里，巴特回答了这个问题。

在巴特看来，批评并非对真理的检验，也不是真实性原则名下的话语，批评在本质上是一种活动，它和作家的创作一样，在作品和批评家本人之间有一种类似于作家和作品本身的复杂关系，批评（作品）和批评家有一种联系，"所有的批评在其话语（甚至在可想象得到的最间接和最温和的方式里）中都包含着含蓄的对自身的反应，所有的批评都是作品批评，也是自我批评，换言之，批评根本不是结果目录或判断实体，它本质上是一种活动，是一系列深深地卷入实施它们的人的历史和主体存在的心智行为。批评能是'真'的吗？它回答的完全是不同的问题"[②]。就此，批评首先也构成了一个与真理无关的作品，一个语言作品，是一个与语言作品（文学作品）打交道的语言作品，因此，批评应考虑两类关系，批评语言与作家语言的关系，作家语言和世界的关系，批评就由这两种语言的关系所限定。

就此，批评不应该去发现作家语言是否发现了真理，而应该探究作家语言的形式本身；批评不是要探讨诸如普鲁斯特描绘的社会

---

① *The Grain of the Voice: Interviews 1962 – 1980*，p. 40.

② *Critical Essays*，p. 257.

是否和 19 世纪的历史环境相合拍这类问题，而应尽可能地系统地综合普鲁斯特的语言本身；批评不是去发现作家的隐匿、奥秘，而是将时代语言和作家语言聚合起来，在于以自己的语言尽可能将对方覆盖起来。就此而言，批评应是一种形式活动，"它的道德目标不是去描绘作品的意义而是重构意义制作的规则和限制"。文学作品是一些语义系统，它赋予世界以意义，但不只是一种意义。在巴特看来，好的文学作品，即是值得评论的文学作品，通常是表义系统，但这种意义又难以捕捉，难以固定，意义常常是"同时性的执着出场而又顽固地躲躲闪闪"，这样，"文学真正地只能是语言""记号系统"，而批评家的任务就是要重构这个系统，重构这个系统的表义法则和机制。只有承认批评是语言，批评语言是批评家依据其境况适时提供的语言类别之一种，才能发现批评家最深层的自我，才能承认批评家的主体性，才能发现批评家和作家两种语言对话的情景。就此而言，"批评不是贡品"，不是献给过去的真理和"他人"的真理的贡品——"它是我们时代可理解物的重构"①。

巴特对批评的一系列勇敢提法、对当前批评状况的大胆针砭具有重要的意义，这些观点现在看来已广为人知，但在当时，在巴特所称的学院派批评中却被视为邪说。批评不再是手法，不再是探究秘密的工具，不是求真的也不是启智的，而仅仅是和文学作品对话的语言系统。批评现在从作品的控制下解脱出来，它不是对作品小心翼翼的考证，也不是战战兢兢的追问。同样，批评也开始置作者于不顾了。在此，巴特不仅仅质疑和嘲弄了学院派批评，他甚至从根本上对批评这个事业做出了非同寻常的思考。作品批评似乎天生就是二元等级关系，批评总是跟着作品打转，批评应尽可能发现作品的秘密，它完全依赖作品的先天性存在，无论在时间还是在主题

---

① *Critical Essays*，p. 260.

学上，批评永远滞后于作品，批评承认作品的某种恒在性，作品是先在性的秘密实体，批评任务和最终目的就是尽可能地打开作品的宝藏，批评家永远是个向作品献身的奴性解释者，是第二性、被动者和臣属者。然而，巴特将这种作品/批评的臣属性的二元系统改造为一种均等的对话式的差异系统。批评和作品都是同一类型的语言系统，批评不是依附性的求真而是均等的对话，批评自身构成一个自足系统，批评家和作家享有类似的创造身份，批评与其说是对作品的一种被动解释，不如说是批评家的真性流露。

巴特对批评的思考是新鲜的，但此时它还不是系统的、成熟的。比如，一方面，巴特抗议寻求真理，但另一方面，他并没有完全否认真理，他只是否认作者乃文本源泉这一"真理"；他强调批评是批评家的创造，是主观的，同时，他也承认，批评语言应尽可能覆盖文学作品语言，批评应重构作品的表意体系。这些不彻底的——显然并非矛盾性的——批评观正是结构主义自身先天性地蕴含着的，结构主义既不关心作者，又不关心内容信息，而只是关心作品的语法、系统和语义实践。结构主义在取舍上的两重标准使批评活动本身既无法完全放开（它要探讨作品系统），又不因循守旧（它不探讨内容，也不探讨作者）。对批评纯粹革命性的表述是在60年代末期，是巴特发现作者之死，发现作品转向文本之机，是巴特的后结构时期，在那时，作者死了，结构也乱了，批评（该说是阅读了）才真正地无所顾忌起来，批评不是和对象而只是和纯粹的伦理相关。

不过，巴特此时的表述就足以让人坐不住了。1963年的先锋派巴特终于遭到了学院派的反扑。巴特在这一年除发表了关于批评的看法外，还出版了《论拉辛》，正是后者直接导致了60年代的论战。

《论拉辛》是结构主义和精神分析学的一个混合物，巴特所发现的拉辛完全是自己的拉辛。不仅如此，巴特还嘲弄了几部研究拉辛的著作，其中就包括拉辛专家雷蒙·皮卡尔的博士论文《拉辛的生平》。雷蒙·皮卡尔是索邦大学教授，也是《拉辛全集》的编注者，是公认的拉辛专家。然而，巴特对他毫不客气，他指出，《拉辛的生平》是从事"浑浑噩噩事业"的一部分。这些进行文学史研究的教授只是对作家及其种种活动感兴趣，却对拉辛时代的文学功能和文学体制毫无发现，他们只乐意看到拉辛就是拉辛悲剧的起源，丝毫也不愿承认某种结构在支配着拉辛的悲剧。当将作者和作品联系起来的时候，这些教授务必求助心理学，但是，依巴特的看法，"心理学是难以令人信服且烙上了时代印记的方法"，因为有关深层自我的知识是虚妄的。拉辛使用着多种多样的语言，精神分析、存在主义、悲剧、心理学等等，但没有一种是纯粹的。这样，拉辛的真相很难说清。不过，巴特承认，这恰好承认了文学的特殊性。巴特提出了他自己的分析任务和目标：

> 这里提交的分析根本不涉及拉辛，仅涉及拉辛的主人公：它避免了从作品推论作者或是从作者推论作品；它是一种有意的封闭式的分析，我将自己置入拉辛的悲剧世界并试图描述它的人群（对此可以以"拉辛的人"的概念进行方便的抽象），而不提及这个世界的任何源泉（比如，在历史或生平中发现的源泉），我试图建立的是一种拉辛式的人类学，它既是结构的也是分析的。本质是结构的，因为这里的悲剧是作为一个由各种成分（形象）和功能构成的系统来处理的；表述是分析性的，因为我似乎觉得，只有一种如精神分析学的语言，才能发掘对这个世界的恐惧，才适合描述被囚禁的人的遭遇。①

① Roland Barthes：*On Racine*，Hill and Wang，1964，pp. 9 - 10.

如何在拉辛的悲剧中寻找结构呢？巴特既将拉辛的悲剧视作一个系统，即一个纵组合，同时也分析拉辛悲剧的横组合。它对纵组合成分进行考察，以期发现它们如何组合成一个连贯系列，主要是发现拉辛悲剧中的各种关系和对立组合。在分析拉辛的结构时，巴特发现，地理在房间和房外维持着一种特殊关系，在拉辛式的豪华宫殿和穷乡僻壤间维持着一种特殊关系。拉辛悲剧尽管只有一个布景，却有三个悲剧场所。第一个是议院，是权力显现的隐秘和致命之地，巴特将拉辛悲剧中的一些场所划归为议院场所或议院场所的替代物，议院是权力的住所，充满神秘感。反议院是紧靠着议院的第二个悲剧场所，是屈从和臣服的空间，它是传达的媒介，它同时参与内部与外部、权力与事件、隐蔽和暴露之事，它被固定在行动场所的世界和沉默之地的议院之间，它是语言的场所，正是在此，悲剧人物才陈述他的理由。第三个悲剧场所是外部，是发生其他事情的外部世界，这个外部包含着三种空间：死亡空间、逃脱空间和事件空间。事实上，这个"外部"不再构成悲剧的组成部分，它们已经逃走了。巴特从这三个空间中提炼出两种对立，即议院（权势）空间和反议院（屈从）空间的对立，内部空间（议院）和外部空间的对立，正是这些对立构成了悲剧的功能，悲剧就是在这种类似于语言学的对立系统中运行；同时，拉辛剧本中的人物角色也在一种对立系统中存活而并非由他们在世上的处境来决定，总之，"拉辛的地志图是会聚式的；一切都通向悲剧场所，一切都锁定于此。悲剧场所是麻木的，它被两种恐惧，被两种幻觉所抓住：深度幻觉和宽度幻觉"[1]。

巴特断言，悲剧世界的基础一般来说是分裂，分裂在此只不过是个形式，重要的是功能的双重性，而不是其种种表现。拉辛的人

---

[1]　*On Racine*，p. 20.

不是分裂于善恶之间，而是相对地分裂；人的各种问题是摆在结构这个层次上，而不是摆在人的价值这个层次上。拉辛剧本中的冲突是父与子的冲突，而并非传统资产阶级批评所称的善与恶、情与义的冲突，总之，拉辛剧作的全部是儿子对于父亲的反叛和谋杀，它可以在古代寓言的层次上统一贯穿起来："乱伦、兄弟间的竞争、谋杀父亲、儿子的颠覆——这些是拉辛戏剧的基本行为。"① 这也是巴特从拉辛的11部悲剧，大约50个悲剧角色中提炼出来的基本结论。不过，这些行为不是由人物的角色性格来实施的，而是由功能性的行动者来完成的，"我们不是通过其公众地位而是通过限制它们的普遍结构的位置来处置这些各不相同的面具和角色"②。因此，角色性格不是决定性的，起决定作用的是那些普遍结构，是这种结构功能，比如，父亲永远是儿子的对立面。这种结构功能的表现或者说证据之一即是拉辛的话语。拉辛虽然运用了不同的言辞，但采纳的是一致的无差别的语言，像是"一个人在自我表达"。"这种语言是格言式的，而非现实性的，其意图是被引用。"

巴特在《论拉辛》中将结构主义和精神分析学结合起来，这就带有十足的拉康味儿。一方面，巴特要考察拉辛剧作中的种种结构，拉辛所有的著作都包含一个类似的家庭罗曼史，即弗洛伊德意义上的俄狄浦斯故事，儿子为了霸占母亲而试图杀死父亲。父亲总是儿子的一个巨型障碍物，父/子的冲突以及在此冲突情节中的种种插曲，依巴特的看法就是拉辛悲剧的全部。巴特明显地将弗洛伊德的主题引入对拉辛的讨论中。然而，巴特尚不满意，他还将这个主题的叙事结构确定下来，探讨这个主题（故事）的横组合形式，这个主题是依据一种怎样的方式结构表达出来的——这正是拉康的

---

① *On Racine*, p. 21.

② *Ibid.*, p. 21.

风格：用结构语言学，用共时性方式来改造历时性的俄狄浦斯故事。尽管理论本身（不论是弗洛伊德的还是拉康的）不是巴特首次创造和发明的，但将这种理论，尤其是有结构主义色彩的被巴特改造过的拉康理论运用于具体的分析和批评中，无疑会取得一些令人惊讶的结果，尤其是拉辛研究领域，学院派的教授们第一次发现，拉辛的生平和他的作品竟然没有任何关系。

《论拉辛》（以及另外一部作品《服饰系统》）是巴特结构主义活动中最具代表性的分析实践。巴特几乎是说到做到，他反对研究作者，反对研究作品所言，反对那种考证式的学院派批评，而且，他身体力行，他在最牢固的学院派批评的堡垒中撕开了学院派的缺口。巴特是那种永远能将理论付诸实践的行家，他决不一味徘徊在理论的园地里，一旦这个理论酝酿成熟且富有创意，巴特很快将会一试身手，他将理论运用到最具挑战性的地方，《论拉辛》是这样，《服饰系统》是这样，《S/Z》也是这样，巴特天生就是一个实践者，一个富有创意和灵活性的经验主义者，一个自如地缝合理论和实践的大师。

皮卡尔终于忍不住了，他决定痛击那种正在形成的结构主义怪物。在《新批评还是新骗术》中，皮卡尔指责巴特的印象主义和相对主义，巴特是"哲学上的皮提亚"，巴特将印象主义和独断论结合起来，对拉辛做了不负责任的毫无依据的论述。巴特不承认什么客观性，完全滑入了相对主义的泥潭，还说什么"批评家完全是一个主观的人"。皮卡尔还指责巴特的恶劣趣味，巴特将"鬼迷心窍、放纵不羁、玩世不恭的性内容"硬塞给拉辛的剧本；最后，巴特乱搬术语、生硬堆砌、故弄玄虚，故意将论文写得模糊、造作和装腔作势。总之，这样的新批评不过完完全全是场骗局。皮卡尔相信："拉辛的真相是存在的，任何人都能够通过努力来同意这一点。尤其是借助于语言的确定性、心理连贯性的含义和体裁的结构要求，耐心而又谦逊的研究者的确成功地提出了不可辩驳的事实；在某种程度上，这些事实上确定了客观性诸领域（正是从这些领域里，他才能非常小心地冒险做出解释）。"① 皮卡尔率先做出反击，很快就有了一批支持者。雅克琳·皮埃蒂耶（Jacqueline Piatier）在提到"罗兰·巴特对拉辛的悲剧做出的令人惊讶的解释"时，写道："皮卡尔的首要原则是嘲讽，他仅借助于严谨、连贯和逻辑思想就使人发笑，这就是他的批判力量之所在。"很多报纸都支持皮卡尔，《世界报》刊出的一封读者来信写道："令我宽慰和放心的是，当我走出巴特、莫隆、戈德曼论拉辛的著作时，拉辛的戏剧仍然活着。"②

　　显然，皮卡尔和他的支持者将巴特推上了在他们看来是臭名昭著的新批评代表的位置。针对皮卡尔和一些媒体的恶意，巴特在接受采访时做了冷静的回答。他解释说，皮卡尔之所以选择他为攻击点，主要是因为巴特也写书谈论了拉辛，而在皮卡尔看来，拉辛应是他的专利、他的财产；巴特坚持拉辛应属于每个人，拉辛是一大堆禁忌的焦点，这些禁忌应被驱散。针对皮卡尔的攻击，巴特评价道，皮卡尔代表了一种顽固的甚至是法庭式的声音，他的批评正在变为"恐怖主义"式的。"皮卡尔坚持认为就在我拒绝传记批评之机，我还在使用它。但是，说'奥琼斯是26岁的拉辛'和提及拉辛养成了某种奉承习惯——在拉辛生活中表现出的广为人知性格特征，这种特征使类似表述成为可能：'拉辛生活中奉承的重要性众所周知'——实际上是截然不同的。26岁的人有何共同之处？这是传记批评在作者生平和作品中建立系统关系的典型例子，新的心理学理论对此进行了挑战。"皮卡尔拒绝心理学，那是他的权利，但巴特认为他本人正在用这个时代的语言谈论拉辛。如果说学院派

① 《巴尔特》，第82页。
② Louis-Jean Caivet：*Roland Barthes: A Biography*，Indiana University Press，1995，pp.150-151.

批评试图在作品和作者意图之间寻求联系，那么，巴特所实践的新批评则试图在过去的作品和当前的读者之间建立关系，巴特引用瓦莱里的话说，作品在看起来同其作者所处的并不相同的境况下仍旧有它的意义。所以，巴特相信拉辛在今日可以重读："现代批评的关键问题是：现代人能读古典著作吗?"巴特承认，他的《论拉辛》无法割断今日环绕我们的问题。现代批评的另一优势在于它运用的是同当前时代的文学相似的语言，比如精神分析学和语言学的语言，而 17 世纪观众所了解到的悲剧意义只能是今日观众的开胃品。巴特在这篇访谈的最后辩证性地指出了批评的道路——这里也为他的日后演变做了预告——他说："社会在不断地发展一种新的语言，同时也在发展新的批评，今日存在的东西注定要死掉的，这当然是好事。但是这场争吵使我想起了阿里斯托芬的喜剧，阿里斯托芬取笑苏格拉底之际，苏格拉底已经烟消云散了，如果要我选择的话，我宁可选择苏格拉底的角色。"①

这是巴特面对铺天盖地而来的"皮卡尔万岁"的声音做出的第一声回击。这篇简短的访谈明确表达了新批评和学院派批评的学术权势争夺，学院派批评对新批评的发难主要源自新批评在抢滩，在试图削减学院派的权威领地，这当然为学院派所不容。事实上，这篇访谈是巴特针对学院派而采取回击的序言，在两年后（1966年），巴特发表了《批评与真实》，这本小册子的出现既为新批评奠定了合法的地位，同时也使学院派批评的气焰熄灭了许多——正是从那之后，学院派批评的声音在法国文学研究领域里变得异常稀薄。

巴特首先针对皮卡尔（及其支持者）的指责做了一一的答复。他首先敏锐地指出这种攻击的背景，这种攻击表现出一种集体本

---

① *The Grain of the Voice: Interviews 1962 - 1980*，pp. 38 - 41.

能，蠢动着某种原始的赤裸裸的东西，并且运用着诸如"受伤""刺穿""攻击""杀害""法庭"等与死亡惩罚有关的词汇。对此，巴特讥讽说，攻击者在称赞他们一度攻击过的刽子手特性。这些攻击要使新批评受到审判，因为它们侮辱了理性——不遵守科学的或清楚连贯的规则；在所有问题中都贯穿了性的成分，这是放纵道德的表现，是危险的征兆。对此，巴特回答说，当攻击者们将危险这样的词用于思想、语言或艺术之机，就会明显地表现出回到过去的欲望，也表现出攻击者本身对当代、对攻击对象的恐惧，对新事物、对变革、对新批评的恐惧，说到底是落伍心理的一种变态流露，这种变态一旦表现出来，就会是一些歇斯底里同时又装腔作势的声调：既狠狠地诅咒，同时又斯文地朝"批评问题的再思考"点点头。但是，除了这种恐惧心理外，旧批评为什么要审判新批评呢？巴特发现了这种审判的理论冲突："值得引起注意的是，这次行动倒不是用旧的来反对新的，而是将作品中的某种话语划为禁忌，它无法容忍，语言竟被用来谈论语言。"这恰恰是新旧批评的分水岭，对旧批评而言，批评只具有评价功能，它必须和评价者的利益相一致，而新批评则在于理解、辨识和分类，新批评重新分配了作者与评注者的角色。

巴特针对皮卡尔的指控进行了逐条的反驳。第一条是可信性。什么是可信性？巴特回答说，传统、哲人、大众意见、常识等等形成了人们头脑中的可信性，作品或话语中的可信性即是不与这些权威相冲突的东西，旧批评正是遵循这种可信性，它从不违背传统、哲人和常识的意见。一旦新批评怀疑可信性，思考可信性的本质，新批评就会被视为"越轨""荒唐""怪诞""病态""反常"等，正是因为新批评越过了可信性——可信性不过是些"显然的真理"，是规则性的、习惯性的逻辑程序——的界限，所以就被称为"怪胎""反常批评"等。可信性的规则正是客观性，这也是皮卡尔攻击过的巴特不遵守的规则。那么，批评的客观性是什么？在旧批评看来，客观性即是作者的生平、文体的规律、语言的确定性、心理上的统一性和体裁的结构准则，是理性和常理等等。但是，巴特反问道：怎样来检验这些客观性呢？这些客观性的依据是什么？如何证实语言的确定性、心理的统一性？巴特指出，这些客观性、这些显然的真理也不过是人们的有意选择。文本的确有字面意义，即那种语言的确定性东西，然而，这种字面意义的语言中也肯定包含了其他意义而并不与字面义相抵触。真理总是解释性的，是被生产出来的，因为它事先依据一套先在的解释性的心理结构，而这种结构则因人而异，因此，不存在一成不变的真理，不存在所谓的纯粹客观性。这就是新批评的主张。因此，"对新批评的攻击是没有必要的"。

至于"良好的趣味"——皮卡尔指责巴特将性引入拉辛的讨论中因而表现出一种"恶劣的趣味"，巴特解释说，它不过是一种禁令，它禁止谈论物体，因为理性话语、批评话语一旦和那种粗俗的物体（如菠菜）混合在一起，它就是荒唐的，因为在旧批评看来，物与批评语码的距离令人感到惊讶；同时，良好的趣味也禁止批评谈论思想，因为思想是抽象而非具体的东西；至于"性"，那更被旧批评的良好趣味所憎恨，在他们眼中，用精神分析来谈论拉辛，来谈论最明晰最纯洁的古典作家，理所当然地就会显得糟糕、恶劣和下流。这在巴特看来，恰恰是极端狭隘的语言禁令，这也是良好的趣味的褊狭本能。这种褊狭还表现在另一方面，即皮卡尔指控的最后一个方面：明晰性。皮卡尔认为，有些语言是应被禁止的，只有明晰的语言才是允许的。对此，巴特有更多的话要说。他抱怨法语社会长期以来将明晰性当作惯用语，推崇明晰性法语有着政治根源，即上层社会希望将他们的语言变为人所共晓的通用语，并强调法语逻辑乃神圣逻辑，这种明晰性法语被称作语言的精华，它符合某种自然而然的规律。对此，巴特一针见血地指出明晰性法语的神话性——这种法语并不比其他语言的逻辑性更强或更弱。然而这种明晰性神话一直贯穿到当前的旧批评之中，旧批评要清洗、铲除和消灭有损于明晰性语言的病态语言。巴特戏称这种旧批评的语言观为"语言上的清洁主义"，它被一个特定的作家、批评家与编年史家集团所遵从。在这种语言里，能显现一种保守意愿，即绝不改变词汇的划分和类型分配，即哲学应有哲学语言，批评应有专门的批评语言。就批评语言而言，旧批评要求它是通用的（明晰的）且不需要外来词。对此，巴特讥讽道："这一通用性只不过是流行的惯用法，其通用性是虚假的：它由大量的废物垃圾组成，只不过是另外一种特殊语言：它只是有产阶级窃得的通用性。"[①]

对于旧批评的特性，巴特总结说，良好的趣味和明晰性来源于17世纪的古典主义，而客观性则来源于19世纪的实证主义，二者都强调所谓的"首要的真实的文学"，都强调文学由艺术、感情、美、人性组成，并洋洋自得地宣称要从文学对象本身来考虑文学，要寻找文学的文学性。这些貌似新鲜实则陈腐的说法也并不算错，但巴特对此的质疑是，旧批评要求阐明作品的形式，但为什么非要拒绝对文学性之外的东西——精神的、人类学的乃至历史的他处——进行阐释呢？巴特对于批评的要求则刚好相反，"为了回到文学研究上，我们必须走出文学，利用人类学的知识"，而旧批评则想保护一种纯粹美学的特殊性："它想保护作品中的一种绝对价值，这种价值不受任何外在的无用的东西即历史与人的精神深处的玷污：旧批评所需要的不是由某种内容组成的作品，而是纯粹的作品。"[②] 巴特称这种要求为同义反复，说文学的文学性实际上等于

---

① Roland Barthes：*Criticism and Truth*，Athlone Press. 此处引用谈瀛洲译文。见《文艺理论研究》，1995 年第 1 期，第 84 页。

② 《文艺理论研究》，1995 年第 1 期，第 86 页。

什么也没说。说到底，承不承认文学的象征性是新旧批评辩论的焦点，旧批评只承认文学的字面意义而不承认文学在语言上的象征意义，而巴特，尤其是引起争端的《论拉辛》，则更强调文学作品的象征性，正是因为这种象征性，才引出了精神分析学主题，才有了强烈的性意味，才有了离作品的文学性遥远的结构、意指。而所有的象征意义，都是来自字面意义的。字面意义是排斥象征意义还是推衍象征意义？这就是旧批评和新批评的根本性分歧。

在一一驳斥了皮卡尔的指责后，巴特开始提出他的文学研究的纲领性看法了。他将几年前对于批评的不成熟观点进一步系统化。尤其是通过新旧批评之争的焦点问题即语言的象征性问题，巴特进一步明确和坚定了他的文学观，那就是文学永远具有多种意义，文学语言永远是越出了字面意义的象征语言，永远是一种复调语言。尽管每个时代都认为自己把握了合乎标准的作品的意义，但是只要稍稍扩展一下历史，这种标准意义马上就成为相对的了，马上就成为复调意义的一种。封闭的作品总会向开放的作品转化，作品是借助于结构的不足而获得种种意义的，正是从这一点而言，作品才是象征性的。象征符号不是形象，而是多种多样的意义复合体。象征符号本身是不变的，但象征具有自由性，正是基于此，社会意识及社会赋予意识的权利就具有可变性，一部作品之所以不朽，正是它的象征本性在起作用，正是象征才使作品可向一个人同时暗示几种意义——作品提供意义，而人则支配意义。对此，巴特进一步表述道，倘若词汇只有一个确定的字典（字面）意义，倘若没有另一种语言来破坏和解释言语活动的确定性，将不会有文学，阅读法则不是对字面意义的依赖法则，而是暗示性法则，即语言学法则。

何谓语言学法则？巴特说语言学法则即是建立含混性，它承认意义的飘浮不定恰恰是科学性的，它也承认这样一个事实：文学作品是象征语言，这种语言在结构上是复调语言，其编码结果，即在于由它所产生的任何言语（任何作品）都具有多种意义。文学作品不被任何一种特定的情境围绕、指导、保护和定性，实际生活并不能干涉文学作品应具有哪种意义，文学作品总是处在一种预言性情境状态中，它总是实现某种开放性而接受各种可能的意义投入，同时它又不确证这种意义，它永远在建立含混性。显然，由于文学作品具有语法式的深层结构，对阅读而言，它可以产生多种意义（一个语法可以产生无数句子），也可以产生一种意义（一个语法也可以产生一个明确的句子），不论在哪种情况下，这两种不同的解读机制不能混为一谈。巴特称能产生复调意义的话语——总和的话语——为文学科学，而称产生单一意义的话语为文学批评。不过，生产意义既可以是写出来的，也可以是沉默的，巴特将写下来的意义称为文学批评；生产意义但不付诸写作而只是默默无语的，则是阅读。这样，科学、批评、阅读就是我们面对作品言语活动的三种言语了。

巴特——讨论文学科学、批评、阅读。文学科学不涉及内容，"而是有关内容的条件亦即形式的一种科学：使这种科学感兴趣的，将是由作品所产生的和可由作品产生的意义变异，它将不解释象征符号，而仅仅解释其各种价值；一句话，其对象将不再是作品的实在意义，而是相反地承担这些实在意义的空在意义"[①]。显然，文学科学的模式是语言学的模式，语言学家通过假想的描写模式进而解释一种语言的句子如何产生。同样，对作品而言，文学科学就是研究这种模式，文学科学借助于语言学模式，它试图解释的是，一种模式为什么可以生产各种各样的作品。在此，现代语言学的任务——描写句子的合语法性而非描写其意指——已经转移到话语的一种科学高度，文学科学和现代语言学在方法论上取得了一致，二

---

① *Criticism and Truth*，p. 57.

者都在寻求一种生产意义的条件、规则和机制，都在寻求使人能说、能运作的空在形式，巴特将人的这种寻求能力称为文学能力。文学能力即在于通过一定的潜在的规则生产具体作品的能力。既然作品的生产受制于一些空缺法则形式——如同句子受制于语法规则一样——那么，作者不再是作品的君主了，作品现在从作者意愿的束缚下解放出来。文学科学的目标不再是指明作品生产的某种意义，而是意义以何种逻辑为人类所接受的方式而生产出来，也就是说，我们不再对作品的具体意义感兴趣，而只是对意义的生产及生产条件感兴趣。

在对皮卡尔的逐一回答中，巴特几乎是一步步地提出了他的文学科学概念，文学科学像是被皮卡尔逼出来的一个东西，像是设防步骤中的最后一个坚固堡垒，我们看到，这个坚固堡垒还是由索绪尔的语言学砌成的。文学科学有现实的防御意义，又满足了巴特的科学化梦想。作为对皮卡尔的回答，文学科学的提出，就有充足的理由证实性的主题在拉辛剧作中的显现并不为怪，正是经文学科学，作品可以生产为数众多的意义，可以生产为数众多的语义学内容，对拉辛的主题学或是人类学的发掘，不过是拉辛剧作中众多意义之一种，就此而言，批评不应独断专行，皮卡尔不应扼杀、消灭和禁止多种多样主题的出台：能说一个语法只能有一个具体句子吗？同样，一个结构只能有一个文学主题吗？为什么要排斥精神分析学的主题或性的主题？

在一个更大的布景上，文学科学显现了批评的一个宏大意愿。就科学一词本身而言，它就预示了一个理性的、明智的并企图一劳永逸地解决某种混乱的局面的构想。如果再提到两年前《符号学原理》中的原理，就可以清楚地显示出巴特的"科学化美梦"，的确，批评的历史和现状都无法令人满意，各种批评流派各执一词。就法国当前情况而言，既有马克思主义，也有现象学，还有萨特的存在主义批评，同时，实证主义的学院派批评也有强大的势力。这些批评在方法上各不相同，然而，它们几乎都是在挖掘作品的意义，都试图从作品中寻找到某种意义存在，不论这种意义是历史的、社会的、作者的、人类学的还是美学的、形式的，总之，它们都是作品之花所结出的意义果实。在某种意义上，《论拉辛》也是这样的求索产品，巴特在此发现了精神分析学主题，发现了俄狄浦斯的原始神话，只不过《论拉辛》有结构主义的痕迹，它强调关系、对立和结构地势图，从而冲淡了那种意义求索的强烈意志。

文学科学（以及文学能力）试图从另一个层次从一个遥远的底部将一些不同的阐释意义的冲突统一和协调起来。文学科学不是着意研究作品生产哪一种意义才是正确的，而是宽宏大量地承认，作品生产的多种意义都是适当的，不过这种种意义都源自同一个空缺的结构性语法，每个意义都可以恰当地填充这个空洞的结构，都可以服从于作品的这个结构要求，就像各种各样的句子形态都可填充一个恒定的语法模式一样，就此而言，同言语（句子）语言学类似，有一个扩大了的话语语言学，这个话语语言学正是文学科学。从文学科学的角度来考察的话，意义之间的彼此冲突是不必要的，文学本身就具有模糊不清的特征，将任何一种意义硬性分派给文学并宣称是文学的唯一意义，无疑是对文学的粗暴宰割，文学科学让我们相信，模糊不清、摇摆不定、多元意义正是文学的美德和品性。

文学科学无疑既包含了结构主义种子，又重新探讨了语言问题。确实，如巴特所言，有各式各样的结构主义，然而，研究意指、研究代码、研究意义生产的结构主义只能是文学结构主义，只能是和语言相关的结构主义。语言具有象征功能，正是因为这种象征功能，意义才能在结构的语法轨道里疯长，才可以为所欲为、肆无忌惮；如果说结构提供了一个空缺规则、空缺框架的话，语言的象征性则肆意地将意义填充起来，语言的象征功能和结构相互配合，最终将作品推向模棱两可的境地，推向多元论。

文学科学既管辖着文学，又管辖着文学批评。说它管辖着文学，是因为它试图描述文学的普遍真相；说它管辖着文学批评，是因为它试图规定文学批评的任务、目标和基础活动，使文学批评接近文学的真相。文学科学——此前似乎一直没人将文学或文学批评视为科学——无疑成为巴特扔出的一颗理论炸弹，它一举惊醒了步履蹒跚的法国批评界。尽管人们总是在争论各自的批评的合理性和合法性，各自都在贬斥对手的虚妄和褊狭，但从没人真正地思考批评本身，思考文学本身存在的种种属性。文学科学毫无疑问此时扮演了一个元批评的角色，它一举从批评论争的前台撤到了幕后。文学科学与其说是为了更有效地击败皮卡尔的武器，倒不如说是对这场争论的一个理论总结，它既是皮卡尔咄咄逼人的论战所激发的，也是巴特此时的理论兴趣所向往的。巴特将一场面对面的争论转化为对于争论，对于批评的思考，也许这正是这场争论的最终结果。今天，如何估价这场争论及文学科学这个概念的意义呢？

巴特代表的是先锋派，是校园以外的少数派，也是正统的学术机器之外的异端分子。皮卡尔则代表着大学、合法知识机构以及纯正的教授趣味。这正好是两个截然对立的知识体制的较量，是边缘和中心的较量，是异端和传统的较量，是妄想狂和保守派的较量，说到底，是两种知识形态的较量。少数派的激进而又创新的口味惹怒了自负的知识控制者、大学控制者和所谓的知识权力中心。巴特的工作有效地给少数派以活力，同时也不可避免地动摇了位尊者的权势，动摇了那种貌似自然而然的贵贱等级组织，最终动摇了一种既定的权力秩序和知识秩序。这场论战实际上就是围绕知识地位的一种权力竞争，论战的细节、道具、推理和证据是不重要的——任何论战总是在某个名义下组织一套精心构思的话语，重要的是论战的结果：话语地位、权力再分配、知识地势图以及最终的文化利润和知识资本。就此而言，巴特以及他所代表的新批评取得了成功——尽管在这场论战中他本人遭受了极大的打击，他个人的身心遭到了损害。新批评引起公众的瞩目，它的整套构想，无论是结构主义的还是符号学的，令人兴趣倍增。尽管新批评本身蕴含的难度、艰涩以及新鲜而奇怪的思维方式可能会让人却步，然而新批评还是吸引了大量的目光，它开始有追随者了，有集体了。之后的事态逐渐表明，它渐渐地控制了局势——我们在 60 年代之后的法国文学批评史中，几乎很难听到学院派批评的强烈反弹声了。尽管这不是巴特一开始所希望的（巴特决不希望由他来代表某个权势中心），然而，这一切确确实实都跟他有关，正是巴特，这个即使在论战中也表现得彬彬有礼的谦谦君子，却搅乱了法国批评界的步伐，改变了法国知识界的趣味，并有力地将结构主义搬上了文学界的舞台。

纯粹从理论的角度看，文学科学是这场争论中留下的最重要遗产。一方面，文学科学暗示了结构主义的出场，文学科学实际上就是一种类似结构主义的科学，文学科学的任务就是寻求作品的结构，正是埋伏在作品深处的结构在处处支配、控制着作品的种种行为，正是因为这一理性的结构存在，文学（研究）才具有科学成分，文学才可能演变为一种文学科学。巴特在此并没有详细探讨文学的结构主义科学计划——这一主题留在了同年发表的纲领性论文《叙事作品结构分析导论》中，只是指出了文学科学的理论来源和支点（当然是索绪尔的语言学以及乔姆斯基的转换生成语法论）以及它的宏伟蓝图。文学科学主张中对语言象征功能的笃信不疑则多多少少带有些后结构主义影子。语言的象征功能在某种意义上则是强调语言的修辞色彩，强调语言表意的多种可能性。巴特将语言的象征功能和作品本身的空缺结构联结在一起，正是因为空缺结构语法的存在，语言象征功能才得到了自由的发挥。著名的后结构主义者保罗·德曼在看待语言的问题上，同此时的巴特有某种一致性。德曼也强调语言的多义性，他过分强调语言的多义性以至他将语言的这种修辞功能视为语言的最主要本性，就此而言，文本（语言结构）也不只有一个固定的意义——这同巴特的主张极其类似，然而，德曼宣布，语言的修辞功能十分活跃，试图在其构成的作品中打捞一个明确意义是不可能的，打捞多种多样的意义也是不可能的，德曼有点夸张地总结说，从作品中根本无法打捞意义，不要对作品抱有意义的想法。在此，德曼就已经跨过了当前的巴特，巴特承认作品有多种意义，这归功于他的结构在场，意义可作为结构的补充要素而填补进来，尽管是各式各样的意义。对德曼来说，他从没有看到什么潜在的组织性结构，他只看到了语言的象征或修辞本性。因此，承不承认结构，就直接导致了意义是多元的还是根本就不存在的这样的批评分歧。就此而言，保罗·德曼是抽空了结构的罗兰·巴特，而放弃了结构决心的后期巴特和解构主义的亲近性在此时已经初步地展示出来。文学科学当然是属于结构主义的，当然是服从结构主义的巴特的，但毫无疑问，它也发出了后结构主义的气味，结构主义/后结构主义真的是绝对对立的吗？不过，巴特现在还是将他的精力全部放在结构主义科学上，那么，巴特倡导的结构主义到底是怎样一种"怪物"？

叙事学

结构主义不是一个学派，不是一个运动，巴特解释说，它甚至也不是个词汇，不要指望从结构这个字眼里发现结构主义的真相，因为结构这个词已被用滥了，它被各个时代、各个学科广泛征用着，它已是一个常用词。那么，怎样才能逼近有特殊意义的结构主义呢？"我们当毫不迟疑地诉诸这些对偶词——能指/所指、共时/历时，以便将结构主义和另一些思维模式区分开来。第一组词指涉着索绪尔的语言学模式，而且，同经济学一道，语言学是真正的结构科学；第二组词更具备决定性，它暗示着对历史的某种概念修正，因为共时观证实了时间的停滞，历时观则趋向于将历史进程表现为纯粹的形式序列。"① 就此而言，结构主义的标志也许就是去观察那些使用能指/所指、共时/历时的人，这样，也许才会清楚结构主义观点是否形成。这些人——巴特称之为结构人——是依据他们的想象在大脑中体验结构的。

这样，符号学和结构主义有一个共同的来源：索绪尔的语言学。按巴特在此的表述，结构主义和符号学一样，依赖于索绪尔语言学的一些基本概念，依赖于基本的语言学模式和方法，那么，结构主义和符号学到底存在着哪些差异呢？区分结构主义和符号学的确不易：二者都旨在寻找关系，都旨在研究意指，而且，都使用同一套词语。然而，对符号学来说，它更感兴趣的是一种类比，它旨在从对象上发现种种语言学关系和模式，它强调对象的符号性质，就符号学看来，对象不再是个实物性存在而是一个空洞的语码了，是个具备语言学程序的符号了。只要按照语言学模式，这个空的符号的种种构成关系将显现出来，我们透过符号学的眼镜，看到的不是实物，不是内核，而是一个遵从语言学规则组织起来的符号系统，这个符号系统的运转机制——它的能指/所指、隐喻/换喻、语言结构/言语——必须得到仔细的揭露。而结构主义当然也是依靠语言学模式，不过，结构主义（至少是巴特所从事的结构主义）是

---

① *Critical Essays*，pp. 213 - 214.

有选择性的语言学模式，它更看重的也许是索绪尔的语言结构/言语这对概念，更看重的是稳固的有生成能力的语法概念，结构主义当然也将对象视作一个语言系统，但是，它的主要目标，则是探究对象所依赖、所借机运作的深度语法。正是由于这种语法，由于这种语言结构的先天性存在，各种各样的言语对象才得以显现和表达出来。如果说符号学关注的是全部语言系统法则的话，结构主义则更偏重语言学中的语言结构。就此而言，结构主义也没有符号学那样的气魄，符号学可以包罗万象，它可以肆意地将物/对象视作符号系统；而结构主义的对象兴趣则显得狭隘和局促，它更多的是选择一些叙事单元，选择一些时段性的连续程序，选择一些动感的关系组织，只是在这里，在一个动态的时间段内，才蕴藏着结构的延伸，才有语法表现的空间。正是在这里，我们发现结构主义和符号学在对象选择上的最重要区分：符号学更愿意网罗那些静止之物，结构主义则对叙事形式更感兴趣，对运动更感兴趣，因此，结构主义会扩展为结构主义叙事学，它还可以广泛运用到人类学（列维-斯特劳斯）、史学（福柯）、哲学（阿尔都塞）、精神分析学（拉康）以及文学（巴特）——这些学科无疑都在同行动打交道，都在各自领域内展开它的叙事形式。很难想象，符号学有这样的机遇和灵性，它把它的热情都洒落在那些过分炫耀形式的静物上。

巴特断言，结构主义是一种活动，其目的是通过揭露一个对象的运行规律来重构这个对象，就此而言，结构实际是这个对象的幻影，"结构人将真实之物取来，分解它，又重组它，这显得无关紧要，然而，从另一点来看，这个'无关紧要'却是决定性的，因为在两个对象间、两种时态间，在结构主义活动中，出现了新的东西，新的可理解的东西：幻影是施加给对象的智力，这个附加物有人类学价值，在此，它就是人自己，他的历史、他的境遇、他的自由以及自然向他的心灵所提供的抵抗"①。正因为结构人的这种活动，对象的某种过去看不见的，或者说在自然的客体上无法理解的东西得以呈现。严格说来，结构主义从根本上乃是一种模仿活动，它是对世界的一种模仿，是从功能上来模仿世界，从而使世界变得可理解，现实主义艺术也是对世界的一种模仿，但现实主义是模仿世界的实体，模仿世界的表象；而结构主义活动则是同世界进行功能上和结构上的类比。之所以要重组认识对象，目的就是让某种功能显现，也就是说，是方法促进了这项工作，因此，应谈论结构主义活动而非结构主义工作。

结构主义活动包括两项运作：分解和联结。对客体进行分解，是为了从客体中找出一些断片，这些断片本身是没有意义的，如列维-斯特劳斯的神话素、蒙德里安的正方块、布托尔小说中的短句等。但是，一个组织中的断片可以组成一个类型，组成一个功能相似的客体储存库，尽管每个断片的形态并不相同，犹如隐喻中的情况：各个单元虽然并不相同，但发挥同样的功能。显然，巴特的分解原则，即他所说的提炼原则实际上遵循着隐喻法则。同样，联结也遵循着换喻法则。它旨在强调这些断片单元是通过什么规律联结在一起的，这些断片单元的组合并非人们所想象的是偶然碰在一起的，联结活动就是要表明这些断片的组合遵循着某些规定，服从于某些结构的限制，就此而言，联结活动可以证明艺术乃是人从偶然之中夺回之物，艺术是对偶然性的征服。正是在这里，结构主义显示其重要性，它既不关注真实性，也不关注是否理性，它关注的是作品的功能，关注的是意义到底是如何产生的而不是意义本身，关注的是人如何赋予万事万物以意义这一仅为人所有的过程，最终，它关注的是能构造出各式各样意义的人、

① *Critical Essays*，p. 215.

表达意义的人。

巴特在此对结构主义做了十分粗略的描述，对他来说，不论是索绪尔还是结构主义本身都不是空穴来风。索绪尔对巴特来说，首先是个稀薄的身影，只是经过了雅各布森和列维-斯特劳斯的洗礼，索绪尔在巴特那里才愈来愈清晰，也正是因为雅各布森和列维-斯特劳斯，巴特才逐渐发展成熟了他的文学结构主义网络。雅各布森和列维-斯特劳斯的工作是结构主义和巴特之间的桥梁。

雅各布森的影响在俄国形式主义和捷克结构主义那里随处可见。他对此深信不疑：诗性首先存在于某种具有自觉的内在关系的语言之内。语言的诗性功能能提高符号的可感性，它让人注意到符号的物质性而不仅仅将其视作一种交际工具。在诗性语言中，符号与其对象和所指脱节，符号本身的独立性得到注意，符号现在具有一种自足的独立价值。与此同时，雅各布森十分重视索绪尔理论中的隐喻和换喻。在隐喻中，一个符号被另一个符号替代，符号之间具有替代关系和相似关系；而在换喻中，符号彼此前后相连，它们构成某种横组合关系。通常的说话和写作，都强调换喻、邻接和组合关系，而雅各布森则更强调诗的隐喻关系。依他的观点，诗应是高度隐喻性的，诗的功能将对应原则从纵向的隐喻轴引申到组合轴，即是说，诗在横向的排列上应更多地遵从于纵向的替代关系——这点无疑启发了巴特的结构主义的两项活动：分解和联结。总之，在雅各布森那里，诗应被视为"功能结构"，在此结构中，单一的一组复杂关系支配着能指和所指。必须研究的是这些符号本身，而不是看它们如何反映了外在现实。

"二战"期间，雅各布森和列维-斯特劳斯在美国相遇，两人都欣喜地感受到索绪尔结构语言学的广泛前景。对雅各布森来说，索绪尔是打开文学和诗学研究之门的钥匙，而对列维-斯特劳斯来说，索绪尔则是打开神话研究之门的钥匙，甚至社会生活的所有方面都

能应用语言学方法。列维-斯特劳斯总的工作就是探究语言学模式
同种种社会生活分析的适应性，为此，他同语言学家一样，发展了
一套结构分析手法来探讨社会生活的诸方面。列维-斯特劳斯首先
鉴别某一现象中看起来似乎是杂乱无章的诸要素，这些通常看来互
不联系的要素在列维-斯特劳斯那里都获得了某种总体上的结构关
系，它们的结构组成和语言的音位结构相类似。比如，在他最著名
的神话分析中，文化行为、庆典、仪式、血缘关系、婚姻法规、图
腾制、烹饪法等等相互间保持一种对比关系，在整个神话系统中，
这些单一的神话素没有任何意义，只有将它们彼此联系，将它们依
据对立或相关的某些结构原则组织起来，将它们系统性地放置在一
个关系网内，这些神话素才能获得意义。总之，一个神话系统应看
作组合起来形成的一种语言。

列维-斯特劳斯、雅各布森、格雷马斯（正是他将索绪尔介绍
给巴特的）以及本维尼斯特等人构成了巴特结构主义分析的起源。
在他的结构主义实践的纲领性论文《叙事作品结构分析导论》（正
是这篇论文奠定了他的结构主义盛名）中，巴特融合和改组了这几
个人的观点，对叙事作品进行了细致的然而又是总结性的分析论
证，他试图在此为文学的结构主义分析提供一种普遍的方法论资
源，提供一种科学化的手段。无疑，这篇论文是巴特科学化美梦的
延续，也是它的顶点和终点。

巴特指出，世上的叙事不计其数，似乎所有材料都适宜于人的
叙事，无论是语言、形象、姿态抑或是它们的各种混合物都可用来
承担叙事，叙事以各种形式出现在各个时代、各个地区和各个社
会。它和人的历史相伴相生，所有地方、所有人都参与了叙事，叙
事是跨国性的、超历史的、超文化的，它就在那儿，像生命本身的
存在一样。叙事如此普遍，那么，如何对其进行区分和识别呢？或
者说，有对其进行区分和识别的必要吗？巴特引证索绪尔来证实分

析叙事作品的必要性，索绪尔就是在杂乱无章的语言现实面前，从众多个别信息明显的混乱中寻求和提取分类原则和中心焦点；同样，俄国形式主义者普罗普和列维-斯特劳斯也先后证实，不将叙事同一个隐含的统一和规则系统联结起来是不可能的。那么，从哪儿去寻找叙事结构呢？巴特反对归纳法，即从成千上万个叙事作品的归纳、分析中寻找某种共同的普遍结构。巴特从语言学研究那里获得启发，语言学研究遵循的是演绎法。面对无数作品的叙述研究也只能采用演绎法，它不可能对众多的叙事作品一一细究，因此，它只能假定一个描写模式，"并将这个模式应用于服从它或偏离它的叙事种类，只有在服从或偏离的层次上配置了一个单独描写工具的分析，才会返回叙事的多样性，返回它们的历史的、地理的和文化的多样性"①。而演绎法势必需要一个理论，只有一个装备和组织完善的理论才能处理成千上万的叙事作品，因此，"首要的任务就是发现这一理论，着手界定这一理论，如果从能为其提供最初的术语和原则的模式着手的话，这项工作会便利得多。在目前的研究状况下，将语言学作为基本模式提供给叙事作品的结构分析是可行的"②。

巴特发现了或者界定了一个什么理论呢？他从几个方面来构筑他的理论。首先，巴特将话语和句子进行了类比，句子是语言学研究的对象，语言学到句子为止；而话语则是由句子组成的，是构成它的句子系列，它有自己的单位、规则和语法，它超越了句子范围，所以，巴特认为，它应是一种第二语言学的研究对象，尽管是一个独立的研究对象，但进行话语研究也得从语言学模式出发。巴特认为句子和话语二者间有一种对等关系，话语可能是一个"大句

① Roland Barthes：*Image-Music-Text*，Hill and Wang，1977，p. 81.
② *Ibid.*，p. 82.

子",句子则可能是一个"小话语",因为话语的组织形式也遵从于某种语法、单元等等句子的组成形式。依此类推,叙事作品可能同样是个长句子而不仅仅是一堆句子集合,而句子从某种意义上来说就是一个小叙事的粗略纲要,从本质上来说,文学(叙事作品)和语言(句子)具有同一性,因此,从句子模式,从语言学模式研究叙事作品是有理由的。

巴特严格遵循语言学模式来构造他的叙事作品结构分析理论。语言学可以分为多种描写层次,如语音、音位、语法、语境等等,这些层次处于某种等级关系中,尽管它们都有各自的单元和相关关系,但它们都无法产生意义,只有被归并到更高一级的层次,处在某个层次的单元才能获取意义。"层次理论(如本维尼斯特所设想的那样)引发了两类关系:分布关系(若关系处于同一层次上)和归并关系(若从一个层次过渡到另一个层次)。结果,分布关系无法独自解释意义。为进行结构分析,至关重要的是区分几个描写层次并将它们置于一种等级景观中。"[1] 与此类似,叙事作品也是一个层次等级,理解一部叙事作品就不仅仅是掌握故事的秘密,而且要辨别故事的构型,要将叙述线索的横轴投射到隐含的纵轴上,阅读一部作品就不仅仅是从词到词,它也是从一个层次到另一个层次。在整个横向叙述关系上无论进行怎样仔细的查找都是无用的,要行之有效,尚需纵向查巡:意义不在叙事的结尾处,意义贯穿着叙事,意义摆脱掉所有单层次的调查。

叙事作品同语言一样,首先要进行层次描写。要遵循分布关系和归并关系。那么,叙事作品有哪几个层次?它们具体的分布关系和归并关系如何?受普罗普、格雷马斯和托多洛夫等人的启发,巴特毫不犹豫地将叙事作品分为三个描写层次:一、功能层(主要来

---

[1] *Image-Music-Text*,p. 86.

自普罗普）；二、行为层（来自格雷马斯）；三、叙述层（类似于托多洛夫）。巴特提醒说，这三个层次是逐渐按照纵向的归并关系互相联结起来的，一个功能只有在一个行动元的全部行为中占有地位时才具有意义，而这个行为本身只是在被叙述时才获取最终意义——这就是巴特叙述作品结构分析理论的大纲。

巴特仔细讨论了这几个描写层次——他依旧依赖语言学理论。既然任何系统都是一些类别单位的组合，因此，首要任务就是切分叙事作品并确定话语的叙事断片，也就是说，应界定最小的叙事单位，巴特称这些叙事作品中的最小叙事单元为功能。因为正是这些最小叙事单元具有功能特性，它之所以被切分，之所以被切分为最小单元，正是依据它是否具有功能，它是否在叙事中发挥某种作用。因此，功能是叙事中可切分的最小意义单元，它的灵魂是萌芽，是能在叙事作品中播下一个成分后在同一个层次或在别处在另一层次上成熟的东西。比如，巴特举例说，福楼拜在某个小说里，在某个时刻轻描淡写地提到一只鹦鹉，后来，这只鹦鹉在小说进程中发挥重要作用，对鹦鹉细节的交代，不论采取的是什么形式，都构成一个功能或叙述单元。

一部叙事作品就是由这些形形色色的功能构成的，这些功能分布在不同的层次上，也表示不同的意义。叙事作品的功能单位永远是有意义的，它是一个内容单位，将某一语句构成功能单位的是这一语句所表达的意思而不是表达这一意思的方式。就此而言，功能单位因为划分的依据是内容而非语言学规律，它就可长可短，它是最小的意义单位而非语言单位。因此，功能单位可能大于句子，也可能小于句子，它可能由话语、词组、整部作品构成，也可能由字词来显现。

依据功能单位起作用的方式，巴特划分了两类功能，一种是分布类功能，另一种是归并类功能。分布类功能就是在横的同一层次上发挥作用的意义单元。巴特举例说，一个人购买了手枪，这构成一个功能单位，它和接下来要使用手枪杀人相关，它们处在一个连续的横向的层次上，处在分布的层次上，购买手枪这一意义单元就属于分布类功能，总之，分布类功能就是在横向的系列中发挥推进作用。与此相对，归并类功能就是在纵向上发挥作用，巴特称归并类功能为"迹象"（index），以此区别于分布类功能的"功能"。"迹象"不是起一种连贯的、补充的横向作用，它更多的是暗示、关涉、归并性的，它常常将一个意义单位过渡到更高层次中去，这样，对迹象的解释不是在该层次中而是在高一级的层次中，因此，迹象之间的关系是纵向的，它让人想到"所指"。而功能（分布类功能）则让人想到系列，想到程序。迹象的裁定是纵向聚合关系的裁定；功能的裁定则是横向组合关系的裁定。"功能和迹象因此涵盖了另一个传统区分：功能包含着换喻关系，迹象则包含着隐喻关系，前者与行为功能相符，后者与存在（being）功能相符。"① 功能和迹象这两类单元可使人对叙事作品进行分类，有些叙事作品功能强，它一直在一个横向的分布面上流动而并没有多少纵向的暗示深度；而另一些叙事作品，如心理小说，其意义单元的迹象性更强，它横面上的连续叙事比较淡薄，它总是更多地显示某种多层次的深度感。还有一类叙事作品就介乎其中，它既是多层次的、深度的、隐喻的，同时，它也是横向性的、叙事性的和连贯性的，无疑，大多数叙事作品既具有功能（分布关系）特征，也具有迹象（归并关系）特征。

关于这种种功能讨论，巴特问的最后几个问题是："这些不同的单元是依据什么'语法'，又是如何沿着叙事段连接在一起的呢？

---

① *Image-Music-Text*，p. 93.

功能联结系统的规则是什么?"① 迹象单元的联结是自由的,它有暗示性,因此它并不一定遵循什么严格的规则。重要的是横向的功能单元的组合,无疑,在同一个层次上的两种密切相连的功能间相互都有连带关系和义务关系。在具体探讨叙事作品的横向功能组合规则之前,必须澄清长期以来围绕在此的一个问题:时间和逻辑的混淆。这些功能单元到底是沿着时间序列连接还是沿着逻辑系列连接?巴特在总结了近年来的研究成果后得出结论说,当前的"任务是应成功地做出时间幻觉的结构性描写——是叙述逻辑来解释叙事时间,换句话说,时间性仅是(话语)叙事的一个结构范畴,就像语言中一样,时间性仅存在于系统形式中。从叙述的观点看,所谓时间根本不存在,或至多只是一种功能性的存在,就像符号学系统中的元素一样"②。因此,应该是逻辑在制约着叙事作品的功能联结,那么,这个逻辑又是什么?巴特总结了三个人对此的论述后指出,这三个人(布雷蒙、列维-斯特劳斯、托多洛夫)只研究了叙事作品的大的分节,还有许多功能,尤其是一些小的功能,小的切分单位被忽视了。巴特表示,功能研究不应以功能单位的长短来决定,而应以功能单位之间的关系来决定,因此,一些微型的功能组织也应加以研究,巴特称这些微型功能组织为系列(sequence),对系列的研究可以弥补对叙事作品中大的功能逻辑的研究的缺憾。系列内部(无论它是多么小)总是一个自治体,是一系列合乎逻辑的、由连带关系结合在一起的核心,是一个封闭的统一整体,它的内部存在着句法关系,同时,系列与系列之间也存在着句法关系,系列既可以在纵向上起迹象作用,又能和另一些系列相遇,从而构成叙事作品的结构。研究功能组合规则只能从系列开始。不过,功

---

① *Image-Music-Text*,p. 97.

② *Ibid.*,p. 99.

能总是和行为有关，功能组合无论出现什么样的情况，总是和人的行为有关，因此，"功能层次应被冠以更高层次，即行为层次，正是在此，第一层次单位才逐渐地获取意义"，也就是说，一种功能只有在行为中占有地位时才具有意义。这样，下一步，巴特就得探讨行为层了。

行为和人物无法分离，因为没有人物或没有施动者的叙事作品是根本不存在的。人物在结构分析者那里不是一个心理实体，不是一个复杂的灵魂、一个体质俱全的"生命"，相反，在结构主义者那里，人物只是一个施动者、一个类型、一个参加者；不应根据人物是什么，而应根据人物做什么对叙事作品的人物进行描写和分类，人物在叙事作品中构成了语义轴成分，他们也遵从叙事作品中的聚合结构原则而可以互换。因此，人物不论有多少（不论主次之分），只有几种类别、几种行为范畴，所以，这个描写层尽管是人物的，我们还是将它称为行为层。行为层中所讨论的人物是话语主体，只有将话语、话语主体归并到叙述中，让其被叙述主体确认，其才能取得意义，才可以被理解，因此，最高层次，即叙述层次才能进一步揭穿叙事作品结构的秘密。

叙述层次首先探讨的是叙述者，因为叙事作品也是一种交际物，是叙事者和读者的交际物。叙述者是谁？巴特说，叙述者不是作者，叙述者不是全知全能的上帝，他不过是"纸上的生命"。作者不应该与作品的叙述者混为一谈，叙事作品并非作者的表达工具。"因为（叙事作品中）说话的人不是（生活中）写作的人，而写作的人又不是存在的人。"实际上，叙述者也是符号系统：人称系统和非人称系统。这种符号上的人称同心理上的人称没有任何关系，因为符号上的、语言上的人称从不用性情、意图或者性格，而仅仅用它在话语中的编码地位来确定，这正是结构分析所意指的人称。这种语言上的人称，在巴特看来，是个颠覆性的概念，它使叙述从一种陈述范畴转变为行为范畴，就此而言，句子的意义不是句子所表达的内容而是句子表达行为本身。同样，写作不再是讲述故事，而是讲故事这种言语行为，话语不再是话语所指而是全部的话语行为，总之，一切都从语义转向语义实践了；一切都从内容转向内容的生产机制了。"叙述层就此被叙述记号占满了，这种叙述记号即算符（operators），它将功能和行为重新归并进联结授者和受者的叙述交流中。"①

巴特的这篇《叙述作品结构分析导论》，将结构主义引入文学研究中，从而奠定了叙事学的基础；也可以这么说，结构主义的文学研究即是叙事学。巴特是叙事学中最重要的角色之一，这篇论文是叙事学的宣言和大纲，也是巴特文学科学化意图的最后实施，是他结构主义梦想的了结。在这里，我们看到了一个雄心勃勃的巴特，看到了严谨细致的巴特，看到了求真务实的巴特，也看到了一个勤于综合、乐于整理、热情归纳和分析的理性巴特，看到了数学家和逻辑学家巴特——很难想象还有人能将叙事作品切分得如此破碎而又缝补得如此圆满。今天，如何看待巴特和他的同事们所从事的这一叙事学工作呢？

叙事学的具体背景是结构主义运动（尤其是列维-斯特劳斯的神话学分析），它提供了哲学源泉；同时，在文学研究领域里（叙事学的主要兴趣后来都集中在此了），俄国形式主义学派，尤其是弗拉基米尔·普罗普的民间故事研究对叙事学也构成了一个极大的刺激，普罗普从 100 个离奇多变而又纷乱如麻的民间故事中发现了一个恒定的结构，这个结构规范和制约着这些民间故事的叙述和组织。事实上，普罗普所从事的正是叙事学日后的主题，他从一个宏观的维度启示了法国的叙事学研究，包括列维-斯特劳斯的研究。

---

① *Image-Music-Text*，p. 114.

列维-斯特劳斯从没对文学产生深厚的兴趣，较之他的神话而言，普罗普的民间故事更接近当代的文学形式，更接近通常意义上的叙事作品，因此，普罗普被法国叙事学研究者注意是自然而然的，叙事学研究毫无疑问带有俄国形式主义的影子，它的血管则是结构主义，叙事学同形式主义、结构主义搭乘的是同一条语言学之船。

巴特的叙事学研究反复申明，叙事作品不应作为一个意义载体对待，不应去寻找叙事作品所担负的意义内容，没有谁比巴特更讨厌去挖掘叙事作品的内容、隐秘和深度了。如果说《论拉辛》中多多少少还有些犹豫，那里模模糊糊地展示了性主题，《论拉辛》尚在观望、徘徊，那么在这里，巴特的结构主义意图已经十分坚决和彻底了，他清除了一切主题学幻想，即使是时髦的精神分析主题。他首先遵循的是唯文本原则，只有文本性是值得关注的（尽管他还没有使用文本这个词），与文本无关的、文本之外的东西都被赶走了。叙事作品的所有背景都被赶走了，作者被赶走了，时代被赶走了，丹纳哲学被赶走了。皮卡尔（及学院派）也被赶走了，剩下的只是光秃秃的文本，纯粹的没有定语的叙事作品。既然没有任何外力起作用，那么，叙事作品如何发动它的叙事机器？这一叙事机器如何运转？

依照巴特的回答，叙事作品可以自动运转。它是个封闭的有规律的叙事机器，叙事学的工作就是钻进这部庞大的机器查询它的零件组合和启动原理，为此，既要将它拆毁，又要将它依据原理组合起来，总之，要弄清它的规律。而规律无一例外是要牺牲某些可变的不定因素，在这里，不定因素是小说人物和叙事者，他们常常是活跃而又放荡不羁的动乱分子。对此，巴特抽出了他们的人性部分，抽去了他们不安的一面，而将他们作为某种符号对待，人物只是整个叙事作品中的一个结构性位置而不是一个血肉躯体——这无疑是叙事学最大胆的构想之一，它将那些被着意描画出来的人物当作一个机械行动符号。叙事作品中的各个要素都被巴特有效地分类了，有些在功能领域内，有些服从于行为领域，总之，每个要素都是起作用的零件，各有各的功能、任务和特性，它们既平行组合（当然，组合方式也不一样），也臣属于更高一级的组合，它们既使叙事作品运作，又服从叙事作品的种种律令、法规和区域管辖。

这一切都被精心地构想和布置着，无疑，这种叙事学动机源于对结构主义和语言学的迷信。后者相信，万物都有赖于一个结构法则、一套语法模式，它们是同源的，弄清这个结构法则，也就破除了它们的秘密，搞清了它们的运转规律，这个结构法则在一定的时段内稳固不变，它们像是先天性存在的，人凭借自己的文学能力，一种类似于乔姆斯基的生成转换能力，在这个结构法则内就可以生产出某种类似的叙事作品，这样看来，叙事作品同写作者关系不大，与其说它受制于写作者，不如说它受制于某个固定结构，受制于某个关系准则、规律和制度。叙事学从一开始就摒弃了作者、叙事者和小说人物，它从头至尾都不愿意讨论人、人性、心理、灵魂以及与之相关的性格、情感和心灵深度，最终，它完完全全地抛弃了人学，抛弃了人道主义。

同样，它也抛弃了历史。历史、内容和主题也被压缩成了功能性符号，它们的存在不是通过它们的所指、"意义"来显现的；而是通过它们的结构位置、它们所占据的空间点、它们的关系构成来决定的。主题和内容可以彼此互换，只要它们处于同一个语法位置上。因此，不论在内容上如何相差甚远的叙事作品，在叙事学那里，都可以被等量齐观，它们可以等值，作品不是靠一种强大的精神力量来判断的，而是靠一种关系构成来决定的。因此，在叙事学那里，很难发现一种价值学的东西，很难区分一种优劣等级；既然每部作品都依赖于某个语法规则，那么，哪一部作品更值得推崇呢？到底是恪尽职守地遵循语法规则值得称道，还是故意背叛和偏离语法规则更令人赞赏？在此，叙事学驱逐了价值评判，作品是无生命、无感官的躯体集合，是技术主义的抽象装配，是麻木不仁的无机物，是彻头彻尾的装置机械。

用冷漠的、去除一切人道主义眼光的科学视野来看待叙事作品，当然会过滤掉精神向度和伦理向度（后者正是巴特后半生所津津乐道的），然而，作品的内在制度却得到了细腻的揭示，叙事学所要问的最终问题是，作品到底是如何组织在一起的？事实上，翻开文学批评史，我们将会发现，这一问题一直被忽略了。按照巴特的看法，当前在法国流行的是学院派批评（考证式的）、现象学批评（它当然将意识放在首要地位）、社会学批评（戈德曼式的马克思主义）以及存在主义批评（源自萨特的存在主义），巴特及其叙事学同伴虽然以不同的态度分头对待它们，然而，这些批评无一例外地忽视了叙述行为，无一例外地在讨论作品的意义、内容和主题，无一例外地将作品纳入某一哲学等级制中，无一例外地遵循着二分法。叙事学和它们的区别在于，叙事学在考察意义的生产机制而不是作品生产出来的种种意义。说到底，叙事学和其他批评种类的区别在于结构主义和其他哲学种类的区别。法国的批评紧紧地围绕在哲学周围，结构主义最终牢牢地控制着叙事学，正如结构主义在哲学领域里开辟了一个新局面一样，叙事学在文学领域里同样闯出了一条新路。如果说，文学（叙事）作品真的是一个神奇之物（不然，不会有依附于此的一个庞大的解释性的批评产业了），它隐藏着各式各样的机密，那么，叙事学则触及了一个无人问津的密码，一个组织性的密码。不过，依据常识，叙事学发现这个密码，当然付出了一些代价，比如，它将遭到历史主义和形形色色的主题学的指责和报复，它要面对一些明显的过失指控、一些明显的混淆视听的指责——这也同结构主义的命运一样，结构主义是伴随着喝彩和责骂声行进的。现在，如何看待巴特及其同路人所从事的结构主义活动呢？

如果要用最简短的话来描述结构主义的话，可以这样说：结构主义是列维-斯特劳斯利用索绪尔的语言学模式来解释种种社会现象，从而在法国发起的一场哲学运动。毫无疑问，列维-斯特劳斯是结构主义的创始人。在60年代，他大有取代萨特之势——提到结构主义，不能不提到它的反面人物萨特。萨特是50年代的精神领袖，他宣称，他所倡导的存在主义是人道主义，对人而言，存在先于本质，在任何概念将他规范之前，人就已经存在了，人是自己造成的东西，他是他的选择结果，人首先存在着，然后才成为这样那样的人，总之，人并没有一个事先的本质，没有什么人类的本性，人自己创造自己，同时，也创造世界，人的存在就是去选择，就是进入世界，最终，"人是打算成为上帝的那种存在物"。结构主义所做的正好和上述言论唱反调，不论是列维-斯特劳斯、巴特，还是阿尔都塞和福柯，都将人打进了地狱，人已经掉进结构的网络中而一声不吭。现在只有结构，只有无处不在的规则系统、无处不在的律令和制度在起作用，人只是结构中的一个符号、一个语法功能。不仅如此，历史也被忽略不计了，结构主义只关心共时性的东西，关心静止的结构法则，时间概念也被抛弃了，结构主义回避了历史，也回避了历史内容、历史所指、历史的"意义"，所有的内容都被掏空了，结构主义的对象永远只有骨架，没有血肉。

结构主义时代的巴黎群星璀璨，除了列维-斯特劳斯和巴特外，拉康、阿尔都塞和福柯也是盛极一时的结构主义巨头。拉康是最早提倡结构主义的人之一，他是列维-斯特劳斯在法国的最早支持者，其主要工作是将结构主义楔子打入精神分析学，尤其是弗洛伊德的精神分析学。拉康用象征秩序改写了弗洛伊德的俄狄浦斯故事。在他看来，婴儿长大成人依循着一条同俄狄浦斯近似的成长之路，不过，在进入结构的门槛前，婴儿还需经过一段镜像期。通过镜像期，婴儿首先确认了自己的身体形象，这一确认过程大致是：首先，通过观镜，婴儿将自己的镜像确认为一个现实的事物，并认为这个事物在不断地挑逗它和接近它，总之，婴儿尚未将自己和他人区分开来；接下来，婴儿开始明白，镜中不过是个影像，所以他不再去触抓镜中的影像了，这时，他开始将影像和他人区分开来；逐渐地，婴儿开始明白，镜中的那个影像就是他自身，通过镜子，婴儿认识了自己，终于将自己以前破碎的身体看成一个统一的整体，而这个整体影像就是他自己身体的表现。这一整个辨认过程，就是镜像期中儿童对自我的辨认过程。

镜像期的婴儿尚未受到语言的洗礼，还没有进入语言的结构中，也就是说，根据拉康的意思，婴儿此时没有受到外在异化力量的干扰——语言对婴儿来说，是异化的开端。语言事先横陈在那儿，它有它的固定法则和稳固结构，遵循语言法则（对婴儿来说，就是学会说话），实际上是受到语言法则的控制和塑造。所以，告别镜像期，学习语言——拉康称这一时期为象征秩序时期——实际上就是告别自由，也告别平衡的整体性，从而迈进结构化、秩序化，同时也是异化的门槛。婴儿这个时候开始尝到了结构的暴力。

拉康的象征秩序大体相当于弗洛伊德的俄狄浦斯阶段，两者都首先感到了父亲的威胁。作为一个家庭结构中的强大力项，一个强劲的他者，父亲在和婴儿对母亲的争夺中，轻而易举地击败了后者，婴儿感到了世态炎凉，也感到了象征秩序的压抑和控制力，婴儿开始放弃幻想，越来越具现实性，即符合结构要求的现实性。这样，他势必要自我抑制，重新做人。这一结构中的处境和变化，使得孩子开始具备主体性——拉康正是从服从和压抑的角度来说明他的主体性的。象征秩序对于主体的优先性，正是拉康的结构主义风格。象征秩序——实际上也就是一种符号结构——既是主体成长的关口，也是一个无法逾越的炼狱，正是经过象征秩序（我们也可以说经过结构、语言、父亲），我们才被锻造成人。因此，主体性不是自由地生长起来的，不是无拘无束、肆无忌惮的，它恰恰是因为含羞忍辱而获得的，这既可说明拉康的反人道主义思想，也可以作为攻击萨特哲学的理论依据。

拉康的结构主义风格的另一种表现则是他对无意识的描写。对于弗洛伊德来说，无意识是一堆乱糟糟的冲动能量，它由被压抑的心理内容所构成，这些压抑内容的运作机制是缩合与移位。缩合指的是一个心理表象向自我表现出诸个联想系列，它处于这个联想系列的交会处，缩合在梦中最为活跃，与梦的潜在内容相比，缩合显现的内容简单得多，由缩合作用而显示的内容实际上是对潜在内容的一个缩简的翻译。与缩合机制相对的是移位，移位则是使心理表象的重点、兴致、强度脱离开这个表象本身以过渡到另一些不怎么强烈的表象，这两个表象之间的联系是通过联想链而获得的。比如，一个人对于另一个人的爱，会通过在梦中联想到与此人相关的物来表达出来。无疑，缩合与移位很容易让人想到语言学中的隐喻与换喻。事实上，雅各布森正是将缩合和隐喻、移位和换喻联结起来，从而启发了拉康。在拉康看来，无意识正类似于一种语言系统，它由隐喻和换喻而起作用，拉康对此的名言是：无意识的结构与语言相似。无意识现在也充斥着结构主义风格，它现在变得井然有序，有章可循。然而，一旦无意识结构受到威胁而变得动荡不宁，比如能指、所指脱节，语言发生短路，失语症的出现等等，那样，主体就会出现分裂。显然，拉康分裂的主体同语言学相关，而众所周知，弗洛伊德的分裂主体同欲望的抑制相关。拉康正是用结构语言学改写了弗洛伊德的精神分析学。

结构主义的另一巨头是共产党员、马克思主义战士、巴黎高师教授路易·阿尔都塞。阿尔都塞在马克思主义那里发现了"认识论的断裂"。"认识论的断裂"是巴什拉尔的理论，巴什拉尔以此来说明科学的发现和认识，在他看来，一切科学都有开端，同时也有一个史前期，科学正是从史前期的谬误中脱胎而出。从科学的一连串谬误期到真理的发现和获得，这期间就蕴藏着一个认识论断裂。阿尔都塞以此来解说马克思主义，马克思主义在发展过程中也存在着一个谬误连串的史前期，正是经过认识论的断裂，马克思主义才获得了科学的真理。阿尔都塞称《德意志意识形态》一书为认识论断裂的标志，这个认识论断裂将马克思主义思想分为前后两大阶段，前一阶段（1845 年前）为意识形态阶段，后一阶段（1845 年后）为科学阶段，后一阶段的马克思才值得肯定。阿尔都塞反对前一阶段的青年马克思主义，尤其是反对那种将一切历史和政治都归结于人的人道主义，而后一阶段正是阿尔都塞要保卫的马克思，即反人道主义的马克思主义理论，正是从这里，阿尔都塞表现出明显的结构主义色彩——我们已经多次看到，结构主义和人道主义是如何势不两立的。

马克思到底是如何显现他的反人道主义或者说结构主义色彩的呢？阿尔都塞通过症候阅读法——来自弗洛伊德和拉康的精神分析理论，即通过考察无意识的种种表征形式或语言来拖出无意识的结构框架——来阅读马克思，尤其是成熟马克思的《资本论》。在《资本论》中，马克思断言，"生产力和生产关系的矛盾是历史发展的动力"，马克思十分强调生产关系而抛弃了前期的主体、人、精神、自由等等历史哲学的概念，相反，他更多的是使用生产方式、生产力、经济基础、社会形态这类物质性和关系性的概念，正是这些概念及其特殊含义起着最后的决定作用。人、主体、人道主义都受制于或消失于这些概念中，消失于一个稳固的生产方式的结构图中。阿尔都塞从马克思那里发现的生产方式——它是各种要素的关系集合，是个不轻易变更的顽固组织——同拉康的象征秩序十分相似：它们都是决定性的、关系性的、秩序式的，都吞没了主体、人，吞没了人道主义，最终它们都和结构语言学遥相呼应，它们都在向结构语言学招手以示它们是同路人。不仅如此，阿尔都塞还否认马克思主义是历史主义：生产方式决定着一切，生产方式又构成一种模式或基本结构，是自足性领域的一部分，是同时性的，总之，是生产的结构影响着社会，因此，历史的连续性被抛弃了。

历史的连续性被抛弃在福柯那里表现得更毅然决然。在福柯的众多被后人赋予的头衔中，其中之一就是"反历史的历史学家"。他的谱系学的目标之一就是要在传统史学认为是连续统一和必然的历史衔接处揭示断裂、偶然和差异。那种总体性的历史观相信在历史过程中能找出规律、法则和环环相扣的因果链条，找出一条连续性原则。福柯恰恰相反，他相信历史是一些偶然的、无联系的横切面堆砌起来的，历史不是在纵向的马路上欢快奔驰。如果要探寻历史，最好是在横向上——用结构语言学的说法，是在共时层面上——考察历史的横切面法则。纵的历史线条也许是零乱、无章可循的，而横断面的历史却遵循着某一运作机制。因此，不要考察历史线条，而应考察历史的横向结构。历史的横向结构决定着知识的生成。

在这种结构主义味十分浓厚的历史观里，历史的结构以知识型的分布出现。知识型（epistemes）是《词与物》中的一个核心概念，福柯并没有十分确切地给知识型下定义，大致说来，知识型也类属于一个结构范畴，它是一个横面历史中特定的知识形式或科学形式赖以存在的关系网络，知识形式依赖于它，由它派生，受它限制。知识型不是超验的、一成不变的，一个时代有一个时代的知识型，或者说，知识型的不断变更导致了时代的变迁，不过，知识型的演变似乎无迹可寻，它不可捉摸，一个知识型转到另一个知识型完全是偶然的，它根本不遵从进化或连续性原则。

《词与物》主要探讨了知识型及其转移。在福柯看来，从文艺复兴到 19 世纪出现了三种知识型：文艺复兴时期的知识型、古典时期的知识型和现代时期的知识型。文艺复兴时期的知识型是相似，在此，词与物统一。福柯宣称，在中世纪晚期至 16 世纪末的文艺复兴之际，相似关系在西方文化内部发挥着构造作用，各种知识表现正是基于相似原则而统一起来。有四种相似形式，即协约、仿效、类比、感知，它们以同心圆的形式将所有事物联结起来，世界因而保持统一。因为各种各样的事物彼此相似，16 世纪的知识十分有限。堂吉诃德的出现是古典知识型出现的预兆和标志。堂吉诃德满世界找相似性，却处处碰壁。相似性与符号的联盟瓦解了，思维现在不再寻求共性而是寻求个性与差异。古典时期的知识型是再现，是用一种符号秩序再现另一种符号秩序，词与物呈现一种再现关系，能指和所指立即达成一致。到 18 世纪末，即"现代时期"开始之机，知识型发生了变化。福柯认为萨德的小说是古典时期知识型向现代时期知识型的过渡。现代时期的基本原则是追根溯源、探索现象背后的普遍规律。现代时期以寻求根源为基础的学科乃是历史语言学、生物学和经济学，它们体现了共同的现代知识型。

福柯指出，18 世纪和 19 世纪的知识都是人类中心论的。不过，人类中心论已走到尽头。现在，需要弄清楚的不是人是什么，而是人的概念是如何形成的。此时，福柯求助尼采了。福柯指出，以人为中心的人类学控制和支配了康德以来的哲学道路，尼采是第一个对人类学进行批判的人。在他那里，人类和上帝相互归属，上帝之死和人之消失并无区别。福柯指出，当前的任务就是应该以尼采为起点进行哲学的思索：对人类和知识来说，人不是最常见也不是最古老的问题，人只是一个近期的发明，知识并不总是环绕着人及其秘密而运作的，人的出现、人的产生以及有关人的全部概念和知识体系不过是知识型或者说知识格局变化的结果。既然以前的知识型会出现也会消失，那么，福柯断定，人也会消失，"像海边沙滩上画的面孔一样被抹擦"。

人之死是结构主义最耸人听闻的悼词，它和上帝之死一样，是欧洲思想史上的两个理论风暴，它们像锤子一样狠狠敲打着欧洲的神经。巴特也加入了福柯与结构主义的合唱队。他的声音更柔和、更轻盈，也更富于艺术表现力，当福柯喊出了"人之死"后，巴特则在写作领域里宣布：作者死了。

第四章　结构乱了

作者之死

　　无论是福柯，还是巴特；无论是"人之死"，还是"作者之死"，都应追溯到尼采，追溯到"上帝之死"。上帝、人、作者都占据着一个相似的哲学位置，都是二元论哲学的支配一方，都是某种先天性的派生起源。对尼采而言，上帝既是基督信仰的历史上的上帝，也是超感觉的实在物，诸如柏拉图的理念、绝对物、逻各斯、神、中心、本源等一切哲学上的先在之物。柏拉图以来的哲学，尤其是笛卡尔的哲学——它拼命地夸张主体和客体的对抗——都将诸如此类的上帝限定在感觉领域之外，而人的最高价值即在于此。现在，这个上帝倒塌了，也就是说，理念、绝对物、所有的先天性派生物倒塌了，最高价值标准和根基倒塌了。尼采的问题是，既然人几千年来所依赖的家宅根基毁掉了，那么，人将何以为继？为此，尼采提出了一个价值观：权力意志。权力意志即生命力本身。尼采呼吁，我们应该从对某种他物的盲目臣服和信仰中解脱出来，我们应释放和发挥存在于自身中的生命能量，权力意志主宰和决定着一切而非上帝在指手画脚，在某种意义上，权力意志代替了上帝——

这正是海德格尔指责尼采的地方。尼采将上帝拉下马来，这本是对二元论哲学的一次毁灭性打击，然而，他又重新在上帝这个位置上安排了权力意志，权力意志现在又构成一种本源性之物，它似乎又是二元论哲学的一端，又在重蹈柏拉图的覆辙，正是在这个意义上，海德格尔称尼采为最后一个形而上学家，他既摧毁了形而上学，又完成了形而上学。

权力意志到底是不是一种新的上帝？与海德格尔不一样，福柯、德里达、巴特都持否定态度（德里达专门讨论过这个问题，在他看来，海德格尔较之尼采更接近柏拉图主义）。福柯毫无疑问是尼采的信徒，再也没有谁比福柯更忠实于尼采了。福柯的主题在很大程度上就是将尼采的主题证实一遍，福柯将尼采的一个个警句扩写为一本大书。人之死主要的来源就是上帝之死。在尼采那里，上帝是设定的，道德是设定的，善恶也是设定的。通过谱系学，尼采发现了他们的人为起源，上帝、道德和种种价值观念并非先天性和一成不变的，他们成长于斗争中或者说权力的抗衡中，既然他们是在特定的条件下成熟的，同样，他们也将在特定的条件下消失。在福柯看来，人也是这样一个临时性和过渡性的东西，人是知识型偶尔捕捉到的一个中心点，他被设想成一个人学目标，设想成一个知识目的，一个有待探究的存在之谜，一个同外物对立的无所不能的认识主体，总之，一个居于首位的知识对象和基础标志。福柯指出，对人的种种看法是虚构的，人不像人们所想象的那样是一个本质性存在，人是被设想、被建构、被哲学（尤其是康德以来的哲学）配置和生产出来的。人学应被彻底根除——这是福柯的结论——对于那些信奉人学的人，对于那些期望将人作为追求真理的起点的人，对于那些将知识局限于人自身的人，对于那些企图反思人从而试图获得关于人的知识的人，都应给予哲学的同时又是无声的嘲笑。

那么，是不是应该对作者也报以哲学的嘲笑？巴特现在正在考虑这个问题。他将尼采和福柯的哲学试题用在了文学考卷上——他总是将庞大的东西具体化、生动化。作者是什么？无疑，他是作品的主人，是作品的生产者，无论是理智的生产还是下意识的生产。我们一贯对此笃信不疑：作者是作品的源泉，作者是起源性的存在，作品是派生物，它处在被支配地位（不是很多作家都宣称作品是自己的孩子吗？）。就此而言，作者和作品完全契合于哲学上的柏拉图主义，他们分头占据着理念和表象的二元论两端，占据着派生和派生物的位置。如果用尼采作比的话，他们类似上帝和基督徒的关系。既然上帝死了，作者也就到了寿终正寝之际——这正是巴特在文学中推崇的尼采主义，他首先从哲学上，从伦理的角度，将那种上帝化身之一的作者给掀翻了。巴特正是通过埋葬作者，进而埋葬了哲学上的柏拉图主义。

巴特争辩说，作者是个现代人物，是社会的产物，他是伴随着英国经验主义、法国理性主义以及对宗教改革的个人信念等从中世纪走出来的，此时人们开始发现个人的魅力，发现人性的人，人就是这一思潮的产物——这十分像福柯的看法，虽然二者的时间分期不一样。因此，"在文学领域，实证主义这个资本主义意识形态的概括和精华物，将最大的注意赋予作者'个人'是合乎逻辑的。在文学史中、在作家传记中、在访谈中、在杂志中，以及在文人急于通过日记和记忆将作品和个人联结在一起的意识中，作者仍旧处处可见"[①]。作品中的种种形象，都必须从作者那里寻求解释和说明，都和作者的爱好、兴趣、激情密切相关，人们总是相信，作品的一切都是作者秘闻的曲折暗示。巴特已经不是第一次这样抱怨了，在前几年和皮卡尔的争论中，在评价和描述学院派批评时，巴特就攻

① *Image-Music-Text*，p. 143.

击过那种作者至上的文学观和批评观，这种批评观以挖掘作者秘闻和生平为能事，它构成了学院派批评的主旨和核心。巴特这次应算是旧事重提，不过，这次他的攻击对象更像是那种一度深入人心的哲学要点而不再仅仅是某个权势团体，他要彻头彻尾地去掉那种理论源头而不再是依附于该理论的具体组织。组织性团体总会以各种装扮的形式出现，而理论基础却只有一个，即那种源远流长的柏拉图主义。因此，巴特以"作者王国依然强大有力"将那些组织性的文学和批评权势一笔带过——确实没有必要和一个具体的组织纠缠不休——巴特要描述和回忆的是法国那种埋葬作者的先锋派先烈：马拉美、瓦莱里、普鲁斯特。巴特总是在必要的时候求助于这几个人，这几面形式主义和唯美主义旗帜。

马拉美最先试图动摇作者的统治地位，巴特说，马拉美动摇作者权威的方式是，他企图用言语活动自身来取代进行言语活动实践的人，是言语在说，而非人在说，写作不是一种人格行为，其中，只有言语活动在行动、在表达、在说话，写作中不应有自我的位置。一言以蔽之，马拉美的理论就是取消作者，抬举写作。瓦莱里较之马拉美而言似乎有些退步，不过，他依旧强调修辞学内容和语言学本性，强调文学中词语生产的条件和构成而不是作者的创造迷信。同样，普鲁斯特也打乱了作家与其笔下人物的关系，即那种支配和被支配、控制和被控制的关系。恰恰相反，普鲁斯特颠倒了这种关系：生活现在不是小说的中心，生活经历变成了创作，书则成了创作的样板，生活和书的位置颠倒了，叙事者不是感觉过和发现过的人，而是即将写作的人。另外，超现实主义的写作，即让手尽可能快地涂在纸上的自动写作也抛弃了作者。这里，大脑无济于事，所有的意图、计划、推算和理性演绎都被抛弃了，作者的神圣形象被彻底毁灭了，作者不是写作的源泉，写作也不是他的谋划，他失去了神坛位置。最后，巴特求助于语言学。从语言学上来说，作者仅仅是写作的主语、空的主语而不是有实质深度的个人，因为语言陈述可以自在地运作，语言陈述总能在一个结构轨道内充满活力地运行，根本不需要一个人来驾驭、指导和颐指气使，言语活动完全可以自我消耗。

这种种去除作者的行为意义甚大，巴特说，它们不仅是历史事实或写作行为，还改变了现代文本。这种改变的标志之一，即时态就有所不同。作者被相信的时候，他总是被当成作品的过去时，作者总是在作品之前，他事先在思考、酝酿和筹划，书籍是他的筹划结果，作者和书籍的关系类似父与子的关系。与此相反，去除作者的现代抄写者（巴特以此来指代那些放弃作者神学的写作者，如超现实主义者）和文本是同时的，他并不领先于书籍文本，他只是书籍文本的一个语法上的位置主语而不是时间上的领头人。这样，"写作不再被设想为记录过程、确认过程、再现过程和描绘过程（如古典作家所言）……现代的抄写者因此不再相信，不再像他的先辈那样相信，相对于思想的激情而言，手太慢了，并因此而建立一个必然性规则，他应当强调这种延缓并且无限地'加工'其形式。对抄写者来说，完全相反，手同任何声音分离了，它被纯粹的誊写姿态所引导并引发了一个无源头之领域的踪迹——或者，至少，只有语言自身的源头，这种语言对一切源头都表示怀疑"①。

既然文本没有了作者，既然文本不再有源头，那么，它不再受单一意义的支配。文本现在是多维空间组成的，在这个空间中，各种写作相互交织、结合、对话和竞争，但没有一个居主导地位，没有一个是始源性的，没有一个具备优先性，文本是各种引证的编织物，是充满零乱文化源头的混合物。作家总在写作史之中，他总是在模仿一部模仿之作，因为任何写作都不具有初始性、原创性，任

---

① *Image-Music-Text*，p. 146.

何写作都汇入写作的大海中从而彼此模仿，不过，它们从不完全模仿。写作（文本）总是抽取一部分与另一部写作（文本）的一部分相混合，相嬉戏，而它的其余部分则与之保持对立，或者再同另外的写作（文本）相混合，相嬉戏，总之，它决不依靠和栖身于单独一部作品。作家只是想表明，他企图表达的内在东西本身不过是包罗万象的一种字典，所有的字词只能通过其他的字词来解释、说明，作家的写作处在一种无穷无尽的字词环链中。作者不再重要了，他消失了，在写作的海洋中只有抄写者，只有从一个文本到另一个文本的转抄者，而不再有激情、性格、情感、印象，"生活不过是模仿书本，书本本身也仅仅是个符号织物，是个迷途的、无限延搁的模仿"。而且，将作者搬走后，就没有必要破译文本了，因为作者常被看作文本的界限，被视作安装在文本内的一个终极所指，作者关闭了文本。现在这些都不存在了，"在复合写作中，一切都在于分清，没什么需要破译了，在每个关节点，每个层面上，结构都能被跟踪，被编织（像丝袜线团一样），然而，其底部一无所有，写作的空间应被走遍而不可穿透；写作不停地固定意义以便不停地使之蒸发消散，使之系统性地排除意义"①。巴特在此以一种委婉的然而又是决断的语气说，文学今后应最好被称作写作，文学蕴含了作者的概念，而写作则消除了作者、消除了神学，它拒绝了意义，最终拒绝了上帝及其替代语：理性、科学、法则。

那么，写作到底有没有一个集中点？巴特回答说，写作的真正场所是阅读，是读者。一个文本是由多种写作构成的，这些写作有成千上万的文化源头，它们相互对话、相互模拟、相互争执。但是，这种多重性却汇集在读者处而非作者处，所有写作的引证部分都在读者那里驻足，文本的整体性不在于它的起因（作者）之中，

----

① *Image-Music-Text*，p. 147.

而在于其目的性（读者）之中；读者也不再是个深度个人，他是一个无历史、无生平、无心理的人，仅仅是在某个范围内将作品的所有构造痕迹汇集在一起的某个人，读者不再是人文主义意义上的读者。古典主义批评从不过问读者，它只是承认作者，巴特指出，再也不能容忍这种颠倒是非的骗局了，"为使写作更有前景，颠覆这个神话是必要的，读者的诞生应以作者之死为代价"①。

巴特这篇短小的论文（甚至可说是随笔）在结构主义的尾声出笼正好可说是生逢其时。它是当时各种思潮在巴特头脑中的一个汇聚点。巴特将此时弥漫在巴黎上空的思想迷雾一一过滤了一遍，他的头脑是个清洗机，这种种思想迷雾被巴特一一处理、改组、综合和分化从而纳入文学领域中。巴特在此实际上对传统的文学问题进行了审判。通常，在文学领域中，作者、作品和读者（巴特说，古典批评家完全忽略了他）构成了一个封闭系统，它们成为一个密不可分的文学整体。现在，巴特也一一讨论了这三个环节。借助于尼采和福柯，巴特宣判了作者的死刑，作者被驱逐出了文学之境。既然没有了作者——这也是结构主义的重大成果，几乎所有的结构主义者都讨厌主体，讨厌那个无所不能的人——文本是如何生成的？这构成了巴特的第二个问题核心。在此，求助于尼采或求助于福柯是无济于事的（福柯发表《什么是作者》是在《作者之死》之后的一年，即1969年，等会儿我们将讨论这两篇论文的关系），不过，巴特现在开始参考德里达和克里斯蒂娃了，正是这两个人启发了巴特的文本观。失去了作者，文本还能自足地运转，文本不再依据作者的外力来发动了，它自身就蕴藏着足够的能量，蕴藏着一种内驱力，蕴藏着解构主义的嬉戏功能。正是在这里，巴特开始带有泰凯尔色彩了，带有后结构主义味道了，他开始相信互动作用，他的前

---

① *Image-Music-Text*，p. 148.

期的稳固秩序的结构主义观点开始动摇，也就是说，他在结构主义和后结构主义之间摇摆不定了。不过，他并没有完全滑向德里达或克里斯蒂娃，他还是将文本（尽管是互相追逐、互相抄写的文本）的焦点统一在一个地点，统一在读者那里，他赋予了阅读巨大的权威。在某种意义上，巴特是赋予自己巨大的权威，赋予自己阅读、玩弄和阐释文本的巨大权威和自由。巴特放弃了作者，但他从没放弃读者，从没放弃作为读者的自我。巴特对读者的过分强调，在很大意义上，就是为阐释的自由提供保证。从那之后，巴特就开始对文本为所欲为，在他日后的写作生涯里，作者的确销声匿迹了，然而，阐释者，巴特本人，却越来越突出了，越来越有个人的声音了，越来越具备一种独特的眼光了，也越来越有一种独特性的魅力了。而这恰恰是以赋予读者的崇高地位为前提的。

不久，福柯发表了《什么是作者》，对作者进行了细致的分析，福柯也攻击了那种起源性的作者观。不过，和巴特不同的是，福柯认为，不可能不考虑作者而谈论作品，根本不存在一种有关作品的理论，"不考虑作家也能研究作品本身的宣称是不够的"。比如，要编辑尼采全集，研究尼采作品，若不关注尼采的姓名是不可能的，没有署上尼采的大名如何将尼采全集归类呢？因此，福柯对那种完全不顾及作者的作品理论——巴特或德里达的文本理论——抱有微词。福柯攻击起源性的作者观是从另一个路径开始的，不是语言学路径，而是他的话语实践路径。作者不是作品的源泉，他不优先于作品，相反，他限制着作品话语的自由涌动，作者对于话语而言起着阻滞、限制和缩编功能，总之，"作者是人们用以阻滞虚构作品的自由支配、自由传通、自由处理、自由构筑、自由解构和重构的手段"。作者妨碍了意义的增殖和扩散，这样，作者不是天才，不是无与伦比的创造者，不是具有丰富经验和不可穷尽的意指世界的超人。因此，在话语中，在作品中，我们将不再听见重复了如此之久的问题:"谁在真正说话? 难道真是他而不会是别人吗? 以何种真实性或创造性说话……相反, 随之而起的是另外一些问题, 如'这种话语以何种形式存在? 它曾在哪里使用过? 它怎样才能流通和谁能将它据为己有? 在它内部什么地方可接纳一个可能的主体……'" 福柯的最后结论是引用贝克特的反问句:"谁在说话又有什么关系呢?"①

不错, 这也是巴特的结论。巴特宣布作者死了, 可弃之不顾; 而福柯则相信, 作者不是文本的源泉, 但并没有死, 他不过占据着一个卑微位置, 他在话语系统中苟活着, 他作为创始者的角色被剥夺了, 但是, 在话语秩序中, 他仍占据着一个功能性位置。作者与话语的关系是通往话语历史分析的入口, 福柯并没有埋葬作者, 他只是重新分配了作者的角色任务, 作者原则是话语分析的一个必要工具, 正是在这里, 我们能清楚地看到福柯与文本性理论家(巴特、克里斯蒂娃和德里达)的分歧和重叠。巴特给作者送葬正是让文本的意义膨胀, 福柯对于作者的理解则让我们看到了另外一面: 由于作者的限制性功能位置, 话语总是有一个限制性的框架; 话语具有实践能力, 它可以进行梳理、分析和辨识; 而在巴特看来, 作品和话语则是无政府主义式的一团乱麻。

福柯和巴特的分歧应归功于两种不同的知识背景。二者都处于结构主义框架中, 然而, 福柯的结构色彩远没有巴特那样浓重, 福柯身上的索绪尔影子十分淡薄, 这使他不太纠缠于语言学方阵, 相反, 他越来越走向历史的深处, 走向实践之途, 走向社会性语境, 以至后来他反复辩称: 他根本不是, 也不曾是个结构主义者。巴特此时正在语言学陷阱里乐不思蜀, 不过, 这已经不是前几年的秩序

---

① 王岳川、尚水编:《后现代主义文化与美学》, 北京大学出版社1992年版, 第104—106页。

化的系统语言学了，而是经德里达发掘出来的蕴藏在索绪尔那里的差异语言学，正是德里达，以及克里斯蒂娃和索莱尔斯夫妇，将巴特带到了另一个能指嬉戏的王国。这里，我们将稍做逗留，回顾一下德里达的工作。

德里达有两个源头。一是尼采、胡塞尔和海德格尔等人的反柏拉图主义线索，德里达是这个反柏拉图主义线索的末端。另一个源头是晚近的索绪尔语言学，德里达在这里发现了反柏拉图主义的方法论，他正是在索绪尔那里寻找到了一种根本性的反柏拉图基础，他将索绪尔的语言学嫁接到德国的反柏拉图主义传统，从而形成一种最彻底、最坚决的反柏拉图主义的解构哲学。

德里达对于索绪尔的阅读不同于列维-斯特劳斯对索绪尔的阅读。德里达注意到的是这样一面，即索绪尔所宣称的语言乃一个差异系统。索绪尔发现，符号是约定俗成的，能指和所指的搭配是任意的，这样，任何一个符号形成都具有偶然性，一个符号之所以是它自己，之所以表达一个意义，就是因为它和另一个符号不同，符号的意义就存在于差异系统中。符号间始终是区分性的，它们互为参照，互相确定，意义就是这种差异系统的结果，是一种关系性结果——德里达牢牢把握住了语言学中的差异原则。在前面，我们看到了列维-斯特劳斯抓住的是索绪尔的另外一面，即语法结构面，秩序性和系统性的一面。的确，索绪尔语言学同时在不同的层次上既强调差异，又强调法则；既激发了德里达，也激发了列维-斯特劳斯和结构主义；既否定了逻各斯中心主义，又肯定了逻各斯中心主义。总之，索绪尔是个重要的矿藏，关键看你开采的是哪一部分，现在，德里达开采的是否定逻各斯中心主义的部分，这样，他就有足够的背景资源加入近代反柏拉图主义的哲学阵营。同样是因为这一语言学背景（不要忘记，索绪尔矿藏是由文学领域的人开始挖掘的），德里达哲学的法国味道和文学味道就十分抢眼，他无法脱离结构主义、脱离批评、脱离法国的文人传统，这就使他的哲学声音显得特别，他的哲学角度与众不同，这一角度就是文字、文本、写作——一些语言学和文学题目。也正因为这样，德里达的波及面在文学系较之哲学系更广、更受关注。

德里达从语言学的差异原则入手进行摧毁逻各斯中心主义的工作，他是在同卢梭、胡塞尔、列维-斯特劳斯、海德格尔和尼采等人的辩论中展开他的话题的。逻各斯中心主义（它的近义词是形而上学、柏拉图主义）的基本构成法则是深度二元论模式，它事先设定一个本质、一个真理性存在、一个不受外物干扰的超验实体。正因为这个超验性的本质存在，另一些对象——通常是显露的、表象的、浅层的——才得以滋生出来，本质和表象构成一个决定和被决定关系、派生和被派生关系、模仿和被模仿关系、深层和表层关系、中心和边缘关系。总之，它们构成一个不平等的等级关系，表象总是在表达和模仿本质，本质具有毋庸置疑的恒常性，对表象而言，本质总具有优先性和决定性。这一二元对立模式自柏拉图以来以各种各样的乔装形式徘徊在哲学历史中。自尼采开始，结束这种二元论哲学就成为哲学家的天命：尼采宣布上帝死了，实际上在一个更广的范围内想说的是支配性的先在本质死了。胡塞尔（德里达哲学的起点就是他）是二元论哲学和反二元论哲学的一个过渡客，尽管他的大部分身影还驻留在二元论哲学的居所里。胡塞尔相信，虽然我们无法确信事物的独立存在，我们却可以肯定它们如何显现于我们的意识，我们应将外在世界还原为我们的意识的内容，一切实在事物都必须按其呈现于我们意识中的面貌而作为纯粹的"现象"来对待，这是我们可以由之开始的唯一绝对材料，由此，现象学宣称：回到物自身。为了让物显现在意识中，应排除或者是悬置意识中的立场、方向和前设。显然，胡塞尔依然遵循着意识和外物的二分法，他仍将它们看成两个不同的等级体系，不过胡塞尔大大缩小了二者的对抗性，意识和外物的张力减弱了许多。"回到物自身"表明意识既不凌驾于物之上，不改造、不扭曲也不强迫物，也不将物强行纳入一种权力的二元等级制中，意识和物开始有一个融合趋势了，它们愈来愈靠近，愈来愈连接在一起，尽管它们最终仍不可避免地待在二分法中，待在形而上学传统中。

正是意识和物的融合靠近趋势使海德格尔一度跟随胡塞尔，也是意识和物最终的二元关系又使海德格尔与胡塞尔分道扬镳。海德格尔的终生努力就在于结束这种二元论哲学，在他看来，二元论哲学的最新发展和最新表现乃是人和大地的对立以及由此导致的人对世界的盲目扩张。为了制止人和大地的对立恶果，海德格尔要求哲学的反思，尤其是应对柏拉图主义二元论的反思，为此，海德格尔在不停地呼吁，应结束对存在者的探究，因为存在者正是二元论的一端，如果将存在者弃之不顾，也就是将二元论信念放弃了，在这里，反柏拉图主义露出了一线曙光，事情似乎正向着某种平面（而非深度的二元对立）转化，然而，海德格尔在这种转向的中途又打住了，他告诉人们，不应探索和追问存在者，但应去追问存在，应该澄明存在，虽然我们不再纠缠于本质之物了，但还应该对另一些东西感兴趣，还应该对存在追思。

德里达正是在这里抓住了把柄，展开了他的哲学。在他看来，存在者当然不值得探究，然而，存在也无须花费工夫，严格说来，存在也许不是一个形而上学范畴，但是，对存在的追问、对存在所抱有的幻想，以及追问本身都带有形而上学的色彩。应该放弃追问，应该放弃对真理的探究（哪怕是海德格尔式的非符合论的真理观），放弃一切求知欲，也放弃存在，才是彻底的反柏拉图主义立场。那么，有没有一种方法完全符合这种反柏拉图主义立场？或者说，有没有一种参照物可供德里达选择和利用？这里，德里达就将索绪尔请出来了，或者说是将部分索绪尔——坚持差异原则的索绪尔——请出来了。德里达发现，索绪尔强调的语言的差异系统乃是一个平面系统，在这个差异系统中，符号各不相同，它们在一个平面性的差异链上滚动，符号间没有等级制，没有决定论，也没有二元对立的抗衡和制约，只有差异，差异具有嬉戏特征，差异之物彼此间自由嬉戏、自由滑动，它们纯粹依赖一种关系间性而存在。由于它们互相参照、互相作用，它们就停止了自身的外在呈现，差异系统中的每个要素只和另一个要素相牵连，而决不同外在之物发生关系，这样，在差异系统中，只有各要素之间互动的不可把捉的踪迹。

显然，差异系统是形而上学的对立面。形而上学要求再现，要求表达，要求追问，要求对意义、本质和深度的探究，要求让二元论的两端做出联结性的解释、说明和承诺；而差异原则则拒绝了这种呈现的形而上学。那里，只有一些无迹可寻、稍纵即逝的嬉戏和播撒以及绵绵无期的分延，只有能指的闪烁和飞速滑动，只有变幻不定和不可捉摸的万花筒。而且，文本正是这样一个差异系统，无论是文本内，还是文本间，都为差异原则所主导。文本能被确定，正是由于它和其他文本的参照关系和互动关系，文本自身封锁了通达外在意义的道路，文本内部充满着符号的游戏色彩。德里达让我们相信，文本是一团迷乱的织物，休想像形而上学那样从中找出一个意义，他并不想重建一个文本内涵，而是要拆解内涵，要给人以文本在高速运转的印象，给人以文本对任何现实的再现企图注定要受挫的印象，给人以任何一种形而上学的对立——言语与文字、头脑与躯体、内与外、好与坏、偶然与本质、同一与差异、在场与缺席、空间与时间、转喻与隐喻、男与女——都是虚妄的印象。德里达所做的就是要拆毁和颠倒这些二元对立，他试图将这些对立翻转过来或者消除它们的森严等级，他否认一个对另一个的优先性和决定性，相反，他更愿意将它们视作具有同等地位的关系差异项。

同样源自索绪尔，德里达和结构主义的区别却一目了然。对于结构主义者（包括结构主义者巴特）来说，他们信奉的是能指与所指的对应关系，能指是所指的反映和形象，它们构成一个纵向的深度关系——依德里达的看法，它们构成一个形而上学的关系等式。同样，结构主义者还相信一个秩序性法规，所有的东西都逃不脱语法的控制，就像言语逃不脱语言结构的控制一样，语法结构有一个牢固的环环相扣的组织性关系。这对德里达来说，同样有逻各斯中心主义之嫌，德里达强调的是无任何牵挂的差异关系——无任何联系性的纯差异关系。就此而言，德里达和结构主义者将索绪尔的身影劈成两半：一半是逻各斯中心主义的索绪尔，一半是反逻各斯中心主义的索绪尔。

显然，巴特在60年代的大部分岁月里是站在逻各斯中心主义的索绪尔一边。《叙事作品结构分析导论》是巴特结构主义倾向的顶点，他试图将任何作品纳入一个统一性的秩序轨道，作品是有章可循的，是有语法构造的长句子，总之，作品是有凝集力和中心点的逻各斯类型。但是，在《作者之死》中，巴特的作品观开始动摇，他用写作取代了文学，写作不再依附于一种固定秩序，不再受制于一种深层结构法则，写作成了一种转抄，它是在汪洋大海的文本中挑选、模仿、改写和复制，写作融入其他的写作中，作品是其他作品的模仿和变更，作品成为一种纯关系性作品，它像德里达的差异要素一样，是差异的汪洋大海中的一分子——《作者之死》无疑具有德里达的痕迹。

文　本

然而，真正附和于德里达的声明是巴特1971年发表的《从作品到文本》，这也是巴特告别结构主义，告别科学梦想的一个理论宣言。巴特说，语言观和作品（work）观都发生了很大的变化，作品观念的变化不是因为各种学科的相互重铸，而是因为这些学科和传统上不隶属于它们的对象遭遇到一起，为此，学科类型的界限务必打破，一种跨学科的形成势在必行。文本正体现了跨学科原则，从作品到文本的变化在某种意义上正是学科分类向跨学科演进的变化。文本到底是什么？巴特从七个方面列数了文本的特征。

巴特首先将文本和作品区分开来。不过，他告诫说，不要依据年代次序来区分作品和文本，不要认为越是古典的、越是过去的就是作品，越是现代的、越是先锋派的就是文本，时间不是区分的尺度。二者真正的差异是："作品是实体性的断片，它占据着书本的部分空间（比如在图书馆中），文本则是一个方法论领域。"作品和文本的对立犹如拉康的"现实"（reality）和"真实"（the real）的对立，"现实"是展示在那儿的一个物象，作品因而是能被看见的；"真实"是被阐述出来的，文本因此是一种阐述过程。作品是物，可以用手抓住，而文本不是静物，"它只是在话语运动中存在，文本不是作品的解散物，作品是文本的想象性尾巴，或者说，文本仅仅在生产性活动中才会被体验"①。就此而言，文本永不停息，它一直在来回穿梭、运动而绝对不会被一个固定物给捆绑和束缚起来。

同样，文本也不是文学，它不能依据体裁的分类下结论，文本的构成部分是对体裁分类的颠覆性力量。巴特举例说，怎样界定乔治·巴塔耶？哲学家、小说家、诗人、经济学家？显然，很难着手，与其说巴塔耶写过各式各样的作品，还不如说他写的就是文本，文本就是要贯通和横穿各种各样的体裁界限，它将这些界限和

---

① 《后现代主义文化与美学》，第157页。

分类搅浑，文本的经验就是一种临界经验。

作品在于意义，它承认从中可以挖掘出所指，挖掘出固定的内涵。相反，文本则是能指的领域，它"对所指进行无限的延缓，能指不应被视作获取意义的第一步，被视作意义的物质性通道，与此恰恰相反，能指应被视为一种延搁行为。同样，能指的无限性也不是指涉无可命名的所指，而是嬉戏"①。文本领域中只有一个永恒的能指星群，它是断裂的、重叠的、多变的；文本具有象征性，不过，它是一种无限制性的可自由联想的象征。作品也有象征性，但作品的象征是单一的、固定的、明确的，作品和某个象征意义的联结一目了然，而文本的象征无目的、无航向，它是发散的。文本是无限开放的，它去除了任何中心，它是能指欢闹的乐园。

就此而言，巴特说，文本还是复数。文本是复数并非简单地说文本有几个意义，实际上，它干脆否认了意义的存在，任何文本都不是始源性的，都不是前所未有的。一个文本的构成实际上是各种先在的、已写成的文本的种种回声、引文、参照，它是各种文本在此的一个临时性舞台、一个临时性组装物，文本和其他文本有着千丝万缕的关联、纠缠、纷争，它是文本波涛中的一个浪花。文本既和其他文本相参照，同时又和其他文本相区分，正是这种区分性是该文本的决定性征。由于文本和其他文本搅和在一起，文本不构成一个封闭系统，没有一个内在语法，只有对其他文本的重叠、援引和指涉。而作品则在寻找起源，寻找支配性的影响，作品找到的是一个单一的决定性要素，文本和文本间则没有任何隶属、控制、支配和权力关系，它们只有相互的指涉关系。

作品在父子关系这一程序中被确定。具体说来，作者是父亲，作品是儿子，作者是作品的主人，世界（种族、历史）决定着作

① 《后现代主义文化与美学》，第158页。

品，同一作者的不同作品具有内在联系，依此看来，文学科学告诫人们"应尊重手稿和作者的意图，而社会在确保作者对作品的合法关系"。对文本来说，情况截然不同，文本并不铭刻父亲的大名，由于文本是能指编织而成的，它源自其他的成千上万的文本群，所以作者失去了权威地位，作者不再是编织主体了。相反，他被文本编织进来，作者的意图也不再是文本的关键点，他也不再返回文本中，即使他返回文本中，他也不再是父亲、控制者而是"客人"，他刻写在小说中，如同小说中的人物，"他变成了一个纸上作者，他的生活不再是小说的起源，而是归属于其作品的小说"①。比如，巴特举例说，普鲁斯特和热内的作品可以允许将他们的生活当作文本来读——写作文本的"我"，不过是纸上的"我"。

从消费的角度看，文本和作品也迥然不同。对作品的阅读是一种简化的文化消费，它要求理解书的内质。而文本的阅读则是一种游戏、活动、生产、实践，文本阅读意味着写作和阅读距离的取消——写作和阅读的距离本身是由历史造成的。文本阅读的关键是游戏，游戏应做多种理解，它既是文本自身的游戏，也是读者对文本的游戏。游戏文本如同一场游戏竞赛，它实践着文本的再生产过程。也可以在音乐的意义上理解游戏（play，即演奏）文本，音乐史和文本史十分地平行相似，最初演奏和听众没有分开，只是后来才成为两种活动，就像写作和阅读的关系一样。现在有一种音乐改变了听众的阐释者角色，它要求听众成为合作者，同演奏者一道完成它而不是说明它。文本就类似于这样一种音乐总谱，它要求读者合作实践，要求读者对其进行演奏、游戏和参与而不是解释、说明。

巴特对文本的最后一个界定是阅读文本所引起的快乐问题。有

---

① 《后现代主义文化与美学》，第161页。

两种阅读快乐，作品引起的快乐和文本引起的快乐。作品引起的快乐在某些方面只是一种消费的快乐，巴特说，作品可以读，但是不能重写，我们不能参与作品的生产，因此，阅读作品的快乐就不是阅读本身所引起的快乐，阅读作品总是受制于意义，作品带来的快乐即是发现意义的快乐；相反，文本的快乐接近极乐，它不被任何东西所分隔、限制，"能指次序、文本以自己的方式建立一个社会乌托邦；在历史之前，文本就至少获有一种——如果不是理想的社会关系的话——理想的语言关系，文本是这样一个空间：那里，语言在循环（用这个词的环绕意义），没有一种语言凌驾于另一种语言之上"①。

在此，巴特将文本弄得有点玄妙，不过，还是有章可循。依据巴特的看法，作品无疑是个形而上学概念，它背上了所有的形而上学特征：作品处于等级制中，它有本质，也有父亲，它被控制，它也有深度，有单一的意义寻找，总之，作品完全隶属于柏拉图主义领域。而文本则是彻头彻尾地反柏拉图主义的，巴特的文本理论和德里达的写作理论的区分微不足道，二者都是反本质主义的，都强调嬉戏，强调能指，强调差异，强调互文性，强调去中心，强调所指的无限延搁。略有不同的是，德里达的雄心更大，德里达的文字学妄图针对整个西方，他要向一个完整的西方传统开战，向一个哲学史、一个文化史开战；而巴特则温和得多，他将自己限定在某个领域，比如文学或写作领域——巴特又一次具体化了——他只是废弃了作品、父亲和作者等部分本质主义概念，巴特这次在哲学面前又止步了，他只是用一篇短文，用了七个提纲的列举法，在文学领域做了一次对德里达的呼应。

从此，巴特就按照他的构想从事文本写作了。如果说，他从前

---

① 《后现代主义文化与美学》，第 164 页。

的写作，不论是《写作的零度》，还是《符号学原理》，不论是《神话学》，还是《叙述作品结构分析导论》，都应归于作品概念下——它们确实在试图阐述真理，寻找本质，挖掘深度——那么，此后的写作，他的文本理论之后的写作，却是在嬉戏、欢闹和娱乐了，巴特既没有一种说服人的意图，没有宣讲、传道的口气，也没有求真的愿望。从此之后，我们只看到了那个沉醉于自我表述，沉醉于快乐，沉醉于复杂、矛盾、敏感和多愁善变的巴特，沉醉于欲望、自我满足、闲适和色情的巴特，沉醉于反讽、修辞和解构的巴特。巴特从一个真理的宣传员转向了文本的嬉戏者，巴特信誓旦旦的结构目标现在给彻底毁了。

如果说马克思主义、神话学向结构主义和符号学的转变是巴特的第一次重大转变的话（转变的力量来自索绪尔、列维-斯特劳斯），那么，这一次转变，从结构主义向文本性（我们也常常大而无当地称作后结构主义）的转变则是第二次转变，我们已经看到了德里达在此的影响作用和推动痕迹。不过，巴特绝不仅仅是德里达的附和者，也许，他们只是在信念上有某种一致性，但是，两人的方式和道路——如果非要说成是解构之路的话——迥然不同。德里达沉浸在冥想之中，他在理论的氛围里喃喃自语，他在莫名其妙地控诉西方的暴力。而巴特则身体力行，他生产出了一个又一个的文本，他并没有指责形而上学的作品，而是拿出了一些样品，向人们提示说，这就是解构主义的文本。除了德里达之外，索莱尔斯和克里斯蒂娃夫妇也是促成巴特这一转变的重要力量。克里斯蒂娃是来自社会主义的保加利亚的年轻姑娘，1966年在巴黎读博士学位，不久，她就进入巴黎的结构主义圈子，克里斯蒂娃的高智商使她很快就在理论领域中游刃有余，巴黎流行的种种思潮都遭到了她的审视，她遭遇它们，但决不栖身其中，她是个彻头彻尾的理论流浪儿——这一切都和她对确定性的极端怀疑有关。克里斯蒂娃同样看重索绪尔语言学的差异原则，在她看来，那些系统性的规律、合乎逻辑的结构法则是独裁的化身。语言应被视为一个异质过程、一个离心过程，说话主体不仅仅是结构转化的场所，也是结构消失、耗散的场所，语言是能指的运作过程，而不是一种独白体系。克里斯蒂娃还赋予符号以重要价值，符号是流动的力量，它也有变动不居的意义层次，是对一切确定性的颠覆和超越，克里斯蒂娃看重一切领域中的这种符号功能，不论是精神分析学中与象征秩序作对的符号，还是政治领域中抵制独裁和专制的符号，以及文学中对稳定性、系统性和确定性起破坏作用的符号。克里斯蒂娃的符号，它的变幻无踪、它的破坏性、它的离心倾向、它的颠覆本能，毫无疑问同巴特的文本理论达成了某种深深的默契。为此，在克里斯蒂娃的论文答辩会上，巴特充满感激地说："好几次，你帮助我形成了自己的观点，尤其是我从产品的符号学向生产的符号学发展之际。"①

　　然而，一个人的善变也许最终是一种气质、一种内在的本能。变化既是对一种既定事实的不满，对惰性的抗拒，对现实的厌倦，同时，它也是活力的标志，是创造性的标志，最终是一种充盈才华的标志。结构主义对巴特来说，已经成熟了、完善了。从它的构造形态来说，也已经无懈可击了，如果抱守结构主义，只会将创造力削减为平庸的操作，只会将生命耗费在重复和简单的再生产中，因此，破除结构主义的牢笼，寻找新的理论想象，为才智腾出施展的空间，也许是巴特再一次突变的内在冲动。巴特终于没有被结构主义所困，在几个结构主义巨头中，只有他和福柯最终摆脱了结构的束缚，也正是他们两人体现出最旺盛的创造力，在他们一步步地如日中天之际，另几个结构主义大师——列维-斯特劳斯、拉康、阿尔都塞却纷纷沉寂了，在法国的思想舞台上，失去了他们的声

① *Roland Barthes: A Biography*, p. 196.

音——尽管他们的理论仍旧是一种方法论的工具箱。

与巴特的转变有关的最后一件事就是 1968 年的学潮。巴特无论从哪个角度来说都是支持学生运动的，然而，不久，他发现在这场"学生的自由欲望同社会秩序的象征性对抗"中，他被学生抛弃了。各种各样的激进"左派"青年以自己极端的方式表达了对社会的不满，萨特公开发表声明支持学生对资产阶级秩序的抗议，课堂变成了政治课堂，巴黎成了一个喧闹的巴黎，街道成了一个游行、斗殴、放火的街道，校园现在成了政治斗争的场所。巴特本人——我们只要想想写过《神话学》的那个人——毫无疑问是倾向于学生的，但是，结构主义本身在这场运动中却成为学生的一个理论包袱。结构主义承认结构的某种先验势力，结构是张无往不胜的网，无论个人多么活跃，永远挣不脱结构的束缚，结构否认人，否认主体，在某种意义上就否认了人的一切行动，最终否认的是萨特哲学。毫无疑问，结构主义在鼓励秩序、制度和形形色色的等级制和中心制，而这恰恰是 1968 年的"五月风暴"所要摧毁的目标。结构主义和"五月风暴"在理论上的对立一目了然。萨特在 1968 年的态度是意味深长的，"五月风暴"多多少少唤醒了他的哲学信念，同时在某种意义上也是他的存在主义死灰复燃的一种表现，这或许还意味着存在主义在和结构主义的争斗中挽回了一点声势。总之，萨特再一次达到了他的巅峰。然而，巴特却被学生抛弃了，因为他是结构主义的领袖，而结构主义在这场运动中有一个很不好的名声：结构不上街。结构被归入资产阶级秩序的一方。而就个人气质而言，巴特拒绝一切歇斯底里，拒绝极端行动，拒绝人群，拒绝喧闹和口号，但这恰恰是 1968 年的风格，因此，以内在气质而言，巴特也确实和 1968 年格格不入。既然他已被归入资产阶级阵营（他的拉辛研究的竞争者、同事吕西安·戈德曼极力将巴特划归到敌对阵营中），既然他已经被判定为不上街者，巴特就索性讨厌起

这场行动来，讨厌大街上的那些喋喋不休的嘴脸：这些人现在忙忙
碌碌所做的工作，巴特在 10 多年前就干过了，在《神话学》中早
就说过了，而且，说得十分文雅，也切中要害，远比这种街头形式
有趣得多。

不过，"五月风暴"也让巴特意识到，不要在结构主义那里陷
得过深，确实，很可能它具备某种保守性，学生将它视作反动势力
不是偶然的。"五月风暴"在政治上促成了高等教育改革，在理论
上促成了结构主义的解体和衰落。1968 年之后，怎样的理论战略才
能获得生命？也许，德里达、巴特和克里斯蒂娃的解构立场多多少
少和这样的政治背景有关。顽固和保守的结构秩序信念现在要被放
弃了，鼓吹差异、鼓吹运动、鼓吹嬉戏、鼓吹无政府主义运动的解
构哲学登场了。后结构主义虽然没有直指一个资产阶级秩序和官僚
体制，然而，它对准的那个语言结构、那个稳固的语法系统则可能
是体制的一个象征、一个替代物、一个隐喻。从这个意义而言，后
结构主义运动的政治立场和 1968 年后的左翼立场是一致的，虽然
他们否认语言外的现实。德里达发现，逻各斯中心主义的表现渗透
到一切中，现存制度无疑是其表现之一，因此，我们有理由相信，
就内在的政治观点而言，解构无疑是彻头彻尾地无政府主义的。在
结构主义阵营中，1968 年后福柯的理论也发生了很大变化，福柯
从另外一个途径攻击了制度、极权和任何控制性的组织秩序，他后
来的主题越来越远离语言了（实际上，他是结构主义阵营中离索绪
尔最远的一位，他只是从很远的距离接受一些稀释过的结构法则），
越来越具有现实的针对性和政治性，他在讨论权力、监禁和话语生
产等等，他不仅在口头上、在理论上，而且还在行动上拒绝结构主
义，并频繁地走上街头同警察发生摩擦。

而这一切对巴特来说是不可想象的，巴特的不满、巴特的抗
议、巴特的批判最多是在语言领域中进行的。语言既是个敌对的堡

垒，也是他的栖身之地，巴特似乎在语言里找到了寄托，在文本里找到了寄托，对语言和文本的反叛、改组以及别出心裁的调情，不会承担社会压力，不会遭到任何势力的抵制，甚至不会引起语言和文本本身的抵抗反弹，这符合巴特的气质，符合他脆弱的神经，也符合他的个人主义幻想。总之，对语言和文本的革命不会引起危险和麻烦，而且有着巨大的随意性，可以容纳足够的想象力和创造性，可以让他尽兴，可以让他快乐。在语言的王国，一切禁令都解冻了，一切绳索都松绑了，为所欲为地写作的时代来临了。

符号帝国

《符号帝国》出现在巴特的写作生涯中似乎有点突然，此前，巴特一直和法国知识界的思潮——无论是文学的还是哲学的——保持着关系，他总是思想界的有先锋意味的代表，是推动哲学或文学进步的重要力量，他的写作在知识界总是构成了一种重要的声音。而现在《符号帝国》出现了，巴特好像突然撤出了那个知识舞台，他从批评和理论的屏幕上猛然转到了另一个游戏频道，转到了一个不符合他身份的趣味对象上，就像一个一直在慢跑的运动员一时心血来潮到河里游游泳一样。

《符号帝国》确实可以看作巴特在法国思想舞台幕后的一次休息、一次调整、一次暂时放松。总之，巴特放弃了那种有针对性的理论姿态，在此，他不用慷慨陈词，不用辩驳，不用宣言，也不再激进了。巴特从一个理论语境中脱身而出，他找到了一个遥远的国度，一个东方国家，巴特在日本寻求到了游戏的寄托、虚构的寄托和写作的寄托，日本现在是一张任人疾书的白纸、一个任人驰骋的空间和一个供想象用的跑马场。

为什么选择了日本？从客观上来说，《符号帝国》是巴特1967年日本之行的结果，亲历日本给了巴特书写日本的机缘。然而，日本真正打动巴特的，则是它的东方性、异质性，或者说是巴特所看到的东方性和异质性，以巴特自己的说法，他所看到、他所谈论的是"我的日本，我称作日本的一个符号系统"，日本现在不是一个资本主义国家，不是一个有经济指标、有制度、有法律、有意识形态机器的控制性权力机构，日本既不是一个战败国，也不是一个生机勃勃的复苏国家，总之，日本既不是一个政治实体，也不是一个经济实体。巴特放弃了关于日本的坚硬数据指标和内核，放弃了国家概念，他看到的只是一种生活方式，是生活中的符号、意义和意指的流通与运作模式，巴特意图在其写作中赋予一种"符号和意义的伦理"，这种伦理，巴特的解释是"空符号的伦理"。日本提供了一种不同于西方的文明范例，在那里，符号的连接和组合既微妙精细，又高级复杂，"没有没有符号的东西"，巴特下结论说："语义层面的表达也遵循着某种特殊策略，即对待所指的策略，语义意指着空无，语义层面什么也没说：它不指涉任何所指，特别是任何终极所指，就此而言，对我来说，它表达了严格意义上的语义和美学的乌托邦世界。"[1] 这个乌托邦世界恰好和巴特身处其中的那个西方世界对立，巴特拒绝形而上学化的西方文明，因此，日本、日本文明、《符号帝国》就表达了对于改变西方象征秩序的愿望。

尽管《符号帝国》一下子撤出了法国风起云涌的理论舞台，但巴特的内在连贯性在此还是依稀可见。在《符号帝国》中，他以一种赞扬、羡慕的眼光和口气谈论一种异质性。这样，《符号帝国》就与他以嘲弄和挖苦的语调谈论巴黎的《神话学》形成了一个对称。毫无疑问，这两本书在巴特的所有著作中最具有亲和性。在形

---

[1] *The Grain of the Voice: Interviews 1962 - 1980*，p. 83.

式上，二者都采用了观察随笔的方式，都是对日常语境的一种敏锐捕捉，都是对物件的细腻陈述和分析，都表达了不同凡响的眼光，都是对理论框架的逃离（虽然在《神话学》中，巴特安装了一个理论尾巴，但那个著名的理论尾巴并不能恰如其分地归纳《神话学》的主体，二者多多少少都有些随意性，或者说，理论只是一个硬性附加物），都是对才智的滥用。然而，《神话学》依赖于经验，依赖于熟悉性，依赖于长时间的耳濡目染，而《符号帝国》则依赖于直觉，依赖于新鲜感，依赖于一种简单的照面形式。这样，《神话学》像是深思熟虑的、老谋深算的，它是巴特对资产阶级意识形态，对资产阶级的本质、内容、深度，最终是所指的一次揭露和曝光，《神话学》在挖掘底部，挖掘秘密，挖掘一股支配性的暗流。如果考虑到《神话学》是马克思主义和布莱希特的混合物，是前符号阶段的成果，那么，《符号帝国》与《神话学》所体现出的对称性就能很好地加以理解。《符号帝国》时期的巴特逐渐走出了马克思的氛围（尽管巴特终其一生都没有完全摆脱掉马克思），是符号学和结构主义运动的产物，尽管巴特已经告别了那种科学化的结构主义梦想，告别了那种雄心勃勃的符号学野心，然而，符号学的遗产——能指、所指、意指——还是被他有意无意继承下来（直到目前，符号学的遗产——以各种各样的改装形式——还是被广泛地享用着）。符号学眼光构成了他的观察本能，如果说，日本确实以符号的丰富著称的话，巴特确实找到了用武之地，而且，由于他的符号学本能，他很可能是在夸大，同时也不无偏爱地有选择性地瞄准了一些符号学对象。

日本现在是以一个符号帝国而不是一个权力帝国（想想它在"二战"中的表现，它虽然没有和巴特的国家直接对垒，但它是属于与法国对立的某个敌对集团的）出现，这本身就有点意味深长。巴特并不是一个写观察日记的普通游客，《符号帝国》也不是一个事件断片或者符号制图的简单勾勒，实际上，《符号帝国》正蕴藏着一个野心，它试图将一个文明范式、一段历史压缩到符号学中，压缩到符号的制作、表意、流通和功能上去。这里，符号一方面剔除了所指，剔除了任何指涉性内容，然而，它又奇怪地承担了过多的容量，它背上了文明的担子（巴特多次表明，日本是一个不同于西方的文明范式），或者说，日本处处出现的空符号特性正是日本文明的一个象征，日本文明正是在符号领域里充分展示了它的能量、它的焦点、它的聚集地。巴特的这种战略总的来说是一种压缩战略，无论如何，将文明和历史压缩进符号的运作中，多多少少体现了文人的战略，体现了虚构和文学化的战略。不论这种战略有多少真实性成分，这种战略所含有的技术含量以及精巧的压缩能力具有极高的美学价值，在《符号帝国》里，我们能看出用一种美学眼光来解决历史学问题的愿望、野心，也能看出美学取代历史学的高超技巧、美学取代历史学所散发出的天才气息。

没有几个史学家或政治家会对巴特的日本感兴趣，巴特对日本的分析和描写没有数据，没有实证，没有引文，没有参考，甚至没有任何背景性的知识，巴特能说出一个什么样的日本来呢？巴特的日本有几分可信呢？实际上，《符号帝国》并没有得出什么结论，而只是遵循一个原则，即"空的符号"的原则，有关日本的结论是巴特事后给出的，巴特说："在近一个世纪中，通过特殊的经济扩张主义从而改变自身的封建社会里，日本具有一个十分特殊的位置。封建主义的伦理表现，作为一套价值观，作为一门生存艺术，保持在高度'技术化'——不是真正的美国化——的社会里，在历史的光线中，它可能已经相当脆弱了；同时，它也和某种基本性的一神论的缺席有关。这样，几乎完全沉浸在能指中的系统就在所指的永久性退却中发展起来，这就是我力图在日常生活（食物、家具、服装、街区系统）的基本层面上所显现的东西。能指或象征的形成反映了文明中的某种成就，也因此反映了对我们的西方社会而言某种局部的而又无可置疑的优越性。在西方，由于一神论及其本质（'科学''人''理性'）的发展，能指的自由被阻碍了两千多年。"①

这既可以说是《符号帝国》的结论，也可以说是它的前提。对一个国度的历史学或政治学的考察无疑是将其目标对准所指，而巴特的考察则关注着能指。历史学、政治学（当然还包括经济学这样的实用科学）永远是臣服于事实、臣服于本质、臣服于所指，如果说一神论有几种科学形式的话，其中当然包括历史学和政治学。在此，我们看到了巴特的解构背景——正是在这点上，我们发现了巴特和法国思想界仍旧相连的蛛丝马迹，看到了巴特的符号学遗产。如果说，前期符号学、结构主义的符号学还关注所指及其生产的话，按照巴特的说法，还是一种"产品的符号学"的话，现在《符号帝国》中的符号学眼镜（只能称作符号学眼镜）无疑安装了解构的镜片，符号学被解构论武装起来，它在能指的天地里穿梭往来，这构成了《符号帝国》的基本视野。如果日本真的是一个摆脱了一神论的能指国度的话，那么，巴特的方法和视野与这个考察对象真是一拍即合。

因此，严格说来，《符号帝国》只属于一种暧昧的符号学领域，它无疑和解构哲学有关，尽管它丝毫不提及哲学乃至理论。在另一个层面上，即全书的形式编排上，《符号帝国》的解构信念也暴露出来。它不是一个严谨的等级系统，而是用一种并置的方式、一种民主的方式将各个专题无等级地安顿起来。巴特涉及了26种对象，这26个符号对象彼此之间没有支配性和控制性关系，尽管它们都是同一种文化的符号显现。这些对象本身就构成一个差异系列：语

① *The Grain of the Voice: Interviews 1962-1980*，pp. 83-84.

言、饮食、城市建筑、包装、游戏、艺术等等，它们相互保持着区分性关系，它们各自具有自己的功能特性，各自归属于自己的学科领域，而现在，巴特将它们视作空符号的能指系统，将它们以一种并置的形式安排在一个书本之中，安排进一个所谓的"符号国家"中，在此，只有各不相同的差异符号，而没有贯穿到底的结构组织，也就是说，每个对象（26 个对象）本身是空的符号，是剔除了所指的能指（这一过程得到了巴特的详尽阐释），同时，这些对象，这些空能指又组成了一个差异性能指系统、一个无迹可寻的写作文本。

巴特在这里将一种独到的分析和一种批判的视野结合在一起，这种结合以一种先在的解构信念为基础。在巴特（以及德里达）看来，西方一直处在逻各斯中心主义的支配下，它的种种文化产品都是这种哲学的表征形式，它们被分割，被理性地归纳，被机械肢解，被神学控制，而日本文化（以及它的派生物、符号对象）则恰恰相反，它们被另一种哲学——比如禅宗——所贯彻，它们的最常见表现是"空无"，尤其是底部、本质和内核的"空无"，巴特一直将两种文化对立起来。他毫不迟疑地给予他自己所属的文化以嘲弄，而对日本文化则赞叹不已。因此，《符号帝国》让两种文化（准确地说，两类符号学对象）竞争起来，巴特常常将两种功能相似的不同国度的对象摆在一起，从而显示出符号和表意的完全对立。巴特总是先指出日本的东西怎样，然后指出他的西方（法国）的东西又是怎样完全不同，对于前者，巴特毫不吝惜他的颂词，而对于后者，巴特总是报以哲学的嘲弄。这两种对立的声音同时出现在《符号帝国》里，我们虽然不能说它们是复调之声，但毫无疑问可以称之为解构之声。尤其是考虑到西方人根深蒂固的西方中心主义和西方优越论，《符号帝国》刺耳的颠覆之音无可阻挡地飘散出来。

巴特在此还开创了一条补充性的哲学道路：一种随笔、分析、鉴赏与玩味的细腻目光将盛大的哲学主题消化了。无论是形而上学还是反形而上学，都融化在巴特的微型符号学对象上。很难说《符号帝国》不是一种哲学著作，虽然它没有穿上通常的哲学外套。《符号帝国》无疑蕴藏着解构目标、解构信念和主旨，《符号帝国》所呈现的欲望绝对是一种哲学欲望，它的冲动和本能也绝对是哲学冲动和本能，不过，巴特盗用了一种非哲学形式（如果说的确存在着一种哲学形式的传统的话）来满足他的哲学欲望，他用随笔写作代替了哲学写作，他用观察、描写替代了思辨、推理，他用虚构取代了逻辑，他用隐喻取代了语法。总之，他用文学代替了哲学。巴特的这种哲学替代或补充形式既是他的气质使然，也是对那个哲学的呼应：解构哲学本身就对哲学形式不满。解构哲学就是要摧毁以前的一切哲学面貌，不论是其主题还是其形式构成，那些哲学形式本身就是逻各斯中心主义的产物。因此，不仅要在主题上驳倒逻各斯中心主义，同时在形式上也要摧垮它。巴特的《符号帝国》应视作一次哲学形式革命（德里达以另一种形式革新了形而上学哲学传统，他用的生造字、隐喻语言、在既定的文本上打上"×"等等），巴特将这种形式和他固有的随笔气质（在《神话学》中，我们已充分地领教了）有机地结合起来，从而构成一个新的哲学写作类型。从另外一个角度来说，随笔气质和解构论是相通的，这也许可以解释，巴特与生俱来的东西——随笔和对断片的兴趣，正是解构的内在要求。难道巴特生来就是一个解构主义者？如果考虑到解构和东方的亲近性（海德格尔和德里达也频频向东方招手），那么，巴特《符号帝国》中的解构哲学、随笔形式和东方的符号则成为一个高级而又和谐的反形而上学系统，再也没有这样聚集在反形而上学旗下的彻底而又统一的文本了。

巴特的着手处是反形而上学的差异性的符号系统，他指出，不

要将东方或西方视作现实物而进行各方面的比较。相反，应将东方
视作一个有操作活动的符号系统，这个符号系统——巴特将它称作
日本——对于西方的规范系统来说意味着差异、变革和革命，因
此，他的意图不是对资本主义的日本进行考察，相反，他全力以赴
去探求差异。这种差异的主要表现之一就是语言。巴特发现，日本
语言和西方语言完全不同。在日语里，由于"功能性后缀词的广泛
应用以及接续词的复杂性"，而"把主体转变成一个空无言语的巨
大外皮，而不再是那种应当从外面和上面指挥着我们的句子的紧密
核心"，所以，主体在语言中分崩离析，他不再是语言的控制者，
他在语言中淡化、削弱，在此，不是主体凌驾于语言之上，而是语
言在控制着主体。日语另一不同于西方语言之处，是将有生命物和
无生命物区分开来，这样，小说中的虚构人物则是以无生命的形式
表现出来的，这些虚构人物被规定为产品，被限定为生命物缺席的
符号——这也和西方相反，西方语言拼命将虚构人物打扮成有生命
的真实人物，也就是说，将空缺物还原为在场物，这正是形而上学
的表现。日语和西方语言的第三个差异是句法的随意性，在日语
里，动词可以没有主语，可以没有表语，却是及物的，"这就等于
说，一种知识行为，既不知道主体，也没有已知的客体"[①]。这种
语言方式和语言想象，最终与禅结合在一起。反过来，巴特抱怨说，
他所在的西方社会，他所在的语言世界，总是主体和神在严密操纵，
这种语法化的工具语言，最终构成制度化和工具化的社会内质，为
此，巴特颇有感慨地说："试图去批判我们的社会，却不考虑这种用
于批判的语言的种种局限性（即语言工具的适应性），这该是多么荒
谬！这是试图靠舒舒服服地躺在狼的咽喉里消灭这只狼。"[②]　因此，日

---

① 《符号帝国》，第 8—9 页。
② 同上书，第 10 页。

语的这种不顾语法的语言实践，直接对西方语言观点进行质疑，同时，也给予一种参照性的启示。除了语言形态和实践上的差异外，巴特还惊奇地发现，在日本，根本用不着言辞，用不着交谈，用不着所指，离开这些领域，进入一种寂静和空灵之境，仍旧可以十分满足。事实上，在日本，交流的不是声音，而是人体，是人体的符码、叙事和全部文本。在此，我们看到了语音中心主义——逻各斯中心主义的重要表征——的退场，意义和所指的退场，在语言中的一切形而上学的退场。

从语言出发，将两种哲学对立起来，从而批判形而上学，尤其是批判语音中心主义，无疑是一种惯常思路。但巴特并没有沉陷在琐碎的论证中，他通过简化的经验原则——没有哲学史的讨论，没有巨型的文化背景的运用，也没有细致的推演运算——给出了结论。但是，在饮食系统中，巴特所发现的两种哲学却让人感到惊讶。巴特的分析意在让人相信，饮食系统也是一种文明和哲学表征。只要我们回顾一下《符号学原理》的有关饮食系统的论述，我们会发现，几年内巴特的思想发生了巨大的改变。在《符号学原理中》，巴特尚在致力于确证饮食的语言结构，而现在，语言结构被放弃了，巴特不再去寻找那个暗藏的支配性的潜在饮食规则了，相反，他直接通过具体而生动的饮食符号和一种文化情境连接在一起，饮食符号同文化连接的中介性的语言结构被省略了。比如，巴特发现，做熟的米饭只是一种矛盾性的物质，它既是聚合的，又是可以被分开的，"它的实质目的就在于形成这种零碎的、成团的、暂时聚合在一起的状态……它构成一片紧密的白色，呈颗粒状（与我们西方的面包正相反）而又是疏松的"，汤也是这样，很淡，只飘浮着两三个稀落的碎片固体物，也是乍分乍合的样子。无论是米饭还是汤的这种亦合亦分的状态，"都是以语言的一种摇摆性为基础建立起来的书写所具有的基本特点"，"这一种写出来的菜肴，它从属于那种分开和选择的动作",言外之意,这种饮食符号构成不是铁板一块的,不是那种根基性地粘连在一起的,不是基础主义和本质主义的,是运动、实践着的差异与重复,是非中心化的摇摆活力,是对任何确定性的摧毁,和日本的语言一样,它与西方的形而上学形成对照。①

对于饮食系统的最著名分析是针对筷子的——那很可能成为经典段落。巴特说,食物与筷子具有和谐性,日本的食物总是趋于切细,这就给筷子的夹取提供方便,然而筷子的本质之一就是分割——巴特总是注意到对系统化的抵制。同时,筷子有指示作用,它通过选择性的指示动作"把一种随意性,把某种程度的散漫而不是一种秩序引入食物的摄取过程中来",这和机械性的程序,即那种按照规则、顺序和组织结构的限制性进食过程完全相反。而且,巴特还不屈不挠地说,筷子具有母性特征,"这种准确、细致、十分小心的动作正是用来抱孩子的那种细心劲儿","这种用具不用于扎、切或是割,从不去伤害什么,只是去选取、翻动、移动……它们从不蹂躏食物:要么把食物慢慢地挑开,要么把食物分离开,因而重新发现质料本身所具有的天然缝隙(这样,筷子就比刀子更接近于手指的作用)"。"由于使用筷子,食物不再成为人们暴力之下的猎物(人们需要与肉食搏斗一番),而是成为和谐地被传送的物质。"② 这可能是《符号帝国》中最有趣、最富于巴特风格的段落之一,同时,也是最有说服力的段落之一。筷子相较刀叉而言更充满人性,筷子不仅与母性,同时与自然,按照中国哲学的说法,与"天"有同一性,筷子的确具有天人同一的哲学内涵,它和食物对象不是一种生硬的顽强对抗关系,巴特的分析令人想起了庖丁解

---

① 《符号帝国》,第17—18页。
② 同上书,第22—25页。

牛——筷子重新发现了质料本身的天然缝隙，正是在筷子的表意过程内，巴特看出了克服形而上的念头。筷子同刀叉相比，确实是个完全不同的符号系统，如果说，刀叉意味着器械，意味着机械性的操作的话，筷子则意味着某种东方的智慧，巴特在此将一种细微的物件和哲学主题巧妙地牵扯起来，将机智的分析和大胆的判断融合起来，将文学写作和理性陈述有机地缝合起来。

巴特还在几种菜肴中发现了那种纯粹的能指特征。日本菜多半是生食，它们奇异地组合在一起，"就像一张荷兰画那样，保持着那种线条轮廓、那种刚中带柔的画风，以及色彩鲜丽的质感"，因此，不论是肉食还是蔬菜都有强烈的视觉性，食物正是通过视觉特征才显现，因此，食物并没有深层含义（巴特特意强调了这个词），"吃的物质没有一颗宝贵的心，没有一种隐藏着的力，没有一种重要的秘密，日本菜都没有一个中心"（中心也是巴特所着重强调的），巴特对日本菜的论述像是对文本论述的翻版，比如，他说，食品和食品之间是零乱的组合，它们彼此装饰、陪衬而又各不相同；吃的时候，可以随意选择一个地点动手（就像在文本中，任何一个地方都不具有始源性和优先性一样），总之，一旦动筷子，它就变得没有中心，"就像一篇连续不断的文章，有些菜没有中心，没有深度，而另一些菜则故意弄得空洞，比如天鼓罗，通过浸泡，就成为一块完整的、分离开的、可指名的而又透着孔的食品，是没有特殊边缘的空洞之物，或者说，是空洞的符号"。不管怎样，巴特总是将他的分析引入无中心、无深度、空洞、纯能指等等结论上来，结论是不言而喻的，关键是到达结论的路径，即是分析的路径和技巧，这一点需要的不是学识（尤其是面对菜肴这样的非学科领域的经验对象时），而是控制对象的能力和才智，这正好是巴特的长处，是他的特有禀赋，因此，不论菜肴到底如何，在他的一步步游说之下，在他的有意启发下，它们总是进入了文本的疆域，也就是解构主义式的文本的领域，巴特的反形而上学欲望和倾向如此强烈，以至他不得不使出浑身解数乃至歪曲和有意扭转对象。

　　然而，在谈到日本艺术——比如俳句——时，巴特并不需要过分使劲，确实，俳句这种写作形式同巴特构想的主旨十分吻合，这样，他用不着人为地扭转对象了。在俳句中，既无主体又无神灵，它和佛教的无及禅宗的悟彼此呼应，这样，俳句就不是一种描写式的文类了，它是反描写的，在此，"事物的每一种状态都迅速地、顽强地、成功地转变为表象的一种玲珑娇弱的精髓"，俳句是对事实的醒悟，是对事实的理解，它处在语言的前岸，在俳句的阅读行为中，只有自我，这个自我是阅读的场所。巴特这样总结俳句："一切俳句的那个共同体就是一张缀满珍珠的网，在这张网上，每一颗珍珠都反射出其他所有珍珠的光芒，如此以至无限，那里并不存在着一个可以抓得住的中心，一个闪闪发光的主要核心（在我们看来，这种没有动力、没有羁勒的反射效应，这种没有起源的反射活动所产生的最清晰的意象，正是有如字典一般；在字典中，一个词只能由其他词来下定义）。"这里，我们再一次看到巴特的文本观的显现，而且，字典这一比喻，巴特也多次引用，这是他向那些询问者解释文本时的最明确证据。既然如此，在那种为数甚众的俳句中，我们只能从中"认出一个没有来源的复制品，一个没有原因的事件，一个没有主体的回忆，一种没有凭借物的语言"，巴特将此视作符号帝国的最一般化特征，他接下来就大胆地断言："我在这里谈俳句的这番话，也可以用来谈论人们在我称之为日本的那个国度旅行时碰到的每一件事。"[1] 这似乎就是这本书的结论：在日本，那种决定性、支配性和奠基性的一神论消失了。一神论派生的各种深度模式、各种二元对立消失了，那些在西方处在盲视中、处在被

---

[1]　《符号帝国》，第 115—118 页。

支配位置的东西，在日本却处处显现，而那些在西方是根基性的东西，在日本却被抽空了。巴特在这里不断地发现意义的缺席，不断提及空无、无中心、能指，同时，他十分强调另一些东西：身体、书写、流动、实践。这种变动不居的东西，这种一度被西方认为是被支配的东西，现在重获活力，它们既挑战意义、成见和确定性，又挑战二元论的等级模式。

书写的地位首先被德里达从卑微的情境中拖出来。书写一直被认为是言谈的固定物，是言谈的二级层次，它模仿、隶属于言谈，它竭尽全力地去捕捉言谈，然而，不论书写如何努力，在将言谈向文字的转化中，总是遗漏和亏损了言谈的某些特征，这样，书写对于言谈而言，实际上是个多少有些无能的附和者。言谈和书写构成了一个巨型的对立模式，在德里达看来，它和形而上学几乎同步，德里达的重要策略就是将书写的地位翻转过来，相反，他贬低言谈，抬高书写（及文字）。书写是一种差异性的物质存在，在此，没有深度，没有等级，只有各式各样的能指组合，而言谈则试图让意义显现，言谈试图维护一种等级体制，试图展示逻各斯中心主义痕迹，书写却只有差异、运动、分延和延搁作用。就此而言，书写是解构式的，也是德里达式的。巴特在日本发现了对书写的迷恋。比如，日本居民都善于即兴画出地理草图，像是速写，互述地址就变成了一种书写的交流，书写地址的姿态、制作地址的方法远远胜过地址本身，由于街道很少标有名字（名字/街道很可能又是一种对立模式，又是一种本质和特征的二元关系显现），所以，必须通过一种实践，一种身体实践，来书写这个地址。"第一次参观一个地方，就是开始书写它；（日本）地址没有被书写下来，它必须建立自己的书写。"①

---

① 《符号帝国》，第56页。

书写、身体、实践实际上是统一的。书写本身就是实践过程，而实践拒绝一切既定的模式、体制和意义，它总是强调那种转瞬即逝的过程，强调差异的轨迹。身体通常是实践和书写的主体，身体和灵魂的对峙也不存在了，书写不再是对言谈的抄袭，同样也不是对心灵的抄袭，它是身体的实践，是手、脚等纯躯体性存在的实践，身体、书写、实践构成了一个紧凑的行动系列。这个行动只通向过程，不通向结果；只在行动中显现，而不在本质中显现；只是具体的、有形的，而非抽象的、理念的，它在意义的空无中运作而不在意义的固定中运作。巴特对于鞠躬这种仪式的分析恰如其分地展现了上述哲学。鞠躬送礼乃是一种符号，双方弯腰直至匍匐在地相互施礼。在这个举动中，巴特分析道，这个礼品符码形象消解了一切贪欲之心，礼品很可能是空的，因此，这个符码不具有交流的工具性能，它只充满着一个礼仪网络的特征，在此，没有任何障碍的、复杂的、深刻的东西，也就是，没有内容、意义、中心，它不崇尚意义，但崇尚意义的书写，鞠躬就是以身体进行的一次无明确意义的书写实践，在这种身体书写中，在这种体态中，内容则空空如也，身体的这种书写，并不意味着屈从和拜倒，并不意味着占有和被占有，并不意味着尊卑等级，它只是一种符号实践。

《符号帝国》无疑是将巴特的文本论（以及文本论的哲学基础解构论）同一个具体的对象灵活协调。巴特的全部努力都聚集在这种协调功能上，既不是他所发现的日本性（即那种符号帝国），也不是他一再表露过的文本性构成了这部书的魅力，相反，将文本性和日本性缝合起来的这种激情、才智和虚构性的写作成为这部书的光芒。文本理论具有包容性：它并不限于写作，并不限于那种文字构成的书写体，它已扩展到一种文化和文明形态。日本展现了文本理论的符号特征，这在大的方向上同德里达和海德格尔一致，德里达崇尚东方象形文字，象形文字较之西方文字而言更少一些逻各斯中心主义色彩，它的能指不再是任意的，它几乎就是所指本身，而西方的拼音文字则和所指构成了显而易见的等级制。同样，海德格尔对东方的禅、对老子哲学抱有默契感。反形而上学思想总是视东方为参照性的乌托邦。日本在巴特眼里就是这样一个参照性的乌托邦。

勾画这个乌托邦让巴特得到了极大的快乐。他略带夸张地说，《符号帝国》是他最大地感受到写作快乐的一本书。在此，尽管德里达的思想有某种启发性，然而，它也预示了巴特逐渐抬头的享乐伦理学。他说他体验到一种强烈的快感。"不仅在日本的旅行中，也在对它的写作中，我经历了一种强烈的、完全性的、既原始又细腻的快感，我相信写作中的根本东西是欲望，我敢说在描写日本时我完成了写作的使命，即是说，获得了欲望的满足……这个文本从此就标志了我和以前写作的断裂，可能是第一次，我完全进入能指的嬉戏中。由于我并不迫使自己谈论日本的资本主义，我就摇晃对象，搬走了超我压在我身上的限制，即便是意识形态超我的限制。"[1] 勇敢地承认《符号帝国》的写作功能，写作中的主观享乐功能，而不是直达真理，直抵一个秘密心脏的客观发现功能，这也许是巴特的一次重要自省。尽管巴特强调过不及物写作，然而，那仍然是作为一种理论立场出场的，不及物写作本身就是有关写作的理论陈述和宣言。迄今为止，巴特尚没有强调他自身的写作的猜想和虚构性质，然而，这段话却透露了这点：不是真理、不是超我在控制着写作，写作也不再是理论、观念和意识形态的声明，总之，不再是一种启示和说服（尽管《符号帝国》仍有一个说服意图，仍有一个真理性目标），写作（以及它的产品书籍）是同一种过程连

---

[1] *Roland Barthes: A Biography*, p. 181.

接在一起的，写作如果说通向什么的话，它也是通向享乐而不是通
向真理，通向能指的嬉戏而不是通向所指的意义。

这既是解构的内在信念，也是巴特在《符号帝国》的写作中的
体验，这种体验由于对象的陌生性而变得异常强烈——新鲜的东西
总是给人以深刻的印象。这似乎启发了巴特，要向一些完全陌生
的或尚未开发的领域进军，要将创造性、要将享乐伦理学引入写
作中。我们看到，这种信念既符合解构论，又给予了巴特新的动
力。巴特要摆脱理论写作了，《符号帝国》是一个契机、一个过
渡，《S/Z》则同样是另一种形式的过渡，在此，我们会发现，巴
特是怎样挣扎在一种固有理论的束缚和一种摆脱理论的创造性自
由之间的。

《S/Z》：文本内讧

《S/Z》再一次回到文本领域中来。这次，巴特从头至尾地颠倒
了结构主义。《S/Z》一开头，巴特就俏皮幽默地挖苦了他前几年苦
心经营的结构主义和叙事学，他用了一个机智的比喻："据说，某
些苦心修行的佛教徒能在一粒蚕豆中看到完整的景致。的确，这就
是最初的叙事分析家所试图做的：在单一的结构内看清所有世界的
故事（从古至今，它们数不胜数）。他们想：我们应从每个故事中
抽象出它的模式，通过这种模式再制定一个大结构，这种结构又应
被重新运用（为了验证）到每个叙事文。这一任务令人精疲力竭，
最终让人毫无兴趣，因为文本失去了差异性。"[1] 可以肯定，几年
前的巴特正是这样，尤其是写作《叙事作品结构分析导论》的雄心

---

[1] Roland Barthes：*S/Z*，Hill and Wang，The Noonday Press，1991，p. 3.

勃勃的试图一劳永逸的巴特。不过，巴特那时并不重视所谓的差异，他肯定是在努力消除文本间的差异性。而现在，差异开始成为他的主题之一了，差异也是解构哲学的核心词，是德里达反反复复强调的重心。对巴特来说，寻找文本间的差异远较寻找文本的共同模式更有趣、更有吸引力。不过，巴特在此所理解的差异不是文本特性的差异，也不是文本名称的差异，而是在文本、语言、系统的无限性中永不停息而又相互关联的差异，差异应放在一个无限的嬉戏网络中来看待，就像一个符号系统中的能指之间既相关又相区分的差异一样，总之，应在解构哲学中来理解这种差异性。

因此，现在既不打算事先设定一个结构从而将各种各样的叙事文一网打尽（所谓的演绎法），也不准备从成千上万个叙事文中抽出一个普遍结构（归纳法）。巴特对文本的处理进行了战略上的调整，他完全将结构目标给抛弃了。对付一个文本，从根本上就不是对它的叙事结构负责，相反，巴特将写作的实践引入文本中，他对文本的估计现在是从这个方面来考虑的：文本具不具备可写性。也就是说，有两类文本：可写性（writerly）文本和可读性（readerly）文本。文本现在以这种类型学为基础而不再以结构分析为根基。可写性文本的模式是生产性的，它可以被重新写作，可以被扩散，可以在无限的差异领域中被分散，"可写性文本是永恒的现时，结论性语言都无法固定于此；在削减了入口的多重性、网络的开放性、语言的无限性的某个单一系统（意识形态、体裁、批评）所穿透、截断、中止和塑化的无限的世界嬉戏之前，可写性文本便是我们自己在写作。可写性文本就是无小说的故事性，无诗歌的诗，无论述的随笔，无风格的写作，无产品的生产，无结构的构型"①。可写性文本也就是差异性文本。它没有任何固定的结构，它的编码无穷

① S/Z，p. 5.

无尽，网系繁多，它是能指的星河，没有任何一种确定的单一意义可以在此固定，因此，它为重读留下了无限的空间，读者不再仅仅是被动的消费者，他成为文本的生产者。可写性文本也就是可被无限重读的文本。可读性文本刚好相反，读者不再是生产者，而仅仅是消费者，作者和读者之间，文本制造者和使用者之间，主人和顾客之间，存在着一个绝对分离的状态，读者对文本无能为力，他无法干涉、生产、创造和重写文本，他要么全盘接受，要么全盘拒绝文本，这样可以被阅读但不能被写作的文本，即可读性文本。总之，可读性文本是一种封闭的、总体性的、无机可乘的文本，巴特将这类文本一律称作古典文本。

可写性文本被巴特赋予了更高的价值，《S/Z》就是以可写性文本理论为依据的一次大胆实验。可写性文本似乎无章可循，那么阅读应从何着手？如何处置一个可写性文本？如何对可写性文本进行编码和解码？显然，对可写性文本的探讨必须放弃以大的方面来组织文本的意图，这应该是一种具体而微的实践活动，既不能将可写性文本视作一大堆文本的再现范例，也不应将它视作一个宏大结构的显现，因为任何一个可写性文本都是永不停息的差异与重复运动，它不被任何确定性所扣住、束缚。对它行之有效的方式是抓住这个单一的可写性文本直至其细节的每一部分，应建构每一个意义的细枝末节，应在每个能指上面细细逗留，应依据一种缓慢的速度、一种循序渐进的方式、一种无比的耐心和细致，从各个方面、各个缺口来分散文本、瓦解文本，来更换文本的入口，来避免过分地为文本组织结构，来有计划地观察文本被组织起来的那些结构的变易性。对文本的切分是任意的，巴特称这些切分的成分为语汇。语汇是阅读单位，它可长可短，有时只有少数几个词，有时则包含几个句子，语汇全凭经验来划分、来确定，而没有任何理论上的切割指导，它只遵循一个原则：在一个语汇里，人们能充分地观察到最佳的意义空间。"语汇只是语义容量的外壳，是复数文本的脊线，这种文本像是话语流动下的各种可能意义的座席一样被制定。因此，语汇及其单元将形成一个多面体，这个多面体由词、词组、句段等铺满，也就是说，由一种'自然的'赋形剂的语言所铺满。"①

将语汇切分确定后，就应该探讨它的意义，记录它的所指，观察其能指的移动和重复。但是，探讨意义、记录所指并非建立文本的真实性，并非寻求一种深层的派生意义的同一结构，而是证实意义的多元性，这种意义的多元性是绝对的、无条件的，它不服从任何一种假定的终极意义的控制。文本现在是多种声音、多种意义充斥的立体空间，任何一种批评只是有关这个文本的一种声音。就此而言，文本的总体性（无论是结构上的总体性还是意义上的总体性）都应被切分、打碎、搅乱、中断，评述者的工作乃是粗暴地虐待文本和切割言语，在此，每个词汇展示的是无关联的散乱的意义和所指。阅读本身也必须是多元性的，阅读不再是消费，不再是对文本所做的单一意义的解释，不再是寻找文本内部的演变的连续性，不再是使文本理论化，也不再存在一种最初的一次性阅读；相反，阅读是一种嬉戏，是寻求差异性的嬉戏，是使文本变得多样化和多元性的增繁，是没完没了的重读，是无始无终的重读，是扩散的、搅浑的和无目标的重读，阅读既无法穷尽文本，也无法确定文本，它既无法停止下来，也无法连贯下来。总之，每一次阅读不是寻求文本的真理，而是获得一个新的文本，每一次阅读不是抵达文本的本质，而是扩大文本的疆域。

重读性文本、可写性文本、破碎的文本、星状文本、多元文本都统一在差异的哲学名下。与此相对的是，消费文本、可读性文本、总体性文本、一元文本、无重读性文本都统一在结构主义名

①　S/Z, p. 14.

下。巴特完全将结构主义颠倒过来，他越来越将一种破损断裂作为他的兴趣对象，那么，如何观察、实践和阅读某个破损的文本呢？

　　巴特通过巴尔扎克的小说《萨拉金》做了一个大胆的实践。按照他对语汇的解释，他将《萨拉金》分作 561 个语汇。如果我们相信他所说的语汇的切分是任意的话，那么，《萨拉金》被他分成 561 个单元多多少少就有些偶然性，这 561 个语汇既有单个的词，也有整段整段的叙事文，同时也有将一个连续的语句突然拦腰斩断的破碎句子等等，它们被随意地切分成语汇单元，以便得更好地观察其能指的运动轨迹。这 561 个语汇分属于 5 种符码，所有语汇都可在此找到归属位置。这 5 种符码是阐释符码（Hermeneutic，巴特在文中将它简称为 HER）、意素符码（Seme，简称 SEM）、象征符码（Symbol，简称 SYM）、行动符码（Action，简称 ACT）以及文化符码〔Culture，也称指涉符码（Reference，简称 REF）〕。

　　巴特对阐释符码的定义是："那些其功能是以不同的方式将问题、问题的答案以及各种各样偶然事件相联结的所有单元，这些偶然事件既可以构成问题，也能延缓其答案，既构成一个谜，也可以导致谜的解决。"[1]

　　也就是说，阐释符码是通常提出疑问，设置悬念，最后又导致问题的解决的那些单元符码。巴特举例说，巴尔扎克的《萨拉金》（Sarrasine）这一书名本身就是一阐释符码，因为它提出这样的问题：萨拉金是什么？一个名词、一个姓名、一件物、一个男人、一个女人？它需要回答。这个悬念直到很迟才在小说中得到回答：萨拉金是个年轻的雕塑艺术家。这样引起悬念的阐释符码在《萨拉金》中屡见不鲜，尤其是小说中的疑问句，巴特多称为阐释符码。比如，他的第 138 个语汇单元："'那意味着什么？'我的年轻伙伴

---

[1]　*S/Z*，p. 17.

问我，'他是她的丈夫吗？'"① 巴特将此划归为阐释符码，这也是一个有待解决的谜，它关系到家庭关系的性质。同样，也是到后来，这个男人的身份被揭穿后，这个问题才最终解决。说到底，阐释符码就是设疑的符码，就是引人追问的符码，就是提出悬念的符码。

巴特从萨拉金（Sarrasine）这个词发现了另一种内涵，即女性内涵。对法国人来说，他们常常将最末的"e"视作阴性词的专利，"Sarrasine"这个词乃是女性特征的一种暗示，"e"由于有了这种功能，这种暗示和闪现功能，被巴特归为意素符码。这种意素符码通常是一种迁移成分，它与其他同一类成分组构在一起，以便构成性格气氛、修辞格乃至象征符号。比如，巴特在后面进一步论证说，第4个语汇单位"爱丽舍-波旁街的钟刚报过子夜"，巴特称此为意素，在这个语汇符码中，能看出不义之财这一语义的显现，因为"爱丽舍-波旁街"是财富的暗示，财富暗藏其中，暴发户居住区的圣奥雷诺郊区实际上是通过举偶法指涉着波旁复辟的巴黎，一个值得怀疑的财路不明的神秘地。也就是说，"爱丽舍-波旁街的钟刚报过子夜"这一意素符码，其功能是暗指巴黎，暗指财路不明的暴发户，暗指那种肮脏的神秘之地，正是这种语义的闪现、暗示，才是意素符码的特征。它是内涵的显现和显示。

巴特的第三个符码是象征符码。象征符码是文本中同一种结构、同一种规律、同一种集团在各处以不同的形式或替换物出现的符码。这些符码在形式上不同，但它们依赖同一种构造，并相互联系。巴特举例说，"我深深地沉浸在白日梦中"，这一语汇就是象征符码。白日梦（daydream）是由 day 和 dream 构成，day 和 dream 正好构成一个对比，这中间并没有含混不清的地方。这种对比在《萨拉金》中一直持续着、存在着，只是对比的内容不同。在文本

---

① *S/Z*，p. 83.

的不远处，就出现了花园与客厅、死与生、冷与热、里面与外面等一系列对比，它们组成一个大的象征结构，这种对偶式的象征结构就以"day"和"dream"开始，它"使自己导向很多替代物、衍变物，这些替代物和衍变物将我们从花园引向被阉割之人，从客厅引向叙事者爱着的女人，又通过这个神秘的老头，引向丰满的朗蒂太太或维安画的圆脸阿多尼斯。这样，在象征的层次上，一个广阔的区域出现了，即对比的区域出现了，其中的第一个单元即是白日梦，一开始，它就将其两个对立端（A/B）在 daydream 中联结起来"①。也就是说 day、dream 这个对比的结构横贯在文本的各处，它们和另一些对比结构一道构成了一个广阔的象征层次。

巴特的第四个符码比较容易理解。行动符码显然是指文本中导引着下一步行动的语汇单元，它包含着人的行为理由。"我深深地沉浸在白日梦中"既是象征符码，又是行动符码，因为"我深深地沉浸在……"表明即将归入某种状态，表明一种结束这种状态的呼吁，表明一种行动进程，总之，它是某种运动过程中的承上启下。通常说来，一些动作性语汇单元，一些推动文本前行、推动人物行动的语汇单元，巴特通常将其划归为行动符码。比如，第 305 个语汇，"'来'，她沿着几个后街带着这个法国人"，巴特将此归为行动符码，它表示着出发线路，以及将要到达的地点。接着，第 306 个语汇单元，"在一个华丽的大厦前停下来"，这同样是个行动代码，有动作"停止"，而且，"停止"之后，势必又有下一个动作。巴特就将这些运动着的符码都称为行动符码。

最后一个符码即文化符码，也称指涉符码。巴特对此的讨论是，一些符码是依靠某些科学的或道德的权威性而生产出来的东西，也就是说，文化的约定俗成或通常的真理常识所派生出来的符

---

① *S/Z*，pp. 17 - 18.

码。这些符码通常有强大的外在依赖背景，是理性和真理的发源地，是权威性话语的转换或变相表现形式，是谚语或格言的重写等等，总之，是常识的寄生物。这样一些语汇单元，被巴特称为指涉符码。比如，第三个语汇单元，"这些白日梦在喧闹的舞台里占据了所有的人，那些最浅薄的人也不例外"，巴特将此划归为指涉符码的理由是，它可能是一个真实谚语的转写，这个谚语是："喧闹的舞会，深深的白日梦。""这个句子是人类经验中集体和匿名的声音所引发而来的，这样，这个单元就被格言符码所形成，格言符码是大量的知识或智慧符码之一种，而文本就不断地指涉着这些知识或智慧符码，我们在普遍的意义上应称它们为文化符码，或者进而言之，由于它们赋予话语以道德或科学权威作基础，我们也应称它们指涉编码。"① 再举一个例子。第 288 个语汇单元："'年轻人，'她说，'如果你想快乐，就小心点，穿上大氅，戴顶帽子，将帽子压低到能遮住你的眼睛，然后，在晚上 10 点左右，到西班牙旅馆前的科尔索大街。'"理所当然，这是个行动符码，这个符码在提出建议，因而在等待回答。然而，巴特还将它视作一个指涉符码，它指涉着"神秘的罗曼蒂克的意大利"，正是人们惯常的对意大利风情的理解和知识，才使得这个符码以这样一种浪漫的约会形式出场。显然，有关意大利的常识在起着参照作用。

这五种符码构成了《S/Z》的组织重心。被依次分成 561 个语汇单元的小说《萨拉金》就被这五种符码所垄断，这 561 个语汇单元全被视作这五种符码中的一种或多种表现形式，没有一个语汇单位溢出这五种符码外而隶属于其他性质的符码。就此而言，巴特的最终努力是依据他一手制定的五种符码将所有叙事文本瓜分完毕。巴特的具体方法是，依据《萨拉金》的语汇单元出场的先后顺序，

---

① *S/Z*，p. 18.

也就是说，依据《萨拉金》的文本顺序，将其切分成 561 个单元后，对每个语汇单元做出符码说明，这些语汇单元不再有内容上的承接性和连续性（当然在做符码说明的时候，可能会考虑到它们的相关性），它们不再是一个叙事统一体中紧密相接的不可分的联系躯体，相反，它们在各自的符码中找到自己的存在价值，它们服从于符码力量而不再服从于文本的连贯叙事力量。这样，各个语汇单元不再有等级，不再有连接，也不再臣属于一个完善的体系，它们在各种符码的驾驭下呈放射状而不再是一个顺势绵延的平面整体，它们被零碎地切分、打乱、搅拌，总之，一个现实主义的严谨文本现在以一种瘫痪而松散的面孔呈现出来。

巴特在划分出五种符码后，又紧接着指出这五种符码的角色功能、它们所承担的任务以及划分依据。在阐释符码的名下，那些语汇应能区分、表明、形成、延缓以及最终揭示某个谜团，在这样的功能背景中运作的语汇，无疑应归于阐释符码。而对于意素符码，巴特提出的计划是，只要将它们标出来就足矣，而不打算将这些符码同人物相连，也不打算将它们组织在某个秩序中从而构成一个单一的主题群。巴特对意素的要求和原则是，只表明它们的不稳性、扩散性，使它成为"尘埃的微粒，意义的闪光"。象征群不应从结构中组织，它是多元价值和可转换性的地点，可以从大量的地点进入象征领域，象征并不顾及深度或秘密。行动符码则构成不同的系列，它是人工阅读的结果，因此，它是经验性而非推理性的，这样，只要记录阅读中出现的各种各样的行动符码系列即可，不必为它们硬性组织一个推理性结构，也就是说，对行动符码的编序，应根据阅读的经验顺序而不要依据某种事件的逻辑程序。而文化符码，巴特提示说，也只要指明它们所参照、援引的知识或真理类型，而无须走得太远去建构它们所表达的文化。

总的看来，巴特在尽量限制这五种符码的阐释力量，他不让这些符码阐释得过远、过于具体、过于精细。这些符码常常只是自我表明而已，某一个语汇仅仅隶属于某类符码。它如何隶属于这类符码，它和这类符码有怎样的具体而微的同构关系，它和这类符码的连接程序，它依附于这类符码的种种细节理由，常常被巴特依据上述限制性原则给省了。巴特通常只是记录，得出结论，做一个一望而知的判断或者片言只语一笔带过，这样，在《S/Z》中，最常见的形式是记录和标注的形式，即是在巴特为巴尔扎克的小说所划分的语汇单元后，简单地标注其所属的符码类型，用一两个简单的句子或词提示一下而不做过多的解释、论证、还原和联想。这样，《S/Z》这本书就以一种奇特的形式表现出来，它既是《萨拉金》这部小说断断续续的前行，同时又不断地以符码的形式将它切割、阻断，使其停滞和转移航向；它是对一部小说的注释，但这种注释又绝不解开小说含混不清的题旨；它是对小说的切分，但这种切分毫无规律性的切分原则。这本书似乎找不到一个中心、一条脊线、一个题旨航向，巴特的意图到底何在？

《萨拉金》是巴尔扎克的一部不怎么著名的中篇小说。它讲述的是一个年轻的法国雕塑家萨拉金——形象丑陋、衣冠不整、狂放不羁而才华横溢，总之，是那种不谙世事而又桀骜不驯的艺术家典型——去意大利观摩、研讨和游览之际，偶尔在一家歌剧院看了赞比内拉（Zambinella）的演出。赞比内拉集女性的各种美妙于一身，以雕塑家的眼睛来看，他展示了人体美的极致，是不折不扣的艺术杰作。结果可想而知：萨拉金完全被赞比内拉征服了，他疯狂地爱上了这个歌剧演员，按照他的说法，"必须得到他的爱，否则就去死"。萨拉金以艺术家特有的狂热向赞比内拉表达了感情，这种感情达到巅峰之际，也就是说，即将被实施之际，萨拉金才被告知赞比内拉是一阉人，他完全绝望了，正打算杀死赞比内拉之时，他被赞比内拉的经纪人给杀了。

　　然而，这不是小说的全部。这个赞比内拉和萨拉金的故事是整个《萨拉金》中的一部分，即是作为一个插入语段被包括进来的。《萨拉金》的叙述者和一个女性参加一个盛大的家庭舞会，这个家庭舞会华丽而又有些神秘，人们对舞会的主人身份的来历不甚了然，更重要的是，一个奇怪的老头时隐时现，他同这个舞会的主办者有着十分暧昧而又亲密的关系，这个老头引起了叙事者的女伴的注意。为了向这个女伴解释这个老头的来历（同时也为了勾引这个女伴），叙事者讲述了萨拉金和赞比内拉的故事，这个老头就是当年未被萨拉金刺死的阉人赞比内拉，正是他的演出、他积攒的钱财，才使得眼下的这个舞会如此盛大、如此华丽——赞比内拉是举办舞会的这个家庭男主人公的叔父。

　　依据传统的眼光，《萨拉金》无论如何是一个严谨有序、环环相扣的紧密文本，是逻辑性和叙事性密切缝合的文本（萨拉金对赞比内拉的爱情从缘起到高潮到最后绝望式的毁灭依循着一种严格的逻辑推理），依据巴特对可读性文本的解释，它也是一个不折不扣的可读文本。然而，巴特在此将这个可读性文本奇迹般地摧毁了，巴特赋予符码一种巨大的力量，文本似乎不再由内容、情节、叙事时间等传统的阅读习惯支配，而是由起功能作用的符码支配，符码似乎占有主动权。巴特就此给阅读和批评提供了另一个角度，阅读和批评不再依附于先在的文本组织，相反，阅读和批评有自己充分的能产性，它可以依据自己的想法、趣味，也可以说欲望，重新打量和生产文本，重新组织和观察文本，文本不再是一个有惰性、有既定成见的组织，阅读和批评可以使其发生翻天覆地的变化。《萨拉金》这部可读性文本由于阅读的再生产作用，已经变得面目全非，在《S/Z》里面，很难感受到巴尔扎克的精确、细腻、严谨的现实主义法则。批评不再对任何教条、任何现实、任何总体性做出承诺，它只对自己的创造性做出承诺。

　　巴特设置的五种分析性符码不仅从根本上毁灭了《萨拉金》的现实主义逻辑，同时也置这部小说的内容于不顾。这五种符码不断地将阅读的视线从内容的层次上拉扯到另外的背景中来，它们不是概述这些内容、这些语汇所指的作用，相反，它们是在找出这些承载内容的语汇被生产出来的条件、成因和各种各样的环境要素。只是在这点上，《S/Z》还保留着一点结构主义叙事学的残余，然而，它们的分歧还是根本性的，二者的分析性目标背道而驰：一个是要弄垮文本的秩序，无论是什么性质的秩序；一个是要维持和发现文本的秩序。如果说结构主义叙事学同样关注细小的语汇单元的话（尽管它不像《S/Z》这样对语汇单元逐字逐句地细致划分），那么，它也将这些细小的语汇单元归并起来，将它们纳入一个整体之中，将它们从各种背景中剥离出来从而组构一个完善的组织，总之，它是出于系统目的来对待这些语汇单元。《S/Z》则恰恰是抱有分解目的，它将这些语汇单元故意弄成一盘散沙，将它们置于不同的背景，将它们的来源分散，将它们的功能和作用相分离，让它们变成无可归类、无法凝聚的散乱的星群。

　　然而，仔细看来，这五种符码倘若在较大的范围内来看，无疑属于两类符码，一类（阐释符码和行动符码）在横向上起作用，另一类（意素符码、象征符码和指涉符码）在纵向上起作用。阐释符码和行动符码都与文本的横向前进有关，它们的功能旨在使文本运动起来，使文本具有流动的动力。在阐释符码中，因为对谜的求解和回答，文本正是在这种解疑动力的驱使下，不断地向后面延伸，直至供出最终的答案，就此而言，阐释符码是文本运动的基本动力之一。同样，行动符码的横向运动功能更为明显。一个动作总是有方向、有结果、有承上启下性，正是动作和动作之间的连接，才使得文本具备一个情节系列，使文本得以流转下去。阐释符码和行动符码自始至终都是在横轴上流动。

　　指出阐释符码和行动符码在横轴上流动，并不是强调它们在横轴上组织成一个系列。相反，它们和那种连续系列丝毫没有关系。巴特自始至终是将那些隶属于某一符码的语汇单元视作文本的生产性条件而不是文本的最终现实或结果，也就是说，语汇始终是被当作功能来对待而不是被当作有所指的内容现实来对待。因此，尽管阐释符码和行动符码在横轴上起作用，但它们并不构成一个具体而有序的横轴组织，不构成一个有内容的系统性的情节秩序。需要弄清楚的是各个语汇单元的功能性而不是它们最终的语义学现实。就《萨拉金》而言，巴特的所有意图是指出他划分出的 561 个语汇各自所起的功能作用，而不是如何组成一个整体的现实主义小说，这 561 个单元正因为它们各自所归属的语码不同，即是功能性不同而不再具有任何相关性。正是在这点上，《萨拉金》作为一个现实主义文本的信念被无情地瓦解了。对三种纵向符码也应这样看待。指涉符码由于其范围太广（巴特在解释它时顺带指出了一句，他说，实际上，一切符码都是指涉符码。从约定俗成的角度看，写作总是汇入先前的写作大海中，没有不植入其他背景的写作，如果是这样，巴特的说法是对的），而且很难找到其规律性，它不是一种有法可依的符码，所以可将它忽略不计。重要的是另两类符码：意素符码和象征符码。巴特在《叙事作品结构分析导论》中曾在纵向上为叙事文划分了三个等级层次，即功能层、行为层和叙述层，这三个层次在纵向上相互归并，一个层次暗示着另一个层次的迹象。如果从方向上来说，这三个层次的纵向相关性同巴特在此划分的意素符码和象征符码的纵向是一致的，它们与文本的横向运动无关，它们都是显示文本之外的东西。但是，《S/Z》中的纵向符码不像《叙事作品结构分析导论》中的几个层次那样具有系统性的归并色彩，它们并不构成包容性。意素符码意味着它的语汇单元在零星地暗示和闪现某种外在意义，但这种外在意义不是在另一个更高一级的层次中被组织，被重新归并，被重新编码，这种闪现的意义是孤独的、各自为政的，它既不加入任何组织中，也不显示任何功能意义，它只是意素符码的偶然闪光，是这种闪光的捕捉和聚化。意素符码正是通过暗示、闪现而逃逸出文本的僵化控制，而产生出分解文本的外趋力，它是在纵的维度上将统一的文本打散。巴特还反复提醒说，不要将意素符码加以组织，以防止它们构成同一个主题范畴。象征符码和意素符码的区别是微妙的，这不仅是因为它们都在纵的方向上和文本的外面相关，而且因为它们都具有暗示的联想性。意素符码的暗示性可能更直接，它直接和符码的此时此地性相关。而象征符码的联想性则更为活跃，象征物和被象征物的关系更松散、更不易把握和确定，距离更远。它们既可以在内容上有所关联，也可以在象征符码的结构上相联，比如对比的结构，作为一个象征物，它贯穿《S/Z》的始终。很可能，象征符码十分近似于结构主义的术语：隐喻系统。只是在结构主义者那儿，隐喻系统具有的相似性导致将它们抽象化的可能，而在这儿，象征符码或者说隐喻系统，是作为一种离散力量出现的。确实，隐喻系统由于它的功能上的相似性和内容上的差异性，而具有抽象化和解构化的双重功能，在结构主义那里，所看重、所实施的是普遍化的抽象功能，而在此刻的巴特这里，则被视为一些瓦解性的差异力量。象征符码同样被巴特视作一种有效的分解工具。

巴特对这几种符码的使用很像古代的一种酷刑——"五马分尸"：五匹马从五个不同的方向将一个器官完整的活人体活活地拖成一堆散乱的尸骨。《萨拉金》在这几种符码的拉扯下，就像这样的无首无尾的纷乱的人体器官。这五种符码就穷尽了语汇单元吗？从巴特的实践来看，确实没有一个漏网之鱼。不过，必须注意到的是，巴特的指涉符码出现得较为频繁。那些既非意素符码、象征符码，也非阐释符码和行动符码的语汇，就只好划归到指涉符码名下。确实，指涉符码是个大口袋，其他符码无法装载的，它总能承担下来。巴特也许是作为权宜之计来设定一个指涉符码的。既然他承认一切都在某种意义上可说成是指涉符码，那么，设定一个指涉符码就可以高枕无忧了。的确，要找出一个语汇所参照的知识和文化背景易于反手，这样，巴特将不会为那些语汇单元无法归类符码而绞尽脑汁，从这个角度看，指涉符码是个万能工具，也是巴特的一个狡诈策略，同另四个符码相比，它也显得无足轻重。

巴特设置的这几种符码非常明显地带有结构主义的残余。虽然它们具有明确的分解目标，然而，它们是在结构主义的两轴（隐喻轴和换喻轴）上进行的。巴特在此的策略同德里达有异曲同工之处，德里达是在结构主义内部借助结构主义的概念和术语反结构主义的，巴特也是颠倒了结构主义的概念内涵，或者说，他挖掘出了这些概念中隐藏的异质造反品质，这些概念本身具有二重性，就像索绪尔的语言学存在着系统化和差异的二重性一样，结构主义的隐喻和换喻同样有二重性。隐喻系统在功能上相似，而在内容构成上却互不相同；换喻系统如果用总体论的眼光看，它们密切相连，但用差异眼光看，它们乃一盘散沙——这些十分类似于德里达对索绪尔语言学的重读。而且，隐喻和换喻的关系在结构主义者那里，是同一个系统在两个方向上的有机展示，它们是叙事文的立体组合，但在《S/Z》里，这两个方向却背道而驰，甚至互相冲突和势不两立。

于是，巴特事后理直气壮地这样宣布他的目标："在《叙事作品结构分析导论》和《S/Z》间存在着一个断裂，就前者来说，我假想存在着一个普遍性的结构，我试想表明重构语法、逻辑、叙事的妙处……在《S/Z》中，我通过拒绝模式论搅毁了这个前景，我不再提及全部文本的模式，我只是想表明，每个文本都有自己的模式，每个文本都应依据它自身的差异性——尼采或德里达意义上的差异性——被对待。我们换种方式说：文本无穷无尽地完全被符码所切割贯穿，但它不是任何符码的完成，它不是一种（叙事）语言的'言谈'。"① 巴特承认，《S/Z》的这种变化来自"德里达、克里斯蒂娃、索莱尔斯等作家（当然，总是这些名字），他们教会了我，说服了我，开阔了我的眼界"。巴特的谦辞表明了《S/Z》正是解构主义活动的产物，尽管它不可避免地还带有列维-斯特劳斯和普罗普的影子。

《S/Z》作为对一个文本的操作实践（巴特说，他喜欢"操作文本"这样的词组），巴特再一次显出了他的独创性：他开创了逐字逐句地操作文本的细读法（这和英美新批评的细读完全不同，新批评的细读旨在使文本成为一个完整的肌体组织），他生动地表述过这个阅读情景：他像一个电影导演在放慢镜头，每个镜头都缓缓地在银幕上滑过，巴特的语汇单元就正像这样的慢镜头，被巴特一一播放一遍。这种批评（阅读）形式本身就具有美学价值，它需要耐心、细致和一丝不苟的韧劲。每个字词都不放掉，这样的阅读大概只在中国的古典诗词的阐释中才能见到，不过，后者通常只是一些微型文本，从几十个字到几百个字不等，它们都是通过一些简短的物料而组成一个广阔的空间，这样，它们的空隙、省略处和盲点就给阐释留有充分的余地。《萨拉金》则是一个紧凑的叙事文，没有明显的空地，巴特只能强行地从中划出界限、划出语义单位。这种划界本身实际上就强行地改变了对象（巴特还常常将一个句子拦腰截断），这样，巴特的这种阅读行为一开始就表现了某种无法调和的矛盾性：一方面，他十分忠实于对象，紧紧扣住对象本身，不漏掉任何一个细部单位；另一方面，他粗暴地改变了对象本身，因为语汇单元绝不等于一个语汇系统。于是，巴特在极其忠实于文本的口实下，干下了极其背叛文本的行动。这个举动意味深长，它本身

---

① *The Grain of the Voice: Interviews 1962 – 1980*，p. 114.

似乎就表明，文本实际上无所谓真相，无所谓本质，没有善恶伦理学。同时，它也旨在说明，任何一个文本都为不确定性所主宰，即使完全遵照它的物料形式，也会改变这种物料形式。不管怎么说，撇开他的符码类型不提，就这一对待文本的分隔举措，就足以显示出一种瓦解文本的内在力量，巴特在形式的处理上就做到了这一点。

《S/Z》留下的重要理论成果是可写性文本和可读性文本这一著名的区分。伴随着可写性文本的概念还有复数文本、重读性文本等已经流传甚广的现代批评概念——这已经成为当代阅读的最重要的基础性观念。对此，芭芭拉·约翰逊在一篇同样著名的文章中做了细致的分析，她的《批评的差异：巴特/巴尔扎克》[1] ——这是对《S/Z》所做的众多评论中最为人们熟知的一篇——细致地估计了"可写性"和"重读"这些概念的理论意义，同时，她也将它们和《S/Z》联系起来考察。她发现，巴特选择的可写性文本不是那种通常被称为现代主义的文本，比如乔伊斯或马拉美的文本，而是最完整的现实主义写作的代表巴尔扎克的文本，巴特在此的选择似乎暗暗地同自己的二分法相抵触。如果说，巴尔扎克的这个文本是可写性文本的话，那似乎不存在什么可读性文本了。芭芭拉·约翰逊也许正是从这一疑点出发，她敏锐地发现，阉割这一主题也许同可写性有关。阉割正是一种断裂、一种断片、一种制作实践、一种分解形式，也就是说，阉割同可写性文本存在着内在的一致性，阉人赞比内拉实际上是可写性文本的一个模型。然而，萨拉金却将他视为一个完整的女性，集各种美貌与天姿于一身的美的综合体，也就是说，将他视作一个可读性文本范例。真实的赞比内拉和纯形式、纯外表的赞比内拉的对照正是可写性文本和可读性文本的对照。这

---

[1] 见周宪等编：《当代西方艺术文化学》，北京大学出版社 1988 年版，第 435—447 页。

样，《萨拉金》这部小说在内容上的对立实际上奠定了可读性文本和可写性文本的对立。芭芭拉·约翰逊解释说，这也许就是巴特选择《萨拉金》作为分析对象的原因。萨拉金对于赞比内拉的阅读，实际上是对可读性文本的阅读，因为他看到的是一个外表、一个符号、一个综合性的统一体、一个想象的完整幻象，而非一个破碎、断裂且被实践过的阉人，也就是说，萨拉金不是对可写性文本的阅读，简而言之，他没有进行巴特意义上的重读，他为此付出了惨重的代价：没有重读，只能导致死亡，萨拉金最终因为不善于重读而丧失了自己的性命。

芭芭拉·约翰逊这一饶有趣味的分析为巴特的暧昧做了辩护，并重申了重读的重要意义——它上升到了生命的高度。但是，巴特却承认，选择《萨拉金》多多少少有些偶然性，在此之前，他已经着手用相同的方式试着对爱伦·坡和福楼拜的小说做过分析。爱伦·坡的小说是波德莱尔翻译过来的，由于原文不是法语，它可能会妨碍巴特的进一步的工作（巴特的外语不是很好）；而福楼拜的小说则由于"象征性奢华的缺乏"也被巴特半途而废，这样，他选择了《萨拉金》，可见《萨拉金》被选中既有偶然性，同时也多多少少符合巴特的事先构想。最后，巴特给人的另一种困惑是书的标题：《S/Z》。《S/Z》这一题目是什么意思？

巴特解释说，S是小说人物Sarrasine的第一个字母，而Z是Zambinella的第一个字母。巴特从象征的意义上来考虑这两个字母：S与Z同样构成一种对比，就像白日梦（daydream）所存在的对比一样，因为S和Z在笔迹上、在发音上都是相对的，同时，它们所代表的两个主人公也是相对的，这样，它们同对比性象征符码保持一致性。"严格地说，S/Z，应读成'S对Z'。"[1] 巴特想用

---

[1] *The Grain of the Voice: Interviews 1962–1980*，p. 147.

"S/Z"这个交织字母来象征整部小说。这个书名是巴特采用索莱尔斯的建议的结果，他们还推测说，依据通常的法语构词法，一般都会写成"Sarrazine"而非"Sarrasine"，而巴尔扎克却反常地用了后者，很明显，用"S"取代"Z"跟巴尔扎克（Balzac）名字中的"Z"有关，巴尔扎克在无意识深处回避了"Z"这个他的姓名中所存在的字母。于是，S替代Z也成为"S/Z"这个题目的契机之一。

《S/Z》最终实现了巴特的一个愿望，即"许久以来致力于微观分析"的愿望，在实现这个愿望之际，巴特说这次不同于常规的评述和分析工作令他极其快乐，"《S/Z》的经历就我言，表达了工作和写作中的极乐"。无独有偶，写完《符号帝国》后，巴特也宣称："那是我写得最快活的一本书，写《符号帝国》所获得的快乐较之任何一本书而言更大、更强烈。"巴特越来越将写作同快乐联结起来，写作的使命似乎不是求道，尤其是解构背景下的写作——解构主义明确地表示对任何潜藏的本质主义信念拒斥。巴特在实践中越来越突出个人的趣味，越来越展示个人的声音，也越来越感觉到写作中的伦理价值——写作中唯一的价值。快乐成为他的主题是自然而然的，巴特很少有那种不惜一切代价求真的愿望与使命，这样看来，解构对他就不是一种哲学、一种知识、一种学说，它就是他的气质、他的本能、他的自我。因此，他不会像德里达那样如推广真理一般推广解构（德里达在解构运动中扮演的是一个传道者，一个主教角色），他不会迷失在解构的真理途中。如果解构不是一种真理或知识形式的话，那么，它引起的另一个结果就是实践中的精神分析学。对巴特来说，解构的价值——文本写作和阅读的价值——存在于快乐的精神分析学中，也就是说，解构活动不通向任何本质主义，也不通向任何成形的知识形式，它只通向它的实践中的快乐伦理学。在《文本的快感》中，巴特用一种絮语的方式、一种淡化理论的方式，对写作、阅读和文本做了伦理学的估价，正是在这里，巴特同那种纯粹的文本理论——无论是结构主义还是解构主义——告别了，他开始谈论享乐、欲望、身体了，尽管它们和文本还有千丝万缕的联系，但他已经发现写作和日常生活的相关性。我们发现，这一变化不是偶然的，它既和解构理论的推进有关，也和巴特的生活状况有关。总之，老年巴特的形象出现了，那是个更让人着迷的形象。

第五章　欲望历险

躯体哲学

20 多岁的人谈论享乐是一种激进姿态，那样一种享乐染上了叛逆色彩。它的革命、斗争、反抗最终使享乐成为一个政治行动，最终使享乐丧失了纯粹的快感，享乐构成一种毁灭性（无论是对肉体的自毁，还是对政治秩序的攻击性毁灭）的行为。60 年代北美声势浩大的享乐运动就是这样将性解放和政治示威结合起来，将力比多的释放和毒品、摇滚结合起来的，其后果是享乐最终滑向它的反面，快感最终成为一个政治问题。50 多岁的人谈论享乐、谈论快感就有十分不同的背景：巴特将快感、将享乐引入文本之中，准确地说，引入阅读和写作之中，阅读和写作的私人性质、它们的密封性、它们的此时此地和独一无二性与那种狂欢式的集体行动有着严格的界限。后者多半是喧哗的、叫嚷的、来势凶猛的，集体享乐也就是年轻人的享乐；而阅读和写作的享乐则更多是玩味的、沉醉的、品尝的，它虽然也会令人心醉，但绝对不会令人狂呼。总之，它不会让人歇斯底里——如果说，这是巴特所倡导的享乐类型的话，毫无疑问，这应该属于老年享乐。

　　巴特为什么要复苏这种"不道德的享乐哲学"？无疑，这既是巴特身体旅途的必经驿站，也是其理论旅途的一个必然归宿。一个将近60岁的人（《文本的快感》出版之际，巴特已经58岁）将目标转移到享乐这个伦理学领域，毫无疑问带有总结的气味，尤其是个人主义气质浓厚的巴特。很可能，巴特从那种理论的论辩中，从真理的宣讲中看出了某些滑稽的部分（他曾多次自我怀疑他到底是不是如某些人对他的斥责那样是个骗子），尽管他滔滔不绝、雄辩而优雅，但是，这一切真的是那么回事吗？如果说，真理连根救命的稻草也不是，真理同样也是水池中的水泡，那么，在不知疲倦的写作和阅读中，我们到底能抓住什么？写作和阅读作为一个不可企及的地平线向我们承诺了什么？年轻人很可能在咄咄逼人的论战气氛中品尝了写作和阅读的味道，尽管可能是呛人的火药味，他也就此盲信和承担了写作中的真理重负：写作不仅同真理相关，还在很大程度上和各种各样的利益相关（写作从根本上来说既可能是真理的工具，也可能是利益的工具，或者，是二者天衣无缝的结合）。不过，对巴特来说，此时，他已经领略了利益工具可能带给他的一切，尤其是对于破落的中产阶级子弟而言，这一点无疑会十分明显；同时，他也充分地相信写作中的非真理性质。于是，写作的价值论似乎在他那里破产了：如果没有真理价值而只有利益价值的话，写作毋宁是一种异化的劳动形式，它和形形色色的生产方式一样，写作无非就是为了获得酬劳，进而保障基本的饮食需求。如果真是这样的话，写作才是一种彻头彻尾的不道德的虚伪行为。

　　因此，重新赋予写作（和阅读）一个支点、一个可靠的根据地就十分必要。这样，享乐、快感就应召而来。享乐既不是真理性的，也不是物质利益式的。这个概念既消除了本质主义的阴影，又消除了不好的异化声名，巴特将它召集至此真是恰如其分。享乐首先表现为一种实践形式、一种动态过程、一种吸收程序，它是变动不居且无以归类的，这样，享乐逃脱了任何结构性的本质论框架，它也挣脱了真理的绳索：享乐没有所指，没有内容，只是生产和体验。享乐和文本的结合，是一种实践同另一种实践的对接，而不是内容对形式的填充、掌握和支配，不是两类事物的层次性组合，不是一个系统性构成。相反，享乐和文本相互试探，相互激发，相互依赖，它们展现了一种并列的动力关系。在另一个层面上，享乐同物质利益也背道而驰。享乐站在精神性这边，虽然不是被传统道德所信奉的精神性。从伦理学上评判，享乐是个中性词，它在善和恶的中间，它既可能滑向道德的右翼，也可能左倾。因此，暂时无法给予享乐一词恰当的评判，但是，在这里，相对于物质利益欲望而言，享乐无疑具有道德上的优势，写作正是借助于享乐这一道德上的优势（虽然享乐本身是个道德中性词），从令人尴尬的物质利益的基础中解脱出来。

享乐似乎站在真理和利益之间。这样，巴特为写作的价值学设置了三种方案：真理方案由于解构哲学的觉醒而作为幻觉被抛弃了；利益方案无论从哪个方面来说都只能将写作引入死胡同；这样，享乐方案应运而生，它既不使写作植入形而上学误区中，也不使写作陷入肮脏的境地。但是，巴特并不是将享乐仅仅作为一种价值来对待的，享乐并非巴特故意设置的。我们发现，享乐既和巴特的身体有关，同时，它又在反面促发了文本本身；也就是说，享乐论不仅是跟在文本之后的，同时，也生产着文本以及文本理论。对巴特来说，享乐是个人气质式的，对于一向反对集体狂欢运动的巴特，享乐植根于他的身体性经验中，植根于一种特有的法兰西经验（萨德是这种经验的主要标志及起源性存在，他的晚近形象是福柯、巴特和热内）中。巴特在此将这种经验，更准确地说是体验普遍化和理论化，文本在此多多少少是个替代物，是色情的代用品，快感和享乐从此要获得哲学地位，要被正名，尽管是以一种曲折和替代品的方式来正名。赋予快感和享乐以重要地位，也就是说，给予身体体验以一种理论陈述，这势必会影响身体和行动的政治使命。因为快感和政治使命通常以一种对立的形式出现，伴随着政治行动的往往是紧张、焦虑、理性或者牺牲——这些完全是阉割快感，或者是对快感的抵制；因此，强调快感、强调享乐，在一个大的语境中很可能是拒绝或回避政治行动的一个表征，这既暗合了巴特的个人气质，也暗合了《文本的快感》的历史环境。1968 年的革命狂欢并没有让人确信行动的力量足以粉碎意识形态国家机器，而且，巴特在那个运动中的遭遇更加剧了他对那场运动的失望。《文本的快感》也许正是试图为 1968 年运动提供一个对立的参照面：不要革命，不要集体，不要斗争，现在更值得抓住的是享乐、个人、隐秘的色情游戏。知识分子也许不应在革命的洪流中显山露水，不应在外向的行动中被异化、被出卖，只有在写作中，在阅读中，在字词的嬉戏中，才能实施自己的欲望冲动。

因此，文本不是依据所指、依据内容来判定的，不是依据它和外部现实的指涉关系及政治姻缘来判定的；巴特将文本限定在一种纯粹的字词关系内部，文本的读者不会和法庭、学校、政治谈话有任何牵连。对他来说，"各种声音的混合""肩并肩工作的语言活动"是进入享乐的前提，快感文本是个各种语言活动于其中的混杂都市。但是，快感不是来自这些语言的系统组织，不是来自那种饱满的喋喋不休的语言泡沫，快感来自断裂或碰撞。在此，文本内的"语言被重新分配了，现在，这种重新分配总是通过切割来完成的，两种边缘建立起来：一种是顺从的、合适的和抄写性的边缘（语言在规则内被复制，如同在学校、习惯、文学、文化中那样），另一种是流动的、空白的（宜于接受任何外形）边缘，它只是效果的场

所，在此，语言之死隐约可见"①。文本都具有这两种边缘。空白
的边缘，即断层、中断、风蚀、损失的场所，正是快感之所在，巴
特借用精神分析学的说法，指出间断具有色情感："衣服微敞之处
不正是人体最具有色情的部分吗？……在两种衣物（裤子与毛衣）
之间、在两个边缘（半开的衬衣、手套与袖子）之间闪耀的皮肤的
间断具有色情感；是闪耀本身在引诱，或者，更准确地说，是闪
现—消失的演出在引诱。"② 这样，通过人体这一中介，文本和色
情联结起来，文本同样是一种色情形式，文本的断裂之处正是色情
引诱的源头。

对于那些经典的叙事文，即那种整体感极强的叙事文（如巴尔
扎克、左拉等），阅读能产生快感吗？巴特建议飞跃或跨越某些段
落，同时阅读要借助分节，分节是快感的起源，它把对于了解故事
秘密有用的东西和无用的东西对立起来，从而使故事产生两种边
缘，产生断层。人们急于了解故事秘密而省掉与故事秘密本身无关
的东西，阅读就此生产出文本的结构，对于这些绵密的叙事组织而
言，阅读的这种分节和省略活动，"这种被读和不被读的节奏本身，
建立了大叙事的快感……于是，在叙事当中，我所欣赏的，并非直
接是其内容乃至结构，而是附加其外表的划痕：我读，我跳过，我
抬头，又低头，这和享乐文本传递给语言本身的深深裂缝无关"③。
这种阅读只关系到故事的衔接处，而不考虑语言的嬉戏。而另外一
种与此相对的阅读则是那种毫不省略的阅读，它紧紧抓住文本的每
个分割各式各样语言的细微点，它不是理解故事和内容，"不是
（逻辑的）延伸，不是真理的铺展，而是意指的层次抓住了阅读"。
这种阅读同现代文本相适应。巴特指出，这两种阅读都能引起快

① Roland Barthes：*The Pleasure of the Text*，Jonathan Cape，1976，p. 6.

② *Ibid.*，p. 10.

③ *Ibid.*，p. 11.

感，不过，一定不能用错了对象，跳跃式阅读只能针对古典文本，而紧扣文本的阅读只能针对现代文本，不论哪一种阅读，都和断裂、省略、漏洞、空隙有关。总之，快感与阅读的姿态相关。

巴特告诉我们，引起快感的文本，必须有诸如此类的特点：快感文本无须评论，因为评论总是涉及社会用意和某种想象的借口，从而将文本引入某种实用目标，就此而言，对快感文本的断语只能是：正是这样。快感文本超越了额外要求，抛弃了喋喋不休的废话，甩开了一切形容词的控制，正是后者让远离快感的意识形态和想象物蜂拥而入。快感文本务必使人产生舒适的阅读实践；快感文本必须是短的；快感本身不一定是英雄式的、胜利的和有力的；快感和享乐存在着区别，快感有时延伸到享乐，有时则与享乐相对；快感文本社会中的成员无任何共通之处，而非快感文本则十分相似（它们都是各式各样的蠢物）；快感文本有人的形式，是一个人，是躯体的变词，"色情躯体的变词，文本的快感不能削减为生理需要"；文本的快感处在躯体追赶躯体的观念之际；等等。

巴特着重区分了快感和享乐。在他看来，快感和享乐存在着区别，二者的关系在于对下述问题的回答："快感仅仅是轻微的享乐吗？享乐只是极端的快感吗？快感仅仅是弱化的、顺从的享乐——通过协调模式而倾斜的享乐？"[1] 如果答案是肯定的，那么，产生享乐的文本仅仅是产生快感的文本的合逻辑的持续发展，享乐文本是快感文本的有机进步和深入。相反，如果答案是否定的，那么，享乐文本和快感文本则是争斗的、互不相遇的，享乐文本只是一种"切割的痕迹，一种断言的痕迹（不能充分发展的）"，享乐文本"总像一个丑角出场"。从精神分析学的角度也可以建立享乐文本和快感文本的对立：快感可用言辞表达，享乐则无法说出来，"快感

---

[1]　*The Pleasure of the Text*, p. 20.

作家接受文学，放弃享乐，他有权利和权力表述快感：文字是他的快感……批评总是对付快感文本，而不能对付享乐文本……享乐文本在快感之外，在批评之外……你不能谈论享乐文本，你只能以它的方式在它里面说话，只能进入疯狂的抄袭中，歇斯底里地证实享乐的空无（不再被迫重复快感文字）"[1]。

享乐和求新紧密相连。巴特告诉我们，世界是新与旧的对立，为了逃避社会的异化，只有向前逃遁。既定的言语活动都是重复性言语活动，是俗套，它的对立面——新，才是享乐，向着新的方向快速前行，是打算再现那种被旧框框所抑制的享乐。规则、俗套、普遍性都是稳定而保守的语言活动，只有例外、特殊、不同凡响，才能产生享乐。在有些情况下，重复也能产生享乐，过分地重复，反倒可以使所指损耗殆尽，使所指还原为零度。于是，重复也成为离心力，成为推向边缘的外向力。过分重复的词，或者完全意外、新颖的词，都具有相同的享乐原理，都是色情的，都是"沟槽、铭写、昏厥，是被开孔和捣碎之物，或是爆破和不协调之物。旧俗套是没有任何魔力、任何热情的重复词，好像它是天然的，好像这种回返的词具有魔力，能同各种场景恰如其分地贴合在一起，好像模仿不再能被意识到是模仿……这是它的可感觉到的特征，这种特征将发明的装饰转变为所指的限制形式"[2]。对于这种旧俗套的轻视，就是强调不稳定性，就是反对自然而然的相关性，就是不尊重任何既定的法则，就是享乐。

句子也可引起快感。有些断裂的句子，呈间断性，它的词汇是散乱的，句子变为嘈杂的无序组织，它难以确定，而且根本不尊重语言学法则，它从各处涌来，这类句子，准确地说，非句子也可引

---

[1] *The Pleasure of the Text*, pp. 21 - 22.

[2] *Ibid.*, p. 42.

起快感。另一类句子，即是通常所说的句子，它总有完善的本能，它总可以无限地催化，完善的能力控制着句子的能力，它在结构上不变，却可无限地更新替换，"就像国际象棋游戏"。

可以确立一种阅读快感类型学，各种各样的阅读、各式各样的读者都可以确定自己的快感类型。盲从者将使自己同文本相适应，服从文本的切割、间断和分离特征，服从于文本的表述、踪迹和引文，总之，服从于字词的快感；顽固的读者会对元语言发生兴趣——这些顽固的家伙通常是研究者，他们通过寻找语言的活动规律而获取快感；偏执狂患者会在文本中寻找反常的情节、离奇的故事、神秘的结构；歇斯底里症患者将加入语言的无底、无真实性的嬉戏中，他不再是细察批评的主体，而是将自己全部扔进文本的密缝中（而非将自己投射到文本中）的人，正是在文本的意指活动中，在文本的生产和实践中，才会出现享乐，出现色情，出现快感。不论哪种阅读，都是生产性和主动性的阅读，都是积极的阅读，快感就存在于积极的阅读中，而不是存在于讲述快感的文本中。快感不是文本的成分，不是文本的要素，不是天生的残余物。快感是一种飘浮，一种漫无边际的生产，一种颠倒、诋毁和反读，一种随意、不被俘获、放荡。总之，既是对文本的改造，也是对文本的轻视。快感可以通过实践来确定，"阅读的时间和地点：房子、乡下，临近午餐时分，灯光，应具备的家居，也就是密切但又不要太密切的家居；（通过幻觉的）额外自我-强化；舒适的无意识……快感是零碎的，语言是零碎的，文化是零碎的，这些文本在任何可想象的必然性之外，因而是反常的，没有借口可以持久，没有什么可以重构，没有什么可以复原"①。

从法律上讲，作者死了，他作为公民的、带有激情和生平的人

---

① *The Pleasure of the Text*，pp. 51 - 52.

格消失了，这种人格被剥夺后，作者便不再对作品具有可怕的作者资格。然而，语言则控制着我们。每一种语言都试图获取霸权，一旦拥有权力，它就扩散到社会中和日常生活中，政治家、报纸、电台、国家的语言正是如此。"语言总是来自某个地方，它是战斗的场所"，但言语活动通常具备一些想象物，巴特称之为伪象，那不过是科学和语言学来承担的，而文本便是无想象物的语言活动。作为语言的创造物，作者并不希望占有什么，他只是想到词汇引起的反常享乐。对作家而言，语言、母语与快感处于恒常的关系中，享乐不具备社会特征，文学具备失望性特征，作家是些不利用历史、经济、政治形势而斗争并在社会上深感失望的人，文学就是这种失望的表现。

声音与快感文本也有关系，它应包括在快感美学中（如果存在的话）。巴特将一种出声的写作命名为高声写作，它不属于表现力类型，它属于生成性文本，属于意指活动，"它不是由戏剧的变化、柔弱的语调和迷人的口音来实施的，而是由声音的颗粒实施的，它是音色和语言的色情混合物，因此，和朗诵一道，它也是艺术的物料……高音写作不是音位学的而是语音学的，其目的不是使信息明晰，使情绪戏剧化，（在享乐的前景下）它所寻求的是冲动的事件、同肉体相接的语言以及文本，在文本这儿，我们能听到嗓音的颗粒、辅音的音泽、元音的欢悦以及全部的肉体立体声：躯体的说话、舌头的说话，而非意义的说话、语言的说话"①。

《文本的快感》延续了巴特的文本理论，在对"文本"进行描述之际，巴特还局限在形态学方面，他指出了文本的种种构成、特征和身份标志，而在此，巴特指出了文本的伦理学效果，文本的主要记号"能指的嬉戏"不再是一种纯中性的差异活动，它还可以在

① *The Pleasure of the Text*，pp. 66－67.

精神分析学方面产生影响，不论对阅读还是对写作来说，文本最终都通向了快感，这既可以在不及物范围内来理解，因为快感并非一个宾词、一个文本所指、一个写作的及物对象，也可以从挣脱解构主义网络来理解。解构并不考虑文本之外，它只是在疆域之内考察它的意指活动，这样，快感似乎又冲破了狭隘的文本疆域。于是，快感在这里就是一个矛盾性的存在：它既挣脱了解构的束缚，同时又没有落入解构所攻击的形而上学圈套，没有陷入及物写作的陷阱。《文本的快感》就此可理解为解构哲学和形而上学之外的第三种选择，或者，更准确地说，巴特将伦理学引入解构哲学中，从而赋予解构哲学另一个维度。的确，在解构主义无穷无尽的差异运动中，在能指的嬉戏中，在对等级制的掀翻中，在宣布作者之死的口号中，在对以前哲学的嘲弄抵制中，解构主义流露出的不是别的，正是兴奋和快感。这也成为巴特将文本和快感联结在一起的逻辑链条，在其他的主张和学说中，很少夹杂着快感这样的情绪，夹杂着尽兴和享乐的成分；快感像影子飘浮在解构活动中——在巴特这里，文本是解构的替代物。

于是，快感不是贸然闯入文本中的，不是文本的不速之客，巴特很敏锐地发现了解构活动中的精神分析学：在《文本的快感》中，有一点拉康，有一点尼采，还有一点德勒兹，当然，索莱尔斯和克里斯蒂娃夫妇（巴特在书中直接提到了他们的名字）及德里达的存在是不言而喻的。值得一提的是吉尔·德勒兹。在《文本的快感》出版前一年，德勒兹发表了《反俄狄浦斯》，通过改造柏格森和尼采，德勒兹鼓吹欲望，将欲望视作积极的创造性力量，欲望从本质上来说是革命性的，它是永恒的欲望机器，永不停止，而且以多样化的方式游荡、冲动。很明显，德勒兹和弗洛伊德针锋相对：在德勒兹那里，文明是欲望的直接结果，而弗洛伊德则认定文明转化压抑从而是欲望升华的结果。德勒兹反对各式各样对欲望的压抑、编码和驯服，从而也反对拉康的压抑性的主体概念，"反俄狄浦斯"在某种意义上就是反一切压抑性的制度和符号，无疑，资本主义制度和秩序是欲望的首要挑战目标。在一个大的范围内，德勒兹的理论和巴特的快感论不无关联，快感和欲望相辅相成。德勒兹确保欲望的实施，在某种意义上，即是对快感的尊重；而且，欲望是针对一切系统秩序的，即使是文本秩序也不例外，德勒兹明确表示要拆散作品中普遍化的能指暴君——这正同快感的首要原则一致。快感的文本正是断裂的文本，正是阻止支配性能指的专权的文本，快感就是在生产断裂、发现断裂和制造断裂中生成的。可以将巴特的快感和德勒兹的那种不顾一切的欲望冲动结合起来，不过，巴特的快感弱化了德勒兹的革命性目标，巴特更注重的是快感的享受，是欲望的实施过程，而德勒兹的欲望机器瞄准的是那些压抑性制度。

《文本的快感》除了对断裂的强调外，它的另一个注意点是躯体，巴特充分扩散了躯体这个词的可能意义。躯体现在是一个无所不包的纯欲望组织，它既指文本的躯体，也指阅读者的人体，巴特要将躯体的重要性置于快感论的首位——在此，尼采的身影强有力地出现了。尼采正是以前所未有的高度来重新对待躯体的：上帝死了，灵魂也就死了，于是，赤裸裸的躯体既解放了，也勃发了。躯体是欲望和意识的物质性存在，尼采告诉人们，应尊重躯体及其各种各样的意愿和要求，躯体是首要目的。巴特在这里几乎完全采纳了尼采的意见，他甚至将躯体放大：文本就是一个有血有肉的躯体，在文本中，可以听到躯体发出的声音，可以看到躯体的动作，闻到躯体的气息。总之，文本是个性感肉体。我们和文本打交道，在某种意义上就是和肉体打交道。因此，完全可以在文本那里闻到色情气味，阅读的快感、文本的快感十分类似于肉体的快感——通过将躯体引入文本中，巴特就此找到了快感的源头。阅读不再是别的，不再是求知，也不是求真，它仅仅和肉体的享乐相关，仅仅是一种身体性行为，是尼采式的狂喜。同样，无论是写作者还是阅读者，他们充分调动起来的不再是心灵，不再是灵魂，不再是意识或者精神，而是躯体。阅读者利用感官去触摸文本躯体，这样，阅读实际上是两个躯体的触摸，而不再是人们通常所想到的灵魂与灵魂的交流，不是两颗心灵的互访，不是情感的碰撞升华，不是理性的启迪，也不是知识的此消彼长。两个无头脑的躯体的触摸只能导致一种极度的快感，导致肉体的享乐，导致一种无羁绊的、粗俗的和不谙世事的尽情欢闹。巴特在此大胆地而又有点邪恶地完全摧垮了读和写的一切知识和真理神话，很难判断这到底是抬高了阅读的地位，还是贬损了阅读的地位：关键是对于哲学的信念。如果站在尼采或德勒兹这边的话，巴特给予阅读以一种空前的地位；反之，巴特的文本论和阅读论不可避免地滑向了堕落和邪恶的深渊，滑向了不可知的陷阱。

然而，文本躯体和人体的调情导致的快感主题是巴特最有趣也是最激进的主题——这种激进不是改变世界的激进。相反，对于改变世界，对于真实的革命行动来说，快感恰恰是个保守主题。因为纯身体性的快感总是没有明确目标，快感总像是在黑夜中不可遏制而又盲目的高速滑行，它没有改变世界的清醒决心。快感主题只有在哲学上是激进的，这种哲学只信奉一切抽去了灵魂、抽出了内在性、抽出了本质的身体哲学，在巴特这里，无论是人，还是文本，都不是一个由深度结构构造的本质论组织，人和文本都是赤裸裸的感性物。巴特在这里遵循的是表面哲学，是源自尼采，经巴塔耶和德勒兹改造和发展而来的欲望哲学。如果说，巴特在《从作品到文本》中，是将文本从柏拉图主义拯救出来的一次大胆行动的话，那么，这次，他干脆将人也从那里解放出来。这样，巴特又一次和他的先前主题发生了抵触：在结构主义时代（距《文本的快感》不过几年，然而，一切早已截然不同），人被巴特抛弃了，人完全被消耗在结构的网络中而没有一点喘息声，人充其量只是一个物理和机械记号，是一个语法的标志、一个僵死之物；而《文本的快感》应该被看作人复活的一个信号。不过，人的这次复活只是部分复活，或者说，人再次站立起来，但这个人不再是先前那个人了。结构主义废弃的那个人是萨特所主张的人，是一个知识主体、认知主体、自由和存在主体，总之，是灵魂和真理主体；而巴特唤醒的这个人，只是个欲望主体、快感主体、享乐主体，总之，是个纯躯体性主体，是个欲火熊熊燃烧的主体，是个丧失了意识警戒线的本能主体。

正是在这里，巴特回到了尼采。从此，巴特将欲望和享乐正式引入他的写作和生活中，他不再向任何一种禁欲主义及其种种表现屈服，这在《文本的快感》的写作本身中就表现出来了。《文本的快感》就是以断裂的形式呈现的——断裂和快感有关，"越是断裂之处，快感越强"。巴特在这里没有依照任何次序，只是依照小标题的字母次序来排列全文，而那些小标题因为有随意之嫌而没有被安排在正文中。而且，巴特的语气变了，措辞风格也变了，变得更柔和、更模棱两可、更绕口了，以前那种坚定的果敢陈述消失了，巴特的句子越来越短，越来越弯曲，越来越停滞。总之，他越来越陶醉和玩味了，越来越有写作的雅趣了，越来越有快感了，他真正地享乐了，真正地是在用躯体、用全部的感官写作了。

爱情戏剧

在《恋人絮语》面前，评论家们常常会陷入茫然。对着这个文本，我们确实难以找出一个结论，难以发现它的私藏秘密，难以找出它的坚硬内核。确实，《恋人絮语》并未给人们留下任何性质的结局——无论是事件结局，还是理论结局；无论是逻辑结局，还是哲学或者文学结局。如果说，评论总是趋于奔向秘密、奔向最终结局的话，那么，《恋人絮语》无疑会让人们不知所云，我们从什么地方去对这个文本评头论足呢？

而且，很难找到一个恰如其分的文体概念对它进行描述，它甚至溢出了那个无所不包的随笔概念。随笔在文类中是个极其特殊的语义词，它有点像是理论家们被迫采纳的一个权宜之计，它常常将无法纳入其他固定范式的写作归结到它的名下，小说、诗或理论拒绝和淘汰的东西就被划分到随笔的疆域。因此，随笔的领地广泛而杂乱，它容许写作的些微零乱、些微放纵、些微歇斯底里，它多少对那些严密的体系和结构产生不满的冲撞。就此而言，随笔被视为那些放纵或懒散、并非冥思苦想的作者的工具。巴特常常是以随笔的面孔出现的，就此而言，他也常常被认为是非学院（系统的化身）和非主流的，不过，这次巴特变本加厉了：《恋人絮语》甚至不能用随笔加以裁定，我们已有的文类学概念和知识对它一筹莫展。好在巴特事先已发展了一个概念，它极其庞杂，极其大胆，极其无所禁忌，也就是说，它表现出一种狂野的气质，这个概念就是经巴特和克里斯蒂娃创造而现在则多少有点面目全非的"文本"。巴特在《从作品到文本》中细致地为这个概念构筑了一个乌托邦式的草图。之后短暂的写作史表明，巴特倡导的"文本"，即那种无头无尾、既是扩散的也是立体式的散乱的复数文本几乎没有出现。不幸的是，文本这个概念在今天完全丧失了巴特赋予它的粗野和狂欢性，它已经沦落为一个平庸的角色，一个既无意识形态教义也无文体意识的庸碌词汇。"文本"现在似乎回到"作品"了，"从作品到文本"这个口号被遗忘了，相反，大量使用"文本"的写作实践表明，文本似乎就是作品的代名词。平庸的惰性总是要战胜那些奇思异想。

然而，《恋人絮语》无愧于文本的初始概念意义——很难找到《恋人絮语》这样的文本（在它的原初意义上而言）。巴特的这次写作可以说是在"文本"的概念下完成的一个范文，是他写作乌托邦构想的部分实现：它不是小说，我们没有看到虚构，没有看到情节，没有看到故事；它当然也不是诗（这点一望可知）；它甚至也不是随笔，我们似乎看不到叙事，看不到说理，看不到蒙田或爱默生式的对真理的发现和宣讲。随笔总是倾向于某种立场，或者带立场的判断、结论，而这里，巴特放弃了立场，放弃了任何肯定性的断言，没有一个主旨在《恋人絮语》的底部卧躺着，甚至也没有一个理论归宿作为它的后花园。然而，在《恋人絮语》中，似乎也闪现了小说的影子：它有一些叙事性的小说情境，像是从某部通俗爱情小说中提取的一个细节断片，它把某些断片粗暴地劫过来，安插于其间。同样，《恋人絮语》的一些句子也像是诗中提炼出来的，它的隐喻成分、象征功能、忽明忽暗的闪烁其词、半截句子、莫名其妙的独立词汇、没有逻辑关系的硬性句子组合，如果悄悄地将它们变点花样——诸如将它们纵向分行排列的话，没人不相信那是诗。它和随笔的亲近性就更加一目了然：简短、断片，一些小小的情趣和愿望隐含其间，如果说《恋人絮语》最像什么的话，答案无疑就是随笔了，而要是考虑到随笔的形式本身，它的外表构成是其重要内涵的话，这种说法就更加可信了。至此，《恋人絮语》确实让人感到两难：它像小说，但又不是小说；它有诗歌的影子，但无论如何不应称作诗；它采纳了随笔的形式，但最终和随笔的旨趣有着巨大的差异。因此，《恋人絮语》在各种各样的选择面前，尤其是在那种一锤定音式的有垄断暴力的概念面前，拒不屈从。

而这正是文本的生动表演实践。《从作品到文本》只是澄清了想象中的文本蓝图，它没有给出一个实际例证（在那篇采纳类型学的理论宣言中，巴特没有在浩瀚的写作大海中发现一个文本例子），而且，它本身也恰恰是反文本理论的：它采用的首尾一致的归纳方式，在中间举出了文本的七个特征，这恰好构成一个封闭的、论证式的、依循逻辑规律的系统形式——文本所不屑的形式。这样，《从作品到文本》就构成了一个悖论，它的主张和提出主张的方式背道而驰——如果考虑到这正好发生在巴特由结构主义向后结构主义过渡之际，发生在巴特与两种观念纠缠不休之际，这可以得到很好的理解。无论就文本来说，还是就后结构主义来说，巴特的态度此时还不坚决、不彻底，他的前脚在后结构主义门槛里，后脚还在结构主义的院中。他正是在系统性的观念内讨论反系统性的文本。

但是，现在情况完全变了，从《文本的快感》经由《罗兰·巴特谈罗兰·巴特》（我们随后将讨论这本带总结性的书，将总结的意愿放在最后，似乎更方便和适宜些），到《恋人絮语》，巴特越来越靠近他所构想的文本了。这三本书采用的都是随意的排序法，它们都不遵从次序等级，如果说次序暗含着等级制的话。一个无所谓次序的文本当然也就是一个无头无尾的文本，因为次序总是和时间性相连，总是遵从着逻辑，遵从着潜在的规则系统，毅然决然地放弃次序，也就是放弃规则、系统和逻辑，总之，就是放弃形而上学。而且，这三个文本依次逐渐表达了对主题学的轻蔑：《文本的快感》虽然旨在宣讲快感的享用，但快感本身就是对主题学的一种挑战，快感和欲望的不可遏制的流动性永远在冲击凝固和僵化的主题；而《恋人絮语》则完全没有主题了，没有倾向性的立场，没有任何凝集点，没有丝毫的主题学论断，那些情爱话语只是像一些蛛丝马迹一样一晃而过。

因此，对恋人絮语的揭露和展示就不是由推理性的陈述话语来完成的，后者既易于导向主题学，又易于导向形而上学。巴特的方式是，让恋人自己说话而不是转写恋人的谈话。恋人的谈话情境、恋人的话语本身被未加修饰地和盘托出，恋人的话语正在自发上演而不是被人放映。"对恋人絮语的描述被模拟演示所取代，而且道白被重新赋予原有的人称，即'我'，以展示陈述具态，而非条分缕析。这里呈现的是幅肖像画，着重于结构的勾勒，却不做心理描绘，和盘托出一个讲坛：有人正面对缄默不语的对方（情偶）在温情脉脉地喃喃自语。"①

这便是戏剧，爱情戏剧，一个阿尔托意义上的戏剧，一个积极的、活跃的、不被外在的神或逻各斯支配的戏剧。它仅仅是些姿态，是一些不落入等级陷阱的姿态，这些姿态敞开着、运转着，"应从体操或舞蹈的角度去把握……不是'图解'，它要比'图解'生动得多，是对运动中身体姿势的瞬间捕捉，而不是对静止对象的凝神观照：运动员、演说者以及塑像的身体，从伸展的身姿中凝固的瞬间。正如为种种情势所摆布的恋人，他在近似疯狂的运动中奔突扑腾，搞得精疲力竭，活脱脱一个运动员；他眉飞色舞，口若悬河，端的是一个演说家；他甘受摆布，晕晕乎乎地就进入了一个角色，煞像一尊泥塑"②。它无须评论，无须解说，无须纳入任何哲学或者教义框架，它只是一种纯净的赤裸裸的戏剧场景。

这些场景从各种各样的情爱文本中剥离过来，它们是些模仿、试探性的参照、虚拟构成；它们有各种各样的写作源头，有维特的原型，有其他情爱小说的原型，有巴特朋友的原型，也有巴特自己的原型（巴特面对记者的咄咄逼人的提问时，承认了《恋人絮语》在部分程度上有他的影子）。各种各样的爱恋情境——不论是同性恋还是异性恋（二者的心境是一样的）——在此叠加、重组、拼

---

① 罗兰·巴特：《一个解构主义的文本》，汪耀进、武佩荣译，上海人民出版社1996年版，第2页。这本书在初版时用的是《恋人絮语》这个正式书名，不知为什么，再版时换了书名。
② 同上书，第2—3页。

凑，它们散乱地被处置在一个平面上；于是，《恋人絮语》像是幻灯片，它极快地转换和更迭一些场景。这些场景似是而非，它们既重复，又有差异，既像是电影中的片段，也像是舞台上的一个临时插曲；它们组织在一起，既不突兀，也不连贯，既不冲突，也不和谐，既相安无事，也各自为政，它们像是各种情爱情境照片的一个随意性的安置处理。

《恋人絮语》以模拟为原则，然而，它无论如何不应被视为模仿论的哲学产物。模仿论是为了逼真地再现那个本质，再现先在的第一性理念，模仿总是被动的、僵硬的，它以逼真性为前提。而巴特在此的模仿——它确实是在模仿——则并没有一个顽念，即逼真地回到那个始源物的顽念，他并没有还原、恢复或展示某个本质物的勃勃雄心；相反，模仿物、模仿的情境只在自己的领域内发生作用，它们自成一体，模仿只是一种借用手段，它不是一种回返的路径，模仿只是让模仿物，让恋人絮语显现出来，而不是揭露恋人絮语的原型、本质和真理性存在。这样，巴特运用的模仿就有一些现象学的意义，它是一种现象学方法，模仿物不再是一个深度的依附物，不再是本质的表象暴露于大庭广众之下，它不再隐含秘密、隐含目的、隐含柏拉图式的原则。同时，巴特戏谑的语气也淡化了模仿论的谨严和慎重态度。模仿在此与差异并存，巴特既将这些恋人絮语作为一些原型的模拟物，又让这些絮语和模仿对象保持一些闪烁的距离，也就是说，让二者也构成一些差异性关系；模仿和被模仿的关系，被巴特表述为差异与重复的关系，一种既聚合又分离的关系，一种最终摆脱模仿论和形而上学的解构关系。

为什么要模仿恋人絮语？在涉及了巴特的方法论后，这个问题无疑将占据我们的讨论中心。根据巴特的说法，写作《恋人絮语》是为了爱和被爱。进一步说，写作就是为了被爱，而不是那种咄咄逼人的对真理的信念和坚执——巴特已经进入了欲望和伦理的阶段。《文本的快感》是一个序曲，《恋人絮语》则是欲望哲学的集中表现。欲望很可能是尼采以来的哲学家们的最后归宿，尤其是那些敏感的、神经质的、既脆弱又疯狂的哲学家。在尼采的周围和前后，我们看到了19世纪的欲望河流：叔本华对欲望无奈的叹息，陀思妥耶夫斯基发现欲望暗夜的恐怖，克尔凯郭尔对直觉和本能的笃信，而尼采，这个横空出世的天才，这个无与伦比的哲学疯子，彻底改变了哲学的道路，改变了那种乏味的、论证性的、灭绝人性和激情的学院哲学的道路。无论是克尔凯郭尔还是尼采，都替自己的时代承受着直觉的苦痛，都将哲学转化为自己的经验和本能，而将生活转化为一种哲学行动。在他们那里，本能、直觉、欲望是生活和哲学的汇聚地，他们都将哲学的马车拉到了与个人体验、与内心、与直觉、与欲望、与文学写作交叉的场地，哲学再也不是条分缕析的分析论证。哲学就是生活，就是体验和欲望。

巴特，尤其是《文本的快感》之后的巴特，不可自制地卷入了这群直觉哲学家的行列。巴特越来越突出他的伦理学主题——伦理学主题也许是终极的哲学主题。哲学将所有的现世问题都考虑到了，但是最后的问题，即人的意义问题，人的价值、欲望、知识趣味、本能等等复杂的互动关系问题，以及人与哲学的关系问题，很可能是一切思考的归宿。巴特将伦理学作为他的最后归宿（无论是思考意义上的，还是生命意义上的）不是偶然的，老年人的哲学就是伦理学。爱情是伦理学的常客，但绝对不能以此断定它的平庸，相反，这恰好是它的魔力表现；爱当然可以被一种浅薄而轻浮的言语耗尽，同时，它也可以引发一种巨大的决定性的伦理力量。在《恋人絮语》中，巴特十分奇特地将一些庸常的情爱场景并置起来而又展现他自己的信心十足的非凡的欲望机能。

一个谈论爱情的人无论如何是在实实在在地触摸和感受生活的人。无疑，巴特从知识的领域退回生活的领域，或者说，生活的领域正是知识领域、哲学领域。不是在书本中发现哲学，发现知识，而是切切实实地体验生活，触摸生活。生活、生活方式就是哲学本身；这既是对知识的挑战，也是对身体和身体行动的认同。在《恋人絮语》这里，反形而上学、实践（生活）欲望、躯体、反哲学、尼采主义等等都巧妙地构成了一个同义词群，它们以爱的名义设置了一个可相互替换的隐喻系统；而爱本身就是对欲望的一种积极的名誉上的认可，是对欲望的鼓励、肯定和礼赞，巴特将爱的情境（尽管是常见的）演示在台上，在某种意义上就是将欲望以一种肯定性的立场演示在台上。现在到了恢复欲望、享受生活（爱与被爱是这里的伦理目标）的季节，这既是生命的晚年季节，也是哲学的成熟季节：伦理学姿态也许是最后的姿态。爱的主题作为尾声既让人惊讶（那通常是十几岁的孩子的主题），又让人信服——一个一生都在翻新出奇的人最终会将常识作为最后的目标。

事实上，巴特在很大程度上实现了他的目标。他的方法（差异性的模仿、直接的演示、孤零零的断片式的对场景的暴露，以及无章法的排序）让人注意到了那个长期被淹没的爱的主题以及恋人絮语。后者被长时期地普遍性地诉说着，按照巴特的用语，它已经被自然化了：它镶嵌在各种各样的话语组织内而不被觉察，无论是小说、电影，还是电视和其他传媒，都在频频地闪现着爱情絮语，然而，没有人意识到它的纯粹存在，没有人意识到恋人话语本身的物质性和孤独性，没有人意识到它的氛围、语境和语言上的存在形态。巴特将恋人絮语剥离出来，将它们从各种承担背景中分化出来，让它们甩掉了各种各样的上下文、道具和组织机构，从而使它们赤裸裸地出场；爱终于是作为一个主题，作为一个话语组织凸现出来，它终于吸引了大量的眼光而不再是在传媒机器中被滥用了。比如，爱情中（无论在电视画面上，还是在实际生活中）的眼泪是常识，它太普通了以至人们熟视无睹，然而，巴特则给人们题献了

一幅"眼泪赞":

> 我通过哭泣来打动对方,对他施加压力("看看你将我弄成什么样子了"),对方便可能——常情就是这样——被迫要表示公开的同情或冷漠;但我也可能冲着自己哭。我让自己落泪,为了证实我的悲伤并不是幻觉:眼泪是符号迹象而不是表情。借助泪水,我叙述了一个故事,我敷设了一个悲痛的神话,然后便将自己维系其上。我与它俱生,因为通过哭泣,我为自己设立了一个探询者,得到了"最真实的"讯息,身心的,而不是口头的讯息:"嘴上说的算什么?一滴眼泪要管用得多。"①

这样,眼泪在爱恋情境中的功能就显现出来,它没有被无足轻重地消耗,没有被榨成无味的果汁。爱恋中的细节、情境在爱恋的功能上实现了它的意义,而且,重要的是,爱恋中的心理被生动地显现出来——这不是完全精神分析学的心理解剖,不是对心理的理论化陈述,它仅仅是对心理的感性揣摩,或者,就是心理的直接道白。巴特用第一人称作为叙事者,"我"将自己的用意、感受、谋划、企图、意欲、愿望、小算盘等等和盘托出,这就是纯粹的心理演示、纯粹的爱恋心理、纯粹的现象学显现。"我"在喃喃独语:

> 比如说吧,我曾为了连对方都没有意识到的事情暗自啜泣过(哭泣是恋人的正常举动),那么这是不可能被觉察的,我戴上了墨镜遮住哭肿的双眼(以示否定的最好表示——模糊面容不让别人看清)。这番举动的动机是用心良苦的——我想维持斯多葛式的、"自我尊严"的道义上的优势(我把自己当成

---

① 《一个解构主义的文本》,第 196 页。

格萝蒂尔黛），而与此同时，我又想引出对方关切的询问（"你这是怎么啦?"）；我既想显得可怜，又想显得了不起，同时既当一个孩子，又当一个成人。于是，我便下赌注，我便冒险——因为对这副不常用的墨镜，对方也许压根儿就什么也不问；事实上，对方也许看不出任何符号迹象。[1]

还有比这更细腻、更敏感的东西吗？还有比这更富于人性的东西吗？毫无疑问，可以将它视为巴特的一次自我泄露、一次自我展示——他彻底放弃理论了。一辈子和理论打交道的人到头来为了性情、为了爱、为了灵魂终于放弃理论了。巴特谈到了爱情中的方方面面，谈到了相思，谈到了执着，谈到了焦虑，谈到了等待、快乐、心、默契、灾难、挫折、烦恼、交谈、依恋、身体、忌妒、慵倦、闲话、情书、争吵、温情、幻想、迷醉等等。巴特既不利用理论将它们捆绑起来，同时，也不将它们——这有点出人意料——引向色情区域，巴特对爱情表现出一种十分清洁的、高雅的、纯净的态度，表现出一种十足的柏拉图主义态度，表现出一种与快感相对的自制而又清澈澄明的态度。

爱和快感是身体的两种构成。巴特通过快感建立了他的文本色情学，在文本那里，可以充满欲望，充满色情气氛。巴特将欲望和色情引入读和写中，引入一种想象性的劳作中，引入一种通常是禁欲的环境中，从而将读和写的精神神话搬倒了；读和写不再是思想、真理和观念的流通，而是肉欲的享受和消费。与此相对的是，爱情——它通常伴随着性、肉体和快感——则被巴特抽走了肉欲成分，抽走了快感主题。巴特在此发生了逆转：快感在文本中，交流则在爱情中。巴特颠倒了两个常识、两种神话，同时，也拆毁了人

[1] 《一个解构主义的文本》，第37页。

们赋予他本人的神话：萨德主义者。巴特不再是那种激进的道德先锋派了，不再是越轨生活的鼓吹者了，人们在此能发现，巴特也是一个尊重情感、信奉爱情、灵魂至上的传统道德主义者，一个爱情上的柏拉图主义者，因此这段话出现在巴特的笔下就不会让人惊讶了：

> 在交欢之外（当**想象**远在天边时），有着另一种搂抱，一种静止不动的搂抱；我们着了魔，完全迷醉了；我们在梦中，但又是清醒的；我们感受到孩提时代即将入睡时所有的那种快感；那是听讲故事的时刻，是声音的时刻，这声音使我发愕，使我晕乎，这是向母体的复归（"在你爱抚、宁静的怀抱中"，杜巴尔谱曲的一首歌中有这样一句诗）。在这被送回的乱伦者身上，一切都悬停了；时间、法律、禁忌，什么都不缺，什么都不要；一切欲念都荡然无存，因为它们好像得到了决定性的满足。[①]

谁是罗兰·巴特

1977 年春天，雅克·亨里克（Jacques Henric）采访了巴特，他的第一个问题就是人们对巴特的普遍问题，他说："罗兰·巴特先生，从《写作的零度》《神话学》以来，从您相继发表的著作来看，对我而言，越来越难以将您归类为某一个作者，如果您回头看看您过去的作品，您将怎样在当代的思想史和知识分子活动中描述您的位置？在目前的这些辩论中，您觉得您的角色是什么？"巴特回答说："我得承认我总是通过机遇或者便利来从事工作的，在我

---

① 《一个解构主义的文本》，第 102 页。

身上，有一种动力，即我在《罗兰·巴特谈罗兰·巴特》一书中所解释的：悖论。当意见或立场聚结起来从而固化为一种确定的社会处境之际，我就想立刻——按照我自己的方式——走开，正是在此，我才将自己视作一个知识分子，一个其功能就是趁事情开始'定焦'之机就离开的知识分子。至于您的问题的第二部分，即在今天，我将自己扮作一个什么角色的问题，我根本没把自己视作一个力求原则性的人，而是将自己视作一个试图代表某种边缘性而说话的人，在此，有点不易解释的是，就我而言，对边缘性的推崇毫无炫耀之意。"①

这是法国思想舞台上的巴特，一个不落俗套，也不爱凑热闹的巴特，然而，正是这种边缘姿态，却为巴特博得了美名。边缘到底是一种怎样的状态？对巴特来说，边缘姿态到底意味着什么？毫无疑问，边缘和中心是相辅相成的，巴特的边缘总是对于思想中心的偏离，总是和主流思潮保持着距离。边缘既可能是孤独的，也可能是先锋的，更重要的是，它可能是冷静和独创性的。对巴特来说，他的边缘绝大部分程度上代表着独创性、或多或少的先锋姿态，然而绝不是激进的先锋派。激进的先锋派总是有夸张的吵闹声，总是有引人注目的花里胡哨，总是有中心化的意愿和本能要求；而巴特的边缘性、他的有限制的先锋姿态——按他的说法，先锋中的后卫——则始终使自己保持在某种界限上，即独立的声音和公众的声音的界限上，因此，边缘性对于巴特来说，始终是个人声音的展现，是个人独特性魅力的显现。如果说，巴特有什么贯穿一生的永恒性特征的话，那么，答案就是那种边缘性的本能。

为什么要拒绝中心化，拒绝那种固化的胶状形态？很可能，中心化是总体论的一种形式，是形而上学的一种表现，对于那些差异

① *The Grain of the Voice: Interviews 1962–1980*，pp. 281–282.

哲学的信徒而言，中心化无疑是个顽敌。更重要的是，中心化很可能僵化，中心化由于其巨大的整合和控制力量，它总是对创造性的扼杀，中心化是惰性的集结地，是惯习的温床，是陈旧的病菌，同时也是专制主义的代名词。而边缘姿态则恰恰是对中心的抗拒、腐蚀和富有活力的挑战；边缘性总是启动了一些新的空间、一些新的可能性、一些未来的道路和方向——就巴特来说，在大部分时间里，他是个标新立异的角色，是个敲边鼓的人物，他总是对正统，对中心性有所回避，如果说不是故意挑战的话。对巴特来说，最大的中心化乃是大学。巴特几乎一辈子游离于大学之外，而大学代表的一切，它的学术体制、它的教授程序、它的论文模式、它的思考形式在某种意义上构成了法国知识界的中心。巴特几乎在所有的方面都对大学表示了不满并与之保持距离，他嘲笑了学院派批评（这是他为数不多的挑战），他还控告说，博士论文完全是虚构出来的，没有比这更荒谬的答辩制度了；他尤其对师生之间的教授关系不满，他强调说，决不会有教导、影响，而只有交流磋商；更重要的是，大学对于知识形式的要求、大学的学术评判标准、大学的真理信念更让他难以忍受。巴特始终以自己的方式，以他的声音站在大学之外，在某种意义上，也站在历史之外。

然而，这种永久性的边缘姿态却得到了注意——当然，一部分人是以不解和不屑的眼光来看待的，而另一部分人则成了巴特的崇拜者，巴特成为他们心中开拓性的旗帜和舵手。巴特构成了习惯和传统之外的可能性存在，尽管不是一种过火的放肆存在，他的优雅、从容和美文更为这种边缘性做了强调性的辩护；结果，巴特的话题，即他的所谓边缘性，很快成为一个中心性话题，成为他所不愿意看到的中心性事件。于是，巴特又得再次离开，又得再次进行写作中的"背井离乡"，再次成为写作和思考的居无定所的流浪儿。巴特没有整体性，无论是理论上的，还是传记上的。

这样，《罗兰·巴特谈罗兰·巴特》以一种断片的形式出现就很容易理解了。巴特不是某一个理论的代名词（不错，他是结构主义的代表人物之一，但绝对不是结构主义的始创者，而且，在结构主义的标签下，巴特也就签约了几年），巴特从没有以理论家自居，他也很少在理论上深掘，巴特只是在理论的浪尖上弄弄潮，他对理论总是抱着玩耍的态度，抱着巧手一试的实践态度，总之，抱着轻浮的理论态度；他既没有被理论压垮，也没有被理论异化，在同理论的联系中，巴特始终保持着自己的趣味、艺术和灵魂；巴特不是穿行在各种理论的迷宫里，而是以情趣和灵魂来驾驭理论。这样，不是理论恒定和控制了巴特的本质。巴特不是一个理论人，而是一个生动的、有血肉和灵魂的作者，一个在实践和生活中的人，一个丰富、敏感、矛盾和纤细的人。最终，生活的一面、情趣的一面战胜了思辨、抽象和理论的一面，在巴特身上，文人战胜了职业理论家。

因此，巴特的传记——如果非要将《罗兰·巴特谈罗兰·巴特》视为传记的话——就不是一个枯燥的理论旅行，不是一个榨干了灵魂和性情的抽象姿态。巴特展示了他的方方面面，展示了他的人性的方方面面，这些人性、这些各式各样的方面组成了一个多姿多彩的巴特，组成了一个复杂、生动、丰富和具有无穷性情的巴特。巴特用断片的方式，而且像《文本的快感》和《恋人絮语》一样，采用随机顺序也就是无序的方式将它们随意排列起来，这既是对一个总体性巴特的质疑，即对一个有章可循，可以依法解释的巴特的质疑，也是对矛盾性的认可，对人性的复杂和多面性的认可。它们是并置的，是可以共存的，同时，也没有任何的层次之分，不是一种习惯压倒另一种习惯，不是一个性情决定另一个性情，不是一个事件支配另一个事件，不是一个时代承接另一个时代，不是一个环境紧靠另一个环境，总之，没有因果论，没有决定论，只有并置、倒错、机遇、偶然，只有冲突、碰撞、矛盾、悖论，只有无法解释的人性之谜。

巴特在这部自我展示的书中赋予琐碎以极高的地位。他大量地谈到了琐碎之事，传记似乎由琐碎，由习惯，由爱好，总之，由日常性构成。巴特回避了一些重大事件，尤其是通常意义上的人生之路的转折点事件，通常是传记所要大书特书的戏剧性事件。巴特没有将他的一生作为一个总体，也没有将他看作一个叙事中持之以恒的主人公；不像通常的自传那样，他没有以我作为各种事件的汇聚点和时间线索。传记的主人没有戏剧性，没有故事，没有历险行为，没有令人耳目一新的秘密，没有壮举，尤其是没有那种压制不住的得意扬扬，没有那种功成名就的故作姿态的反思或痛苦的忏悔，巴特谈的是另一些东西，谈的是一个常人的品性和风格。巴特用的是另一种语气，用的是轻微的嘲讽和调侃的语气，这样，巴特彻底地解除掉了传记主人公的宏大形象——能写自传的人当然是些非凡的人，然而，巴特通过反讽的语气破除了这一神话。这种反讽，这种不信任，既是对传记写作本身的怀疑，也是对传记所固有的真实本性的怀疑；不是让人了解巴特，而是让人更加不了解巴特，与其说是澄清巴特，不如说是模糊和混淆了巴特。确实，在这些琐事里面，在这种有点自虐性的调侃里面，巴特能给我们留下一个什么印象？

于是，自传在这里就以一种奇特的方式给了自己一记耳光。《罗兰·巴特谈罗兰·巴特》实际上就是对《罗兰·巴特谈罗兰·巴特》的否决，用一本书来否定这本书，用一种写作形式来反对这种写作目的就是《罗兰·巴特谈罗兰·巴特》的出乎意料然而又最引人入胜的地方。一种意愿和一种反意愿、一种要求和对这种要求的拒绝奇特地融合在一本书中，巴特站到了一个十字路口。这次，他成了自己的对象，他分裂成两个人，即主观的巴特和客观的巴特：主观的巴特在审视、在询查、在拜访、在参考客观的巴特；而客观的巴特，作为对象的巴特，并不是主观巴特的牺牲品，不是他的屈从者和臣服者。这两个巴特没有像大多数自传那样达成一致，或者说并没有统一起来，并不是一个人，主人公并没有同自传作者达成默契；于是，客观的巴特同写作的巴特似乎是两个人，是两个旨趣有别、互不来往的陌路人。于是，自然而然地，巴特常常用"他""你"或"R. B."（Roland Barthes 的简写）来称呼，尽管他也偶尔用一些"我"。代词的多变以及对第三人称的频繁使用无疑加剧了写作者巴特和对象巴特分崩离析的状况，而且，它们也使对象巴特处于一个更加不稳定、更加模糊、更加游离的状况。一个没有名字、没有代词的主人公，从什么地方可以找到他的本性？

自传，或者更准确地说，一个人的轨迹到底是用什么来标志的？显然不是时间，巴特没有采纳时序性。当然更不是空间，在这本书中，巴特甚少提到空间以及与空间有牵连的事件。自传在此似乎是随心所欲地构成的而绝对不会依赖于物理世界的规律。很可能，巴特借助于一种即兴的记忆和零星的卡片来随机组织他的自传。确实，《罗兰·巴特谈罗兰·巴特》像是一个人在不同的场合、不同的背景、不同的思绪下做的各种记录卡片的一个总汇聚。因此，《罗兰·巴特谈罗兰·巴特》最好不要被视为一个有预谋的深思熟虑的结果，不要被视为总体性的产物，不要被视为意图性的路标；最好将它视作一个兴之所至的涂抹、一个即兴的弹奏、一个偶然的撞击、一个意识深处的突然显灵、一个直觉火花的点燃。这样，《罗兰·巴特谈罗兰·巴特》很可能就不是一部传记——如果真有什么传记的话，既不是卢梭式的传记，不是信誓旦旦的忏悔录，也不是尼采式的传记，不是那种咄咄逼人的鼓动和自信；实际上，它以它特有的方式对那种试图廓清某个人的本质的传记写作给予了嘲弄和充分的怀疑。巴特反问：一个人怎么可能了解他自己呢？他怎么能深入他的内心呢？既然如此，为自己作传的《罗兰·巴特谈罗兰·巴特》只能是个游戏，是个自传和自我反省总规则下的一个无拘无束的游戏。

因此，一切不要过于当真，即使找不到那种轰动性的戏剧事件也不要失望；然而，一切又似乎并非空穴来风，一切似乎又不是虚构，不是想象，巴特在此又踩在真与假的分界线上。他告知读者，"所有这一切都应看作出自一位小说人物之口，或者几个小说人物之口"，"这本书不是记录他的观点的书，而是有关自我的书，是对我的观点进行抵制的书，它是一本退隐之书"①，"我并不刻意地将我眼前的表述服务于我先前的真实，我抛弃了对过去的自我的费劲的探询，我并不企图还原我自己（就像我们在谈一个纪念碑那样），我不说，'我将描绘自己'，而是说'我在写一个文本，我称它为R. B. ……'难道我不知道，在主体领域，没有关涉性？事实（无论是传记性的，还是文本性的）在能指中都被废弃了……我是我自己的象征，我是发生在我身上的故事，在语言中滑行，我没什么可比较之物，在这个运动中，这个想象性的代词，'我'，并不贴切，于是，象征在字面上就变得直接了——对主体生命而言，它是根本性的危险：写自己可视作一个狂妄的观念，但也是个简单的观念，如同自杀观念一样简单"②。

然而，写自己、自传又并不等同于完全的自杀，或者如巴特在巴尔扎克那里所发现的完全地被阉割。巴特在此给我们提供了很有意思的形象，尽管不是一个整体的形象。他回忆了他的早期童年生活（他在一个访谈中说，他对儿时的事情记忆犹新，而对成年的事情却十分模糊）；他谈到了拮据，他的资产阶级的出身，他上学时

---

① *Roland Barthes by Roland Barthes*，p. 119.
② *Ibid.*，p. 56.

的烦恼，他母亲的辛勤劳作，他的不近人情的外婆；他还动情地讲到了一个辛酸的事件，这是他的一个"儿时记忆"：

> 我还是个孩子的时候，我们住在名叫马拉克的居民区，这个居民区到处都是正在修建的房子，孩子们就在这些施工场地玩耍。黏土地上挖了一些大坑用来作房子的地基，一天，我们正在这些大坑里玩闹的时候，除了我外，所有的孩子都爬出了大坑——我爬不出去。站在高处，他们嘲笑我：丢了！孤零零的！快看啦！掉队了！（掉队不是在外边，而是独自一人待在坑中，独自一人被囚禁在开阔的天空下。）后来，我看见母亲跑过来，她把我拉出来，把我带走，使我离开了那些孩子。[①]

这是这本书中为数不多的事件性回忆之一。巴特更多地谈到了他的风格、习惯、趣味、爱好、世界观和各种各样的实践原则及意向，巴特将它们尽可能地限定在个人领域，同时也限定在生活领域，即使它们不是极端罕见的，至少也是特殊的，是十足个人化的，比如他说，"陈旧可用疲劳来估量，陈旧就是使我开始疲劳之物"[②]，"他通常诉诸那些贴上了多元主义标签的哲学"[③]，"想象知识分子（或作家）在今天的历史功能就是确保和强调资产阶级意识的解散"[④] 等，这些都像格言句式，巴特用简短的陈述句来将他所想表达出来。然而，他将这些类似于格言的写作又看得无关紧要，他还要破除格言的权威性，进而又怀疑他所说的一切以及这一切所依赖的标准、公共意见和常识。于是，他又一次自己怀疑了自己，自己

---

① *Roland Barthes by Roland Barthes*, pp. 121 – 122.

② *Ibid*, p. 89.

③ *Ibid*.

④ *Ibid.*, p. 63.

反驳了自己，或者，他想要消除他的格言调子所带来的霸权意识：即使以一种格言的肯定的方式讲述出来的东西也没有必要给予重视。他在书的尾声就此发表最后的评论时说："我写格言（或我勾勒它们的运动）是为了使自己放心：当某些混乱出现时，我将自己限定在一个远远超出我的能力的固定物上，从而减弱这种混乱：'实际上，它向来如此。'这样，格言就出现了。"① 因此，格言只是一种权宜之计，它不是真理的供应商，不是一种确定性的存在，它仅仅是一种写作中的技术策略，是写作中的手腕，既然格言都这么不值得依赖，那么，这本书还有什么可信赖之处？

不过，巴特也许并不是在是非问题上大做文章，他想让人们注意到的是，不要将他看成一个权威；他也许并不想让人对他所言的种种真相有所怀疑，而是让人们不要把他的说法看得太有价值；因此，问题不是真假问题，而是价值学问题，是意义的大小问题。在这一点上，巴特既显示了他的谦逊品性（虽然他是骄傲的，但至少是以谦和的形象出现的），又暴露了他的差异哲学观：没有等级制，没有确定性，甚至没有明晰性。《罗兰·巴特谈罗兰·巴特》不是一个名流的自我展示，它仅仅是一个人的写作，一个人对另一个人的描述（既可能是真实的，也可能是虚构的）。于是，这本书与其说是真理性的，不如说是趣味性的，巴特常常将他的习惯、他的琐事发展成一种有趣的事件，他使它们充满独特的趣味以至渐渐靠近一种理论的陈述，渐渐地和格言搭上了关系。在评述中，在叙事中，巴特往往以无与伦比的敏捷很快将他的私人性赋予了格言的语调，尽管不是在寻求价值、寻求大众标准，然而私人性和格言的融合正是敏锐目光的价值之所在。这里，巴特所具有的才智——它常常表现为一种独到的观察——再一次显现出来。比如，他发现，偏

---

① *Roland Barthes by Roland Barthes*, p. 11.

头疼和淫荡是他的躯体的两种存在方式——这无疑是他的特有的私人性，然而，他不会忘记做些格言式的补充论断："我的躯体不是英雄"，"我的躯体稍稍带有某种戏剧性"，还有，"他从不对那些看起来对他而言最重要的概念和他不断使用的概念做出解释（或下定义）"①，然后，话锋一转，"公理是从不需要定义的"。这种格言调子最终还是赋予了这部传记分析性的理论活力，尽管不是一种抽象而系统的理论；这样，巴特的生活、巴特的传记就又不仅仅是些断片、生活琐事或者被写出来的文章，《罗兰·巴特谈罗兰·巴特》和他的另外作品一样具有启示录的价值，它不是巴特众多作品中的一个特殊文本，不是和他的事业截然有别的文本。《罗兰·巴特谈罗兰·巴特》是巴特写作中的一个必然过渡物，是他的伦理学主题、欲望要求的一个展示，是他的世界观和价值观的一个有机部分，是他的各式各样的写作实验之一种，只不过写作对象换成了另一形式而已，它并没有游离出巴特的风格之外——如果说存在一个巴特风格而不是巴特主题的话。《罗兰·巴特谈罗兰·巴特》在众多方面都显示出巴特的气质，不论依据他所说的，还是依据他所说的方式。

这本书还有一些奇妙的混合成分，除了断片外（那是最显著的标志），巴特还安插了很多花样。书的正文前面是四十余幅照片，其中第一张照片（它安置在扉页和封面之间，十分醒目突出）是他的母亲，身影模糊，有一个辽阔的空旷背景，后面有一辆马车，看起来像是在无边无际的沙漠里，而母亲模糊的面容却露出一种安详、镇定和历经世事的神情。与其他照片不同的是，巴特没有做出任何评论，照片就那样安然地摆置着，似乎不必费舌，不用语言。巴特的传记就是以母亲的形象开始的，母亲占据着他的第一页，这

① *Roland Barthes by Roland Barthes*, p.73.

既是全书的基础，也是巴特的生活和生命基础。

这幅没有注释、没有评论的照片自然而然地包含着太多的东西，或许对巴特来说就意味着一切，不过，有几点是可以肯定的：母亲是孤立无援的；母亲是充满耐性的；母亲还是保护性的；这既涌动着一种心酸的感情（源自孤立无援），又涌动着自豪骄傲的感情（源自保护性的忍耐和镇定），对母亲的至爱就这样由保护性和关切性交织构成：它既带有保护性父亲的成分，也带有依赖性儿子的成分。对巴特来说，母亲是无法割舍的人，是他的生命的最重要成分，是他的起源性存在，是无法用言语、用文字表达出来的爱恋对象——这可能是这幅照片在巴特的传记中所要述说的。

不仅如此，所有的照片都不是装饰性成分，不是书的背景材料，不是书的说明性和辅助解释性插页，它们就是书的正文，就是和文字有等值意义的传记素，它们和文字一道来"完成这本书"。巴特说："我的自传存在于我的写作中。"一切只能在他的作品中寻找，于是，他开始写作之前的自传就只能在他的照片中寻找了。因此，巴特小时候的照片，他的少年时代的照片，他的祖父、祖母的照片，他的父亲的照片，他的姑妈的照片都统统出现了，总之，形象代替了叙事，代替了历史，代替了语言的评说，代替了传记写作。不仅如此，巴特在书中还糅进了另一些东西：有他的绘画作品，有他和朋友来往信件的真迹，有他的先前著作中的某一页的复印件，有他的涂抹修改的手稿，有报纸上的结构四巨头光着膀子的漫画。这些零星地毫无规律地遍布在《罗兰·巴特谈罗兰·巴特》这本书中，和照片一道，它们享有同文字相等的地位，它们是书的有机构成，是传记的有机构成。巴特在此再一次显示了他的独特性：要让静物说话，要让照片、漫画和非实践性的写作遗迹说话。不仅仅是正在书写的文字，不仅仅是面对读者的写作文字构成一部书，构成一部解释性和说明性的书；书可以是混杂体，传记可以是混杂体，一个人正是跌落进各式各样的形式痕迹中才暴露出自身。不是在文字中，不是在说明中，而是在各种各样的运动轨迹中，传记主人公的形象才更逼真、更生动、更形象、更具有现象学的意味。

既有把私人性整理成一种理论判断的冲动性，又让人怀疑这种格言式的理论判断不足为凭，这样一种冲突自始至终盘旋在这本书中。它构成了这本书的一个奇特的语调，构成了这本书暧昧和模糊的基础；它也是这本书优雅魅力的来源保证，既敏捷锐利又闪烁其词，既妙趣横生又捉摸不定，既新颖独特又不屑为之，这种不协调的声音更加剧了书籍本身的独特性。它似乎在深处，在书的内部，潜藏着本质、丰富和冲突性的对话，潜藏着巴赫金式的哲学基础。

当然，一切并没有通向虚无主义的结局。或者，并非如巴特所夸大其词的那样，写自我传记是自杀。无论对传记写作本身进行怎样的抵制，传记这一内在要求还是以巨大的力量展示了它的文体权力，巴特最终不可能完全抵制传记所蕴藏的内在的澄清本能。正是依赖于这一文体的权力，正是借助于传记，巴特反思了他的一些不易为人所知的习惯、趣味和独特性。如果说，我们在这本书中最终能抓住什么清晰的东西的话，那么，这就是它的结果了。巴特列出了一张时间表，我们可以看到他的假期的平常一天：七点起床，下楼、开门、沏茶、喂鸟、洗漱、做清洁、听七点半新闻；八点，母亲下楼，共同吃早餐——两个鸡蛋、无苏打的黑咖啡；八点一刻，开始工作；九点半，邮递员来了；十点半，再喝一杯咖啡，抽第一支雪茄；下午一点，午餐；一点半至两点半，午睡；随后就随心所欲，看点闲书，画点东西，在花园中烧烧纸；四点，重新工作；五点一刻，喝茶；七点左右，停止工作，浇花、弹琴；晚饭后，看电视（如果节目太傻，就听音乐或记笔记）；十点上床，读读书，要么是极其文学化的作品，要么是侦探小说（老式的）或过时的英国小说，或左拉。[①] 这是以最简单最明了的方式介绍最日常化的生活程序。在另一些段落，他以同样的方式将一大堆名词并置起来，他将它们归入他喜欢或不喜欢的东西，这些名词不依据任何分类法，比如，在喜欢这一类中有：色拉、葡萄酒、玫瑰、香槟、哈瓦那雪茄、慢走、水彩、手表、各类写作用的钢笔、粗盐、超现实主义小说、浪漫派音乐、傅立叶、L大夫诊所中的混合气味、早晨七点钟的山等没有任何共同之处的东西。而不喜欢的东西则更离奇：无精打采的妇女、电话、下午以及和陌生人待在一起的夜晚等等。巴特知道，他的喜好对别人来说毫不重要，但是，对于传记来说，这些日常习惯、程序和无关紧要的爱好则是决定性的，因为"这一切都意味着：我的身体和你的身体不同"[②]。

如果说，人人都有各自不同的日常爱好的话，那么，一些特殊的反常的习惯和爱好则是少数人的东西。巴特在一些断片里或明或暗地指出他的某些特有禀赋，因为它们十分奇特，以至可以构成巴特的秘密，他有点自嘲地说：他最喜欢用的词通常是对立性的，是成对的两个词，他赞同一个，反对另一个，有时在同一个词内部，由于语境不同，也划分出两种对立意义，正是这种对立构成了写作的动力和进行下去的理由。[③] 他指出人们经常低估反常性的内在快感，这里的反常性指的是同性恋和大麻，"法律、公理、科学拒绝理解反常性能轻而易举地引起快乐"[④] ——这是巴特唯一一次在他的著作中承认他的反常性（同性恋），而且，也是唯一一次对此做了一个暧昧性的申辩。巴特还提到了他和语言的关系，他能看见语

① *Roland Barthes by Roland Barthes*，pp. 81 - 82.

② *Ibid.*，p. 117.

③ *Ibid.*，p. 129.

④ *Ibid.*，p. 64.

言，而不是用或者听语言，他将这视为一种无法克服的病。他也首次披露了他的左手习惯给他带来的尴尬和自卑。

巴特在书中画的一幅图表（见本页）可能是他最有价值的传记素之一，这涉及了他的学术生涯和写作生活。巴特随后评述道：互文性不一定是影响；两个时期总有重叠、回返的部分，杂志上的文章通常是两个时期的过渡物；每一个阶段都是反应性的，既是对环绕着他的话语的反应，也是对他本人的话语的反应；将某个时段、某部作品连接成一个发展阶段，其目的就是让自己变得更好理解。首先是（神话学的）干预，然后是（符号学的）虚构，最后就是断片、句子、短语；如同一个钉子赶走另一个钉子，一个神经病赶走另一个神经病；紧随着政治和道德关注的，是一个微型的科学梦想，然后反常快感又代替了科学梦想[1]——这就是巴特对他的写作生活的坦陈。

互文性	文类	作品
（纪德）	（写作的欲望）	—
萨特	社会神话学	《写作的零度》
马克思 布莱希特		戏剧论文 《神话学》
索绪尔	符号学	《符号学原理》 《服饰系统》
索莱尔斯、克里斯蒂娃 德里达、拉康	文本性	《S/Z》 《萨德，傅立叶，罗约拉》 《符号帝国》
（尼采）	道德	《文本的快感》 《罗兰·巴特谈罗兰·巴特》

几年后，在《法兰西学院就职演讲》中，巴特更仔细地回顾了他的道路。在这个至高无上的学术殿堂中，巴特这次完全是作为一

---

[1] *Roland Barthes by Roland Barthes*，p. 145.

个学术人——绝对不是《罗兰·巴特谈罗兰·巴特》一书中那样视
自己为一个自由躯体——来反思的，这次，巴特暴露了他的纯学术
和思考的一面。他还是从他的一以贯之的主题——语言——着手。
语言，更准确地说，语言结构正是权势的藏身之地；巴特提到权势
不是偶然的，权势不再仅仅是种政治现象，它是一种意识形态，已
经渗透到社会生活的方方面面，各种各样的机构、制度、法律条文
都构成了庞大的权势集团，权势可以说："我的名字叫军团。"福柯
对此做了十分细致和精确的分析。对巴特来说，各种各样的权势虽
不能完全躲避，但可以尽量回避，然而，语言权势则是无法回避
的，尤其是对巴特这样一个终生闯荡于语言中的人来说。语言结构
是一种先天性的限制存在，"语言是一种立法，语言结构则是一种
法规，我们见不到存在于语言结构中的权势，因为我们忘记了整个
语言结构是一种分类现象，而所有的分类都是压制性的：秩序既意
味着分配，又意味着威胁……语言按其结构本身包含着不可避免的
异化关系。说话，或更严格地说，发出话语，这并非像人们经常强
调的那样是去交流，而是使人屈服：全部语言结构是一种普遍化的
支配力量"①。如果说权势的反面是自由的话，那么，在语言中就
永远没有自由，唯一的逃避权势的策略只是"用语言来弄虚作假和
对语言弄虚作假"，这种有益的弄虚作假也许是文人对抗权势的恰
当的姿态，这种弄虚作假正是巴特所称的文学。因此，文学应理解
为一种实践，一种抵抗权势、寻求自由的写作实践，而这也正是巴
特所称的文本，不断偏离语言结构、不断用能指的嬉戏来抵制语言
结构的文本。就此而言，如果说文学寻求自由的话，它不取决于作
家的立场、政治承诺、道德远见和历史力量，而是"取决于他对语
言所做的改变"。巴特正是从这一点出发，谈到了文学中的三点

---

① 《符号学原理》，第4—5页。

力量。

首先是科学知识。文学包含着各种各样的知识形式——这可以宣称文学是现实的，是现实的闪现，但文学对待知识的态度却不是忠诚的。它从不专注于某一门知识，也就是说，不使知识偶像化和权威化，它聚集的知识既不全面又非确定不变，知识在写作中变成了一种陈述行为，写作使知识成为一种欢乐。写作不是对知识的简单运用，不是知识的用具，在写作和知识的关系中，"语言字词是被作为投射、爆发、震动、机件、趣味而表达的"，而知识正是在语言的这种复杂作用下，变得妙趣横生。因而，写作和知识就不是运用和被运用的关系、再现和被再现的关系，而是相互激发、相互嬉戏的能动关系。文学中的第二种力量因此就是再现的力量。文学都与再现事物相关，准确地说，都和再现现实相关；然而，现实是不可再现的，它只能被指涉，我们不可能使一种多维系统（现实）和一种一维系统（语言）相互对应。但是，正是因为试图对这种不可能性进行解答，正是为了消除这种不可能性，各种各样的写作、各种各样的对语言的运用、各种各样的文学形式和文学史才建立起来。巴特让我们想象一种文学史，也就是说，"语言生产的历史，也就是往往作为不合理性的语言之权宜手段的历史，人们运用这类手段去减弱、制服、否定或反之接受一种永远是谐言妄语的东西，即语言和现实之间基本的不符合性……文学认为对不可能之事的欲望是合理的"①，而这就是文学的乌托邦功能，具体地说，就是语言乌托邦。语言乌托邦可以使我们不遵守任何一种权威语言，使我们可以自由地选择语言，使用语言而不必依照现实世界的模型去束缚语言，我们可以凭欲望去获取语言、表现语言，"有多少欲望，就有多少语言"。然而，不论怎样反对语言的权威，不论怎样挑战

---

① 《符号学原理》，第9页。

语言的结构，各种各样梦想的语言乌托邦却并不能摆脱权势，它总是被语言的强大惯性力量所吞没，被一种身后的模仿或者现时的时装形式所吞没。于是，作家别无出路，"只有转移或者固执己见，或者同时采取两种态度"。固执肯定了文学对现实的不可还原性，它也意味着文学对各种其他话语的抗拒，文学没有类比之物，也不会衰亡。固执和转移是相辅相成的，固执就是对转移——权势的转移——的固执，转移则是自始至终地对人们的期待的转移，对无所不入的权势影响的转移，对先前写作史和文学史的转移，对集体以及合群的力量的转移。因此，不论是固执还是转移，都是针对权势的游戏方法，巴特将它们视作玩弄记号，而不是消除记号，"这就是将记号置于一种语言机器里，这种机器的制动器和安全栓都去掉了。简言之，这就是在奴性语言的内部建立真正的各种各样的同形异质体"①。

这里回荡着《写作的零度》的声音。在《写作的零度》里，巴特说，一种写作的选择及其责任表示着一种自由，写作正是一种自由和一种记忆之间的妥协物，它就是一种有记忆的自由。在此，巴特将记忆置换成了权势，记忆是历史惯性，是先在力量，它不是一种启示性的存在，而是一种负面的压抑性构成；写作正是利用语言来动摇这种记忆，来瓦解这种惯性力量。巴特更明确了写作的功能，他重新赋予了20多年前的写作主题以新的内涵，不是不介入，不是零度写作，不是消除符号的写作才能达到语言乌托邦的满足；现在，语言乌托邦的欲望是要介入——不是萨特式的政治和历史的介入，而是要介入语言和符号本身，要介入那种差异性和离群索居的语言，介入那种具有分解力量和离异力量的孤独语言，也就是说，要玩弄语言和欺骗语言（结构）。这样，不是像《写作的零度》

---

① 《符号学原理》，第12页。

那样采取消极躲避的态度，采取忘掉语言本身的态度。巴特在这里重新注入了一种活力、一种主动的玩世不恭的进取力量：应该从语言内部、从语言自身发展一门独立的反语言技巧、反权势策略，从而搞垮语言，损毁语言权势，败坏语言的压抑性声誉。

因此，对语言内部的关注，对符号本性和规律的关注就成为必然。面临语言无所不在的压力迫使我们反观语言的构型——这就是巴特的符号学起源：它并非从索绪尔那里吹来的一股暖风，而是迫于《写作的零度》无法平息的冲突招致而来的进一步谋术。索绪尔及其语言学正好派上了用场，巴特在语言学那里获得了符号学的灵感。语言学无处不在，它像经济学一样渗透到社会的各个角落，这样，由于它的过于饱满，过于庞大，语言学正在解体。巴特说，符号学正是语言学的解体过程。语言学正是抹去差异，正是寻求一种共同的语言结构，正是省略掉了各式各样的特殊要素的圈套；而符号学正是补充了语言学弃之不顾的部分，正是以差异性、独特性和丰富的个体生动性作为对象，也就是说以语言中的"欲望、恐惧、表情、威吓、温情、抗议、借口、侵犯"等为对象，如果用巴特爱使用的词的话，它应是以具有独特性的"言语"作为对象。

因此，在巴特那里，从符号学到文本是自然而然的，它们都是语言学的偏离。"文本似乎是非权势的标志本身。文本自身包含了无限逃避合群的言语（那些聚合的言语）的力量，甚至当言语企图在文本中重新形成自己的时候，文本永远延搁下去……它延搁到了别处，即未被分类的，非其正常位置的地方。"[1] 专注于文本的符号学研究差异性，它不将自己视为普遍性话语，也拒绝任何一种合群性言语的神话，就此而言，这种符号学是否定性的。它否定符号是肯定的、固定的、非历史性的、非具体性的。

––––––––––––––––

[1] 《符号学原理》，第15页。

　　巴特是作为文学符号学教授当选的，因此，他在符号学上面停留了许久。尽管他已经离开了符号学，然而，在这里，他仍将他的工作、他的教学限定在符号学领域，现在的符号学不同于他在60年代的符号学了，60年代的符号学盲从于语言学，它是语言学的一个十足的奴仆，它遵从着语言学的一切规律、一切制度、一切方法。而现在，巴特修改了他的符号学定义，他只承认符号学是对意指的研究，是对记号的研究，但他拒绝认同符号学是一门科学，拒绝认同符号学的严肃性和条理性。符号学来源于语言学，但不遵从语言学，相反，它是语言学的对立面，它是否定性的语言学，它不是研究系统性，而是差异性；不是研究普遍性，而是特殊性；不再研究神话，而是拒绝各式各样的神话。有点奇怪的是，巴特将符号学和文本联结起来，而不是和结构联结起来，也就是说，他给符号学赋予了后结构主义的目光，同样是符号，同样是意指，然而，法兰西学院的符号学和巴黎高等研究实践学院的符号学却分道扬镳：一个是解构式的，一个是结构式的。

　　符号学的反省无疑包含了巴特的两个阶段：结构主义阶段和文本阶段。在文本阶段，巴特说，符号学"朝向记号，为记号所吸引，接受记号，处理记号，必要时模仿记号，如一种想象的图景一样。符号学家简单说来就是一种艺术家，他把记号当作一种有意的圈套来加以玩弄，他对此加以玩味并使别人也加以玩味和领悟其魅力……他偏爱的对象是各种想象的文本……玩弄着一种似真的表面性和真实的不确定性。我想把'符号学'称作这样一种运作过程，按照这一过程有可能（甚至有必要）把记号当作一块彩色面纱，甚至当作一种虚构物来加以玩弄"[1]。这样，享乐论和符号学会合了。享乐正是符号的享乐，享乐正是在符号的真实性和虚构性之间，在

---

[1] 《符号学原理》，第17页。

符号的不确定性、符号的断裂、符号的弄虚作假之间产生的。

　　巴特的轨迹就这样在他的演讲中显现出来。他受 20 世纪 70 年代末的氛围的影响，由福柯的权势说开始（演讲伊始，巴特就动情地说："我的始终如一的感情、思想和感激都与福柯联系在一起。"）。权势无处不在，而语言是权势的最大帮凶和同盟军，它既是权势的体现者和实施者，也是权势的维持和象征，正是对权势的拒绝，才引起语言的内讧和骚乱，才引发了自马拉美开始、巴特积极卷入的现代主义文学的乌托邦构想。对语言的关切最终导致的是留意符号运动、符号实践的符号学，它既观察权势的语言结构，又试图积极参与拆毁语言结构的叛乱，在这种叛乱中，既损耗了权势，靠近了自由，又获取了快乐，保持了趣味。

第六章　背影

思想边缘

在几十年的写作生涯中，巴特并没有给我们提供一个固定的思想形象。他不像他的同时代人那样是某个哲学或思潮运动的标签，他不是一个顽固的理论盟主，似乎不存在一个系统性的巴特主义，他总是在理论的潮流里划划水，然后又赶往下一拨潮流，这种轻浮的、毫无立场的变化使巴特成为战后法国最富争议性和最具传奇性的人物之一。巴特的对手攻击他是个骗子，是个毫无思想、毫无深度的投机取巧者：他谈到了一切，从索绪尔到马克思，从尼采到拉康，但他从来没有真正搞懂这一切；无论是马克思还是尼采，巴特所做的，无非是些小把戏，是些小聪明式的花样翻新，是些不值得重视的游戏取乐。总之，巴特不是那种真正的严肃的思想山峰。

那么，谁是思想山峰？今日还有那种一言九鼎的思想家吗？还有哲学或理论巨子吗？思想家也许是一个过时的概念，或者说是一个古典概念。思想家只会出现在哲学史中，准确地说，只会出现在后现代之前的历史情境中；思想家本身就包含了过多的独裁主义要素，包含了过多的一元论和本质论的哲学气味。思想本身总是和真理，总是和权力意志，总是和超人联结在一起的，它既表现为一种中心主义意志，又表现为一种控制性的形而上学的独断论。没有哪一种思想，没有哪一个思想家不具有排他性和自我中心性；没有哪一种思想，没有哪一种思想家没有表现出神学欲望和真理要求，从而最终现出形而上学的痕迹；就此而言，思想家（连同思想）这个概念是巴特意义上的急需揭穿的神话，一个理论和哲学神话。这个神话的最后一个现身、最后一个表征就是萨特，无论从哲学意图还是行动轨迹而言，萨特是站在形而上学这一边的：他既信赖主体性，也信赖真理和理性。

有点奇怪的是，今天人们都喜欢将思想家的帽子扣到福柯头上，福柯是传统意义上的思想家吗？他在为德勒兹的《反俄狄浦斯》写的序言中称，不应将这部著作视作哲学著作，而应将其视作一部艺术作品，视作哲学戏剧。艺术是不是比哲学更值得重视？在《快感的享用》的导论中，福柯明确地指出了"真理的游戏"，他的这段话既可作为他的信念，也可以被我们用来替巴特辩护，福柯注意到了知识和真理的危险性，他说："当今，很少有人愿意面对真理的历史给所有思想带来的危险……至于说是什么激发了我这样做，那则很简单……不过只是出于好奇心——任何情况下都是唯一值得带着一点固执去遵从它驱使的那种好奇心，它不是试图吸收适于自己认识的东西的那种好奇心，而是能使我们摆脱自我的好奇心。对知识的热情，如果仅仅只导致某种程度的学识增长，而不是以这样那样的方式或在可能的程度上使求知者踏上迷途，那么它归根到底能有什么价值可言？在人的一生中，可能会出现这样的时刻：对于知识问题，如果人们能够不以常规思考的方式来思考它，并用不同于人们看待它的方式来感觉它时，它会在对它继续进行观察和思考时变得绝对必要……然而，哲学是什么呢——我指的是哲学活动——如果它不是思想本身的批判研究的话？或者如果它不是想努力弄清如何以及在何种程度上可以进行他样思考，而是把已知道的东西合法化的话，那么它的意义何在？哲学话语一旦试图从外部去对别的领域颐指气使，告诉它们各自的真理何在，如何找寻，或者一旦用天真而武断的语言做出与它们相悖的论辩，那么这种话语中总会有些滑稽可笑的东西。"①

因此，哲学只是一种思考的艺术，它不是真理的敲门砖，它不是知识合法化的理论基础，它只是好奇心，只是想象，只是各种各样思考的可能性，就此而言，哲学和艺术——置独具一格的思考为首要性的想象艺术——并没有太大的差别。福柯引起的巨大反响正是他的思考方式，正是他的奇特思路、谱系学方法，而不仅仅是他的结论。福柯也没有一以贯之的主题和哲学，他也正是在各种领域的写作中展现他的创造力和理论想象力。巴特的工作同样为福柯的这段话做了注脚，无论是索绪尔，还是马克思，都是他的玩具和棋子，他以他自己的兴趣，以他自己的方式和规则，以他自己的想象和爱好，摆弄这些玩具；他将它们做成各式各样的造型，搭成各式各样的积木图案，一旦完毕，他就将它们顺手推倒了，或者将它们弃之不顾了，他又奔向另一些新的玩具：拉康或者德里达，克里斯蒂娃或者索莱尔斯，又是一个理论的玩具组合。接着又被他推翻了，巴特又离开了它们。正是在这样不断玩弄和使用理论的过程中，巴特展示了他的创造性和活力。巴特没有被任何一种理论吞没，既不被理论的思路吞没，也不被理论的结论吞没；在驾驭理论的过程中，巴特总是在进行"他样的思考"，正是这些思考开启了各种新颖而奇特的可能性，开拓了各种边缘空间。

这正是巴特的意义所在：他不是给了我们重重一锤，他并没有

---

① 米歇尔·福柯：《性史》，张廷琛、林莉、范千红译，上海科技文献出版社1989年版，第163—164页。

以一枚重型思想炸弹狠狠轰击我们的神经（谁还可能给我们提供这样的炸弹呢?），但是，他给予我们以惊讶、叹服和足够的好奇心，他给予我们的是一种独特的声音、一种不同凡响的见识、一种奇异的目光。巴特的最终要求是："毫无权势，一些知识、一些智慧，以及尽可能多的趣味。"这既是一个唯美主义者的愿望，也是一个享乐主义者的申请。最终巴特将自己的写作和欲望联结在一起，和身体联结在一起，和感官世界联结在一起，他回到了尼采，回到了信奉肉体的尼采。肉体与真理和知识总是对立的，这种对立最夸张地表现在尼采主义和柏拉图主义的对立上。巴特从实践出发，从经验出发，在他即将终结他的写作旅途之际，在他即将走完他的生命旅程之际，巴特回到了物质性的肉体主义不是偶然的，身体在最大的可能性上是欲望的寄托和场所。如果不相信真理（尼采断言，真理是隐喻的大军），不相信知识，不相信理性，那么，只有身体，以及由身体作为根基的智慧、享乐、欲望是可以触摸和感觉的。身体也许是抵制一切迷信、一切神学、一切妄想、一切荒诞的基础。巴特发现了身体，而且，写作就是对身体的享用、对欲望的消费和快感的实施满足，写作成为十足物质性的、感官性的、消费性的和享受性的，它既没有对象（用巴特的话来说，即不及物），也没有目标，它不折不扣地就是奢侈的花费。因此，巴特没有给我们留下真理、知识、思想，巴特也不会在某个专一而具体的目标上耗尽全力，他也不会对深度，对秘密做徒劳的挖掘和开垦，他不会让人驯服，他既不咄咄逼人地使用教训的口气，也不显示出尊贵而骄傲的思想面孔；巴特全神贯注的是他的写作实践，是写作本身。他的重大主题即是：写作如何承载身体的重量？写作如何成为一种支撑、一种存在方式、一种生活原则？因此，巴特不留在思想史的领域里毫不奇怪（今天，在历史、政治、经济和所谓的思想研究重新抬头的知识界中，巴特自然地受到了冷遇），他所谈论的一切不是那些重大的学科命题（它们是菜单、时装、埃菲尔铁塔、脱衣舞、爱森斯坦的电影剧照、日本的街道、情话、摄影、巴尔扎克的微不足道的小说以及他的起居时间表等），他也不将谈论的对象引入思想辩论的大舞台。相反，对象既服从他的趣味的品尝，又服从他的写作的愿望，对象最终是一些虚构的对象，它们从属于写作，从属于改变它们、发现它们、整理它们的享乐要求。正是这种遵从意愿的写作，这种独特和身体返回性的写作，这种自我关注、自我反省的写作，使巴特毫无疑问地载入作家的史册，载入写作和文学的史册。巴特不是一个巨型思想家（在他看来，思想家也许是个讽刺性的称谓），却是一个无可争议的知识分子，一个以写作为生、将身体托付于写作的文人。

　　写作一旦和身体结合起来，一旦成为感官世界敞开的通道，一旦成为欲望的消费，它就不可避免地和禁欲主义发生冲突：禁欲主义总是来自权力，来自控制，来自某种伪装的政治。因此，巴特最终是个不合作者，既不与政治合流，也不与权势合流，巴特对政治的态度是拒绝它，而不是对抗它，他说，他总是想限制政治，他引用布莱希特的话说："我不想和政治生活在一起。"① "确实，在政治这个词的主题学意义上，我的作品不包含政治话语，我不面对那些直接性的政治题目、政治立场，原因是政治无法使我激动起来。"② 他还略有点恨恨地说："我的一生中，从政治的角度来看，我给了自己一段糟糕的时光，从这里，我推断出我认识的（赋予我自己的）唯一的父亲就是政父。"③ 在《文本的快感》中，他还大不敬地说："文本（应该）是居无定所的人，他将屁股露给政治之父。"政治、父亲、权势在巴特那里是统一的，他们都构成某种压

① *Roland Barthes by Roland Barthes*，p. 52.
② *The Grain of the Voice: Interviews 1962-1980*，p. 268.
③ *Roland Barthes by Roland Barthes*，p. 126.

抑性存在。巴特对此不是激烈的抵制，不是面对面的勇猛抗衡，他既不像萨特那样富于行动，也不像福柯那样进行理论的规划；他用的是智者的策略，他不奋起反抗，但也不退缩躲避，他采取偏离姿态，采取边缘姿态。他和任何权势、任何中心保持距离，他更愿意待在某个不为人所知的地方，不为权势和政治大肆浸染的地方，他以唯美的方式和自得其乐的方式来驯化政治，他以个人主义和享乐主义来抵制权力和历史主义，他以写作和写作中的肉体主义来淡化历史中的悲剧色彩；因此，对政治而言，他自然而然提出的口号是：敢于懒惰，"什么也别干，看看青草生长，沿着生命之河随意漂浮，每一天都是星期天"[1]。懒惰是一种针对压抑的策略，不是公开的抵抗，而是间接的回答，就此可以避开紧张的危机，巴特梦想的懒惰是一种简化至极的小诗：

静静地坐着闲着
春天来了
青草任意生长[2]

对待政治和权势的态度是懒惰，无论以什么样的眼光来看，这都只能是出自一位新派人物之口。巴特浑身都充满了灵气和才华，他的活力、创造性和不凡的想象使他偏离了传统的航向，他的身份在传统的学科里找不到一个恰如其分的位置，他的一切都和常识保持着距离，常识既可能是正确性的砝码，同样也是平庸的标志，巴特确实不能在对错的坐标轴上标码。他只能在另一些区域，在艺术和文人的区域，在想象性和美学的区域驻足，也就是说，他不适宜于真

---

① *The Grain of the Voice: Interviews 1962 – 1980*，p. 338.

② *Ibid*.

理的杠杆，他只适宜于道德的杠杆，只能用价值学来衡量这位翻空出新的人物。

巴特是彻头彻尾的唯我主义和个人主义者。唯我主义具有一种固执的禀性，即万事万物汇聚于心的内敛力量。这种内敛，只能使纤细的心灵更加敏感，承受更多的外来反弹，从而变得既脆弱又不可思议地奇思怪想。巴特的奇特构思、异常想法最终源于他的不可思议的敏感，这种敏感总是注意到了细节、边缘和一般人熟视无睹的种种现状。巴特宣称，他讨厌电影，主要原因是，电影总是漏掉与剧情无关的细节，电影总是把一切稀薄的东西剪掉，对巴特来说，那才是他的兴趣所在。细枝末节的东西、与宏大主题无关的东西，尤其是与思想无关的东西，更能激发他的兴趣。巴特处理的是些小事情、小对象、小东西。他使小的东西发光、闪现，受到别样的对待，重获注意，并使它与自我相连，成为自我的玩偶、趣味对象、笔下的小精灵。巴特所做的在某种意义上是一种类似于解放的工作，他使对象从平庸的牢狱中解放出来，从常识中解放出来，从呆滞的目光中解放出来。纤细、敏感、脆弱不可思议地在改变着世界，如同强大、孔武、勇敢的心灵一样，二者都是对世界、对象、万物的一种不同凡响的反应，都是对神话学的摧毁和揭露。二者的不同只是在于，前者是玩味式的、审美式的、娱乐式的，后者则是现实主义式的、实践式的、政治式的，前者是艺术地改变世界，后者则是真实地改造着世界，这就是唯美主义和历史主义的本质区别。

巴特让我们领会的是如何去重新看待我们的周遭，如何用不同于常识、不同于习惯的眼光去看待一切，就此而言，巴特具有认识论的意义。这也不是通常意义上的哲学认识论，不是发现真理的认识论，不是发现秘密的认识论，不是通达坦途的认识论；这种认识论包含直觉的素质，包含身体的素质，包含心灵的素质，包含情趣的素质；它不是推论式的，不是逻辑式的，不是数学式的，然而，它依旧是认知，依旧是一种知识的形式、一种判断的决定、一种发现、一种独到的结论。如果说，思想家是那种强力式的超人，是那种具有灯塔意愿的照耀者，是那种有芸芸众生紧随其后的先行者，是那种具有强大理论能量的引爆者，那么，知识分子——今天，他已经取代了思想家——则不是引路人，他是纯粹的个人，是既不依附流俗也不对抗流俗的个人，他仅仅站在流俗的边缘，远离流俗——知识分子罗兰·巴特自始至终就保持着那样一种姿态。

形式主义气质

括号对巴特来说意味着什么？在写作史上，很少有人像巴特这样频繁地使用括号，从我们所见到的巴特的第一篇试笔《论纪德和他的日记》开始，巴特的著作几乎每一篇、每一页都使用了括号，括号伴随着巴特的一生。

毫无疑问，括号具有修辞学的意义。巴特将不利于逻辑组合的句子纷纷遣入括号中，括号既可能在句子中间，也可能在句子末尾，它既可能是句子的一部分，也可能是整个句子，甚至整个段落。括号被如此密集、如此灵活地应用着，以至难以将它归类、分化和整理。不过，可以肯定的是，括号有利于调节句子的节奏感，括号可以代替那些毫无灵性的僵硬的关联词。关联词通常是承接、传递、过渡和组织性的，它本身并没有明确的语义征兆，它也没有充分的个性，没有词的物质性和孤独性；它拖长了句子的语气，阻碍了句子的简捷、快速的运动节奏；就句子本身的质感而言，关联词句是否定性的，是消极的。巴特充分地利用括号代替了这些生硬而又平庸的关联词，他让每一个词语跳动，让每一个词语显现，让每一个句子发光；那些过渡性的、技术性的以及迫于话语形势而不得不使用的词或句子被巴特巧妙地塞进括号中：你可以跳过它，你也可以注意它。

然而，更重要的是，巴特的括号同一种内在的丰富性和复杂性连在一起。意义从来不是单向的、独断的和一元论的，对巴特来说，意义总是在语句的十字路口四顾徘徊；一个句子可以在几个方面同时派生意义（保罗·德曼的理论有力地证实了它们）。然而，句子总是被安置在一个语序中，被安置在一个文本组织内，它总是被先在地圈定在一个意义的轨道内，句子的物理性空间布局也有效地限制了句子的歧义性。巴特的括号可被视为挣脱这种句子独断论的一种努力、一种尝试：正文是符合这种语序流的，它贯通前后的语境，它维持话语本身所固有的结构功能（这通常是写作本身的先天性压力）；而由正文派生出来的括号、依附于某个正文句子的括号却往往是敌对性的或者偏离性的，它既不遵循话语的秩序，也不服从内在的写作结构。在括号的名义下，它可能获得反叛的合法性，它抵制巨大的意义，它对正在进行的写作发出不和谐的声音，它是正文的叛徒或无政府主义者。而这一切歧义产生的可能性是借助括号来实施的，括号是个保护性的合法屏障，因为它是个例外标志，是个可以无须慎重对待的符号，是个无关紧要的象征；而巴特正是利用了这点，利用括号的这个无足轻重性来展开他的丰富性。

只有复杂的心灵才能意识到句子、意义的多元性和歧义性，就此而言，括号记载了巴特的思考和心灵的痕迹。括号有效地承载和接纳了心灵的另一面，接纳了思考的另一面：断言后的犹豫，判决后的反悔，陈述声明中的意外，理性旁的灵感，发现外的直觉，总之，记载了不求决断、不求暴力、不求独裁的复杂而纤细的心理痕迹。巴特的矛盾性在括号中暴露无遗。同时，事物本身的复杂性、事物本身的多面性和矛盾性、事物的丰富构成性也显现出来。对象也不是一元论的，不臣服于任何独断意志，无论是语言意志还是精神意志。巴特的括号表明，无论在哪个领域，无论是精神领域、语言领域，还是事实领域，总之，在整个世界中，都充溢着复杂、丰富、矛盾和微妙的辩证法，对巴特来说，这既是气质性的，也是观念哲学性的。

括号既部分地透露出巴特的世界观，又透露出巴特的隐喻方法论。在巴特的括号中，既有矛盾性的反诘句子，比如"我无任何形象（只勉强具有母亲的形象）"①，这类句子正是用辩证法反对独断论，也有类比性的句子，在《罗兰·巴特谈罗兰·巴特》中，他写道："他梦想一种免除意义的世界（就像一个人免服兵役一样）。"②"我不想还原我自己（就像我们在谈论纪念碑一样）。"③ 括号在此起着隐喻功能，它将一些遥远的事物拉到谈论的对象上来，将两种毫无联系的对象依照它们共同的某类品性并置在一起，这就是隐喻的力量。它和反诘式的思考呈对立状：它们占据着心灵的两端，一种是矛盾的、对抗的，另一种则是联结的、类比的，它们从两个方面、两种维度向那种简单的单向思路发起挑战。隐喻式的括号由于有并置各种事物的自由，还表现为一种辐射式的反本质哲学论：并置的事物没有等级制，没有优先权；在此，类比压制了控制。隐喻式的括号为写作敞开了一个肆意妄为的大门。写作不再是单向前进了，它可以驻足，它在每一个地方可以停留，可以观望，可以引申，可以联想，它可以随时接纳文本外的世界，接纳一个空前庞杂的世界，文本再也不是局限性的。写作在这个意义上，在隐喻和类比式括号的诱导下，变成纯粹的互文性了。

巴特的第三类括号是解释性的或补充性的，这也是巴特使用得

---

① *The Pleasure of the Text*，p. 5.
② *Roland Barthes by Roland Barthes*，p. 87.
③ *Ibid.*，p. 56.

最多的括号，随意打开巴特的任一页书，这类的括号便随处可见：
"恋爱在时间上有个圈套（这个圈套就叫恋爱故事）。我（与所有人
一样）相信爱情是一个断片，有头（一见钟情）有尾（自杀、抛
弃、变心、急流勇退、进修道院、离家出走等）。"圈套就叫爱情故
事，这是进一步的澄清、补充式说明，对恋爱故事的头和尾同样是
一种补充性的解释。括号中的解释说明既可让事情变得具体化和明
确化，同时，它又没有阻断句子的语序，"有头有尾"这个词组依
然保留着。没有括号，如何保留这个紧凑的常用词？括号中的解释
性成分，由于它的纵向维度，对写作来说，常常是一种变速。就巴
特而言，他的惯常风格是写作在一个平面上滑动，既紧凑又平行；
而那些需要朝向底部的深度解释、那些空间上的纵向挖掘，只好交
由括号处置了。括号既保留了那种解释性和补充说明性功能，也保
留了那种流畅的语速，它解决了巴特的一个难题：纵向意义的深度
和横向叙述的速度的冲突。括号让这两种性能各行其是：撇开括号
不顾，你就能保持叙述的速度，而如需考察意义的深度，你再诉诸
括号。

解释性括号所包裹起来的句子常常具有一种意外特征，也就是
说，括号内的解释性句子并非必不可少的，并非确切无疑的。与其
说它们是一种解释，不如说它们是一种解释的可能性，是一种逾越
常识的假想解释，它们有效地扩充了句子的语义学内容，使叙事变
得有层次、有基础、有多样性、有丰富的可能性。同时，它和类比
性括号、反语式括号一样，使整个写作摆脱了一种简单的面孔，摆
脱了一种独断论的专横，巴特的文本因此呈现一种柔和、雅致、新
鲜而令人生厌的极富韵味的风格。无论是反语性括号、类比性括
号还是解释性括号，巴特都从一个常识之外的地方着手，都以一种
出人意料的方式展开，它们既让人惊叹折服、怦然心动，又使文本
趣味盎然、生动活泼。因此，括号最终就不是一个无足轻重的象

征，括号中的句子也不是一个低等的可有可无的状语形式，不是一个可以跳过省略的阅读单位；相反，括号正暴露了巴特的心迹、趣味、才华，它正是以一种巴特所喜爱的边缘形式，以一种被合拢、被包围的形式，以"（）"的形式，受到了隆重的待遇。括号，以及括号中的句子，在精神分析学的意义上，正是巴特的症候。

如果说，巴特的大量括号还保持着一种解释意图的话，那么，他的大量警句则干脆抛弃了解释。警句永远是判断性和结论性的，它蕴藏着巨大的包容力和概括力，能够频繁使用警句的人无疑是那些具有无限洞察力的智者。警句的一般特征是：将隐匿的普遍事实和尚未彰明的有规律的真相，用一种简短的形式——通常是一句话的形式——暴露出来。如果说写作的意图之一就是澄清事实的话，那么，警句则是写作的至福境界了。尼采是无与伦比的警句作家，他的洞见、他的伟大发现、他的残酷的穿透力、他的不可估量的直觉，都是通过那种简短的呼啸而来的警句风暴表现出来的。警句在尼采那里充分地引爆了它的能量，警句构成了威力无比的炸弹，它是平地而起的惊雷、狂啸。在巴特这里，警句不是爆炸性的，然而同样是穿透性和直觉性的，它富有智性的力量。巴特的警句不是对于历史的深刻洞察，不是对于巨型思想的发现，他的警句源自日常生活，源自微不足道的细节，源自周遭的环境，他常常针对着普通的对象。比如，谈论性和色情的时候，他说："在美国，处处都是性，就是在性行为中没有性。""女人在脱光衣服的刹那间被剥夺了性感。""间断具有色情感：在两种衣物（裤子与毛衣）之间、在两个边缘（半开的衬衣、手套与袖子）之间闪耀的皮肤的间断具有色情感。"这样的警句就是直觉的发现。它无须论证、无须解释、无须推断，它把经验浓缩起来，它需要的不是知识、理论和学养准备，它需要的是气质、天分、敏锐和才智。

警句是削减式的，它抛弃了一切论证式的枝丫而直达对象的深处。一个富于警句气质的人，一个用大量警句写作的人，通常拒绝逻辑，拒绝运算，拒绝反复的推衍论证。直觉总是胜于理性，警句总比一大堆推论更醒目、更有力量、更有弹性。警句和逻辑论证具备一种天生的敌意：警句是削减式的，逻辑论证是扩充式的；警句是概括性的，逻辑论证是推理性的；警句是结论，逻辑论证是过程；警句是向上的，逻辑论证是向下的；警句是东方直觉式的，逻辑论证是形而上学的。经常使用警句的人不是那种鸿篇大论的人，警句总是趋于完结、趋于结论、趋于凝固，因而，它也总是趋于短小精致，警句是牺牲了烦琐的求证而产生出来的，这样，警句写作的一个自然而然的结果是断片、随笔。

　　警句作家大都是断片作家或擅长于断片的作家。尼采依赖于断片形式，维特根斯坦依赖于断片形式，帕斯卡尔和拉罗什福科也采用了这种形式，写书信和做演讲的王尔德——正是在此，他才妙语连珠、警句不断——也酷爱这种形式，既用警句也用断片的写作者中还包括作日记的卡夫卡，随笔巨匠、巴特的法国前辈蒙田，诗人中的老师爱默生以及近代哲学的祖师爷克尔凯郭尔。巴特是这一传统中最晚近的生机勃勃的参与者。他的第一篇文章就是以断片的形式构成的，他说，这样的选择符合纪德的方式，因为"不连贯性总比歪曲的秩序好"。为什么用断片的形式写作？巴特的解释是："喜欢发现，喜欢写开头，他借此繁殖这种快乐，这就是他要写断片的原因：如此多的断片，如此多的开头，如此多的快乐。"[1] 似乎断片只是一种习惯、一种兴趣、一种写作爱好。

　　然而，情况肯定不止于此。断片是抵制总体性的标志。总体性——它的另一个不太雅致的名称是"系统硬化症"——是一种暴力形式，也是一种压抑形式。总体性、语言结构、逻各斯中心主义

---

[1] *Roland Barthes by Roland Barthes*，p. 49.

都是西方哲学传统（柏拉图以来的传统）所豢养的孪生子。总体性是控制和异化的别名，它暗含着中心、等级制和人为的秩序感。总体性要求屈从和就范，它就是盲目的纪律和权威制度，它迫害那些异质性的细节和节外生枝的活力。断片可视为对总体性、对系统硬化症的抵制，它在总体性那里撕开了裂口，它摧毁了总体性的堤坝，让那些异质之流自由涌动。断片正是各种异质之流的组织形式，它不将那些矛盾性和差异性的东西生硬地装配到一个虚构的机制中来，而是依照它们的固有面孔、固有本性将其保留下来，使它们以现象学的方式暴露于世，使它们恢复其原样，从一种盲目的牵连中斩断它们的异化绳索，从而最终解放它们的本来面孔。总体性的满足总是以压抑和控制而获得的，断片有效地克服掉了压制和控制的暴力，它使差异性自由、完整而随意地保存着。

断片、警句、括号在针对逻辑的态度上是高度一致的。巴特是近代罕见的置逻辑于不顾的人。逻辑是总体性的一个必要锁链，它建立在这样的世界观上：世界是一个环环相扣的天然秩序体，每一个要素都是世界中的一个必然的有机部分。逻辑因此就是澄清和组织世界系统的一个有效手法。然而，断片正是以对这种哲学信念的反驳开始的，它相信事物是纯差异性的，没有什么绳索将它们绑在一起，就此而言，逻辑很可能是暴力工具。巴特几乎完全放弃了逻辑，在他那里，断片是并置的，各断片彼此没有任何的优先性，没有任何的中心性。在巴特的后期，断片的排序完全是随意的，它既否决了总体论哲学，也完全不顾及根深蒂固的写作的结构性压力。巴特通过断片形式，既附和了德里达的理论，也预示了利奥塔的著名结论：向总体性开战，维护差异的专名权。巴特不是通过宣讲，不是通过论证（论证不是容易跌入总体性的陷阱吗？），不是通过逻辑的线索来宣告差异的合法性，他是通过断片写作，通过形式本身，通过姿态，通过无言的行动来显示的，因此，巴特的作为更像尼采，更像维特根斯坦，后者的形式本身也就是哲学本身。

　　断片既使写作对象从总体性的控制中解放出来，也使写作者从逻辑的索链中挣脱出来，尤其是巴特这样信赖直觉，依附灵感，听任偶然性支配的作家。断片可以不顾及扭曲性的法则（法则永远是一种强迫形式），它容忍写作者肆意妄为，容忍即兴的灵感火花，容忍兴之所至的涂抹，容忍对无意识的捕捉，容忍别样的思考，容忍非中心性的旁门左道，总之，它为写作中时时涌来的偶然灵感敞开了大门，使这些偶然灵感不至于因为无法为某个中心性主题所接纳而被放弃、毁灭。断片能有效地记载写作的痕迹，它更像是草稿写作、卡片写作、超现实主义式的自动写作。在《恋人絮语》中，如果不采纳断片的形式，很难设想这本书的组织空间；也正因为它的断片形式，它可以随意记录巴特的不时显现的观察、经验、记忆和体验：这不是一本严格构思的著作，而是一部兴之所至之作。

　　因此，从最根本的意义上来说，巴特动摇了书的概念。什么是书籍？这是个难以回答的问题，然而，通常看来，书籍总是以连续性为基础，无论是构成上的连续性还是主题上的连续性。主题上的连续性有多种多样的表现形式：它可能是对某一个专题各个侧面的展开，比如以尼采或以后现代主义作为主要论题的书籍，这既可能是一个人的专著形式，也可能是多个人的论文合集形式，由于书有一个主题焦点，所以它有一个中心，有一个内在的等级制度，书页里的文字总是围绕一个主题轴而运转展开。主题的连续性的另一个表现形式是以作者为统一点的书籍，比如，《柏拉图文选》或《马克思读本》这样的书籍，无论是柏拉图还是马克思，都被视作庞大的整体性构成，在这样的选集中，作者被视为各种各样差异性的深层的发光体，被视为一个焦点性的有机体，各篇文字似乎与同一个身体相关，这种书籍观无疑以一种机能主义作为出发点。就巴特来说，《批评文集》《意象-音乐-文本》等等都是这样的书籍：它们不是在论及的对象上具有内在的一致性，而是源自同一个写作身体，正是因为把这个身体作为基础，书籍才有了构成的合法性。

巴特并没有挑战这个主题上的连续性，事实上，他的书籍只是在主题的连续性上才是可以被理解的。《米什莱》就是围绕着米什莱来谈的，《S/Z》则是谈论一部小说《萨拉金》，《罗兰·巴特谈罗兰·巴特》则是谈自己的书，《符号帝国》是谈日本的书，《恋人絮语》是谈恋爱情境的书。巴特的书给自己划定了一个论题范围——这和不计其数的书并没有两样，然而，巴特对书籍的另一个牢不可破的连续性，即时间和叙事上的连续性提出了挑战。书籍的叙事连续性绝不仅仅指一种严格有序的严谨次序，绝不仅仅指一个时间秩序，它还包括一种内在逻辑，包括一种组织上的合理性。这种逻辑、这种组织上的合理性并不一定以时间次序表现出来，或者说，并不是时间性的，而是推理性的、事实性的、论证性的；书籍被一个结果控制着，被一个主题笼罩着，在一个轨迹内依照某个隐藏的法则运行。正是这种潜在的法则、这种隐秘的逻辑，构成书本的内在基础和存在的合法性，不然，如何或者从何着手把握、降服、整理和总结一部书呢？书的量度、容积如果不是依照某种逻辑标准，它又如何取舍呢？为此，书的起头和结尾应理解成连续性的起头和结尾、起点和终端；正是在这个意义上，一本书才显示出它的特质、它的标志性、它的与众不同的存在，总之，才显示出它就是一本书的理由。

然而，巴特放弃了连续性，放弃了内在的逻辑性和事实的因果性，这很容易损毁书本的声誉。事实上，自《文本的快感》开始，也就是在巴特的晚年，他的写作已经处在一种飘浮的状态了。巴特只是确定了一个要谈论的话题，确定了他想涉及的对象，然而，这个话题不是依据秩序、依据逻辑、依据内在的关系被组织和被谈论的。它由形形色色的断片构成，这些断片之间既无优先性，也无逻辑性，它们没有被密切组织在一起的理由。在《文本的快感》的众多断片之间，它们仅有的排列顺序是依据断片的小标题的字母顺序。事实上，巴特此后的写作大都是采纳这种不得已而为之的顺序，与其说是一种顺序（当然具有一种视觉上和物质上的顺序性），不如说这恰恰是一种反顺序，将连续性、秩序交给一个外在的约定俗成的而又毫无强迫性的字母次序，这充分显示出对连续性的轻浮和任意态度、对逻辑性的最大轻视。

在此，书籍以一种散乱的形式、一种无内在连贯性的形式表现出来，它不再是论证和推理性的。因此，它没有一个主题学的焦点，它只有一个区域范围：巴特何许人也？《罗兰·巴特谈罗兰·巴特》没有将此引向一个结论，巴特不是给我们建立了一个完整的形象，相反，巴特是支离破碎的，是无统一性的，既找不到他的灵魂底部，也找不到他的身体底部，巴特并没有和盘托出一个整体形象，相反，呈现给我们的只是一些纷乱的细节和零碎的踪迹。这样一种效果，一个在形式上无焦点性的书籍永远难以在主题上构筑一个焦点。因此，面对巴特的书籍，我们不能这样发问：这本书说的是什么？而只能问：这本书是怎样说的？巴特将写作的问题，将书籍的问题引渡到生产中来，引渡到实践中来，他促使我们关注到书籍的另外一面，即书籍的构造、生产和形式的一面。书籍不再仅仅是负荷内容、负荷真理、负荷主题的产品，它还是一个生产内容、生产真理、生产主题的实践。依照巴特的说法，书籍不仅仅是"产品的符号学"，还是"生产的符号学"——巴特使我们注意到（也许不是第一次，但至少是最强烈地）书籍本身的问题，他的生动的实践形式启示我们：结论和真理都是书籍形式产生的结果，书籍的神话就是跳过形式本身而直达主题的神话，巴特再一次回到了《神话学》。

括号、警句、断片和书籍都是形式主义气质的表现，然而，不管是有意还是无意，我要说，巴特之死同样是不同凡响地形式主义的。巴特被洗衣店的卡车撞倒，巴黎街头这种突如其来的一击并不罕见，但是，发生在巴特身上的这种车祸却是一个事件。巴特时年65岁，正处于声名的巅峰；他的至爱——母亲于三年前逝世了，巴特刚刚完成一本纪念母亲的书，他和母亲的动人的亲情被铭刻在书中；母亲逝世的半年前，目睹了巴特在法兰西学院的就职演讲，无论是巴特，还是母亲，都经历了最为自豪和骄傲的一刻，似乎该了结的都了结了。这一切都意味着某种终结，都意味着某种必要的完成：巴特还需要什么呢？尤其对一个衰败的资产阶级家庭出生的人来说，巴特走过的是一段坎坷的，然而又是不断上升的路，肺病使他没有上过正规大学，然而也使他免除了兵役，使他在一个战乱的时代装备了大量的知识。巴特的声名不是一夜之间奠定的，他不是通过一本书就走红的流星，他是那种少见的一步一步地缓慢然而也是坚定地登上峰巅的人，巴特的每一步都是前进和上升的一步。他的步伐不大，但从没停止过，他的成名史既不是一个传奇性事件，不是一个偶然事件，不带任何暴发户特征，也不是平淡无奇的事实，它在进度上恰到好处：巴特的声名在他不断的写作中累积着。在38岁的时候，他才出版第一部书《写作的零度》，无论如何，这只能算是大器晚成，而这个年龄无疑是成熟而清醒的年龄，他既不会沾沾自喜，也不会盲目乐观，这只是意味着一个成熟而坚定的开端。此后，巴特的写作和著述一直充满生机地持续着，它们既不具有爆炸性，也丝毫没有沾染平庸气，它们逐渐地将巴特带上了法国知识界的巅峰。

巴特死于盛名的巅峰期，死于荣耀的顶点，对此，我要说的是，这是巴特的至福，尽管从生命本身而言，这可能是个灾难。巴特之死，是唯美主义的一个完满句号，它使得巴特的65年岁月令人惊讶地呈上升的直线型；他没有留下任何的缺憾，尤其是没有给

生命留下遗憾的岁月。和巴特的同时代人比较一番，巴特的完美性
就十分容易凸显：阿尔都塞经过了 60 年代的盛名之后开始沉寂了，
最后的岁月，他以疯狂作为生命的归宿，他在精神错乱下，扼杀了
他的妻子，在精神病院度过了余生，这是个悲剧性的结尾；拉康在
60 年代《文集》的出版，使他名声大噪，然而，他再也没有其他
的著述吸引公众了，这个自负傲慢的老头只有一次次地挑起事端来
抵制冷清的生活，《文集》出版后的 10 多年里，拉康就生活在《文
集》所带来的荣誉之中，毫无疑问，这种荣誉在随着岁月的流逝而
逐渐地损耗；与拉康相似，依然健在的列维-斯特劳斯现在也是一
个孤独的老人了，他当然不会被人遗忘，然而，无论如何，他面临
的不再是众星捧月的生活，如果说，他一度处在法国思想界的巅峰
的话，毫无疑问，他现在往下走了，他在抛物线的垂降的一端；
萨特，这位思想伟人，这位法兰西的巨子，和巴特几乎同时逝世，
他享受了死的巨大荣耀，但是，送葬的盛大场面更多是缘于他的人
格、信念、行动和斗争哲学——很久以来，准确地说，《辩证理性
批判》以来，萨特不是以写作来生活和工作的。只有福柯，这位无
与伦比的才子，和巴特一样，死于盛名之际，死于巅峰之际，死于
著述之中而不是生活之中，福柯不是唯美主义者，他更像一朵恶之
花，所以，他死于冒险者的疾病，艾滋病是异端主义的最后温床，
福柯之死充分地证实了他是这个时代的异端主义的不屈的先驱。

　　巴特之死则是唯美主义和形式主义之死。说它是唯美主义的，
是因为死亡给其生命画上了完美的句号。巴特最终获得了一切，无
论是事业、名誉还是生活，因而，巴特不是写作中的悲剧人物，不
是尼采或本雅明式的只留下了一个身后的生命；他具有一种此时此
地的完满性，完满性正是唯美主义的重要品质，也正是悲剧性的对
立面。而且，不像通常的车祸那样，巴特既没有遭受身体的破损
（唯美主义者决不愿意看到身体的血淋淋的肢解场面），也没有立即

和世界告别，他在医院神志清楚地躺了一个月，这使他可以充分地回忆自己的一生，可以从容地面对死神，可以和朋友们、情人们进行最后的晤面，总之，他可以思考死亡、生命、成就、爱和友谊。死神完全按照巴特的气质来安排他的命运：既不是匆匆而去，也不是漫长的等待、降临。死亡也符合巴特的风格，符合他的从容的节奏，符合他的拒绝歇斯底里的气质，符合他的唯美主义理想，最终，符合一个形式主义者的作品轨迹。就此，我们要说，死亡，是巴特的最后一个作品，一个行动作品，一次精心准备的形式主义写作。

遗 产

巴特毫无疑问是位时髦人物，是那种创造性的新派人物。然而，他也毫无疑问应属于那种不朽人物，应属于那种永恒作家之列，巴特20余部独创性的作品（除去那些重复性的选编本）就是明证。苏珊·桑塔格说："在'二战'后从法国涌现的所有思想界大师中，我敢绝对肯定地说，罗兰·巴特是著作永世长存的一位。"① 巴特的著作当然构成了20世纪的一份重要遗产，我们可以从几个方面估计巴特的创造性工作——不是创造性的，就很难说是遗产式的。

（一）语言和写作。这也许是巴特最重要的遗产。巴特如果说有什么恒定性的东西的话，语言和写作则是他的终生主题。甚至可以大胆地断定，只有在语言和写作这些主题和对象上，巴特在频繁的实践中才可以确立一个固定的形象：语言和写作大师。巴特在此

---

① 《符号学原理》，第182页。

表现得独具一格，也许抹掉他的姓名，人们也可以辨认出他的作品。就此而言，语言和写作是他的"生物学基础"。语言对他而言，不是一种写作工具，而是一种写作对象、写作目标；写作就是对语言的一种实践，一种驯服，一种观赏、把玩、试验。语言正是在写作之中获取活力，重新发光，字词正是在写作中闪烁、迸发，语言不是写作通达外部的透明工具、器皿、手段，它就是写作的内容、写作的全部物质性目标、写作的托付性场所、写作的价值学所在。正是这样，巴特告诉我们，写作是不及物的，它没有宾语，没有外部世界，没有语言之外的遥远目的地。对巴特来说，语言本身是有惰性的，是压制性的；语言的成规性，其结构法则，是权势的某种形式，因而，语言也是法西斯主义的。将语言从权势中解救出来，让语言从法西斯主义的牢笼中挣脱出来，从压抑的阴影中走开，是写作的天命。写作在某种意义上就是和那些具有惯性、法则、惰性、结构的压抑性规范作对，和平庸作对，和日常用语作对，和标准的新闻语言作对，和教科书用语作对，和一切无想象力的平凡话语作对，巴特视后者为权势的一种象征表现。权势的表现形式和后果就是平庸、常识、标准化以及力比多话语的匮乏，平庸是压抑的结果，反过来也成为压抑的帮凶。巴特在语言中发现的是权势，是权势的压抑和反抗，因而，对待语言的态度、策略在某种意义上就是对待权势的态度、策略。巴特常常以旧词新用的方式来对待语言，他常常将字词从它们惯有的氛围中剥离出来，从它们的习惯语境中拖离出来，并将它们栽植在一个完全陌生的土壤里、一个完全陌生的语言氛围中而又不显得生硬、牵强和勉为其难；这样，字词由于它的非平庸性，由于它的奇巧的组合，由于它的新鲜位置而十分抢眼地突出出来，无论是字词还是句子都有一种强烈的迸发作用。字词的移置通常依据它的始源意义，即未被历史长河所扭曲的最初意义，这个始源意义在漫长的历史异化中被淡忘了、被遗失了；巴特重新拾起了它们，他剥掉了现已成为常识的然而又是异化的意义，他恢复了最初的词性、紧紧扎根于字面的始源意义。巴特移置字词的另一种方式是盗用，这通常借用的是类比性的比喻手法。他借助于某一个类比点，将另一个领域中的词语挪用过来，代替那些常见的词语组合；这在本质上是隐喻式的：它既没有歪曲句子的本义，又使句子呈现一种非凡的面貌、一种反常组合，而给人一种难以磨灭的印象。这些反常字词既有效地引起人们对它们的注意、思索，同时也常常给人一种视觉印象：无论是始源性的意义用法，还是类比性的盗用，巴特总是有意地突出了视觉感，一些理论法则被他以一种具体、生动的空间形式有效地展示出来。因此，巴特的语言，或者说写作既可以让枯燥的理论说教变得生动飞扬，同时又使它们具有一种视觉和物质上的可感性。

对待字词的这两种操作方式始终贯穿于巴特的写作活动中，然而，巴特的句式在前期和后期有了明显的变化。前期的写作：句与句之间节奏紧密，采用偏长的复合句式，思想密集得让人难以缓口气，激情充沛，富于论战气息，具有一种强烈的说服、劝降、争论的口吻，注重铺陈、平面式的流淌，像一往无前的倾泻的散文。后期的写作：句子短了，节奏也慢了，它不再是论争、辩驳、战斗，而是玩味、品尝、迂回，它更柔情，更富于母性，更加犹豫、矛盾，更具反思性而不是专横、直截、有力和冲动。巴特的两类句式都不是平庸的，都不是枯燥和教科书式的，相反，它们是基于不同年龄的不同形式的美文。无论怎样对待巴特，首先，巴特是那种罕见的美文家，是那种具有语言天分的作家，不是说他的理论、他的思想，而是他的语词使用、句子、文章将肯定是名垂千古的，抛弃他的其余不谈，巴特无疑是蒙田以来法国最有才华的随笔作家。巴特在写作上，或者说在文学上，留下的遗产是不可估量的。

（二）《神话学》。这种受布莱希特启发发展而来的方法和巴特的直觉、目光—结合，就产生了一种发现的能量。在此，巴特给予我们的有力提示是，我们的周围、我们的种种环境和生活于其中的意义系统，我们遭遇到的各种符号世界和现实世界，是值得追究和探查的；它们既可能被一种历史的别有用心操纵，也可能有一种不易察觉的意义蕴含，总之，我们既应对此留意，也应对此表示出情趣。巴特首次表现出对日常生活和大众文化的关注。符号学可以说是神话学的一种延续，是将神话学、日常生活和大众文化的分析理论化的一个意图，因此，神话学和符号学的结合开拓了一个新的领域，即文化研究的领域，它使知识分子从纯粹的知识内部的圈子中溢出来，而将周遭的日常语境作为一个观察和考证对象。在此，巴特的神话学方法和本雅明的寓言理论、阿多尔诺的极权批判、葛兰西的文化霸权概念、哈贝马斯的合法性危机等都有某些不易觉察的间接联系。巴特的解神秘化工作成为知识分子行动的一个样板、范例。

《神话学》、巴特撰写的大量日常生活观察随笔（有埃菲尔铁塔、电影院、爱森斯坦电影剧照、音乐、绘画评论等），还有《符号帝国》等充分显示了巴特的细腻目光、他对细节的敏感和天生的情趣，这充分暴露了一个鉴赏家的形象。巴特的观察、敏感同样在散文和随笔写作史上留下了重重一笔，这里，可以将巴特列入王尔德、爱默生、马拉美和瓦莱里等伟大的作家之列。

（三）文学批评。巴特通常被视为批评家。实际上，巴特的主要声名是在文学批评这个领域奠定的，他的第一篇文章就是谈论作家纪德，他的第一本专著也是谈论文学和写作史的——《写作的零度》，他的成名归功于就文学批评同皮卡尔的争执，他的结构主义成就是将结构主义模式引入文学研究中，他同时也是文学结构主义活动和结构主义叙事学的最主要代表。巴特是"二战"之后，尤其是50年代之后法国新派批评的领潮人物，他的道路就是法国新批评的道路，他开拓了法国六七十年代的批评方向，毫无疑问，在文学批评领域，巴特是首屈一指的人物。

巴特的批评实践使批评改变了传统的航向，从这个意义来说，我们至今还走在巴特等人开拓的批评道路上。尤其是学院派批评，即那种人物考证批评，如果说在今天无人问津的话，那么，巴特对它的反驳和分析则是至关重要的。叙事学现在已经广泛渗透到各种批评方式中，与其他的方法融为一体，现在几乎没有人不注意文本（广义上的）的构成和组织形式了，这被称为文本的内在秘密而成为批评的重要一课，巴特的《叙事作品结构分析导论》以清晰而严谨的构图为叙事学奠定了纲领，同时，它已经成为批评入门的一本基础教科书。巴特的"文学科学"概念试图将文学研究纳入科学规划的轨道，这一意图无疑有效地纠正了印象主义的方案，而且，它对于象征意义的强调，又有效地回击了一元论（一部作品只有一种意义的独断论），并给自由的阅读提供了进一步的阐释空间。宣布"作者之死"，对于读者的强调，对于创造性阅读的重视，使巴特既同接受美学、读者反应批评具有关联性，又具有解构主义本色。将作品从作者的暴政中解脱出来，从而将它还于阅读，是巴特批评实践中的重要一步。

巴特从文学研究中发展而来的一大批概念已经获得了世界性的声誉，它们几乎成为文学批评行业里无人不知的东西。巴特的批评概念十分具有包容性，既清楚了然，又具有说服力，它们至今不仅出现在各种各样的批评论文写作中，同时也出现在批评家的日常思考中。巴特提出的"及物写作"和"不及物写作"，通常被视为古典主义模式和现代主义模式的两个重要特征，通常是作品是否具有现代性的试金石，他敏锐地抓住了再现写作和纯粹写作的不易为人察觉的区别性特征。"可读性文本"和"可写性文本"同样是一对著名的概念。如果说，"及物写作"和"不及物写作"是从作者的立场来着手的话，"可读性文本"和"可写性文本"则是从阅读和评论的角度来区分古典作品和现代作品。从阅读的角度看，可读性文本不给读者留下多少自由的空间，可写性文本则能让读者放任自流。巴特总是用成对的概念来体现某种对立模式。"可读性文本"和"可写性文本"现在成为一个批评家常见的评判方式，一旦具有"可写性"，在某种意义上，就是对文本的肯定，巴特奇特地使这些言简意赅的概念普遍化了。巴特流传最广的概念是"零度写作"，虽然常常遭到误解（尤其是在中国），却无数次地被巴特的信徒们所运用。"零度写作"是一个突然发现，它是对那些不动声色的写作（在某种意义上，将写作交给了虚无，而写作者则义无反顾地退场了）的一个发现和概括。这个概念一出现，似乎魔术般地揭露了一个不为人所知的写作世界，它似乎打开了一个尘封已久的秘密，因而，这个魔力般的词语一下子风行起来。然而，巴特最有价值，也是最为复杂的概念，是他的"文本"概念。巴特不是这个概念的发明者，然而，他对这个概念的自我注解则是经典性的。这个概念已成为解构批评的一个举足轻重的词语，巴特的"文本"同克里斯蒂娃的"互文性"，同德里达的"延异"具有哲学上的相关性，它们都旨在将写作、作品、阅读从独断论的神学中解救出来，因而，文本具有一种类似于巴赫金的狂欢性。巴特扩大了文本的知名度，文本被广泛地使用着，然而，文本这个概念并没有在巴特的意义上被使用，对文本的大规模消耗使文本重新返回了作品的意义（在巴特那里，这是两个完全不同的概念）。

对文学研究或文学批评来说，巴特的价值在于将人文科学引入其中，尤其是将哲学引入其中，从而使文学批评较之于作品而言，具有十分独立的地位，就此而言，巴特是 20 世纪对文学批评做出最大贡献的少数几个人之一。如果我们承认 20 世纪是批评的世纪的话，巴特是完成这个断言的最有活力的参与者和见证人。巴特将人文科学移植入批评中，同时，他的批评实践又反过来深化和激活了人文科学。马克思主义、语言学、符号学、精神分析学、结构主义、解构主义等等20世纪最重要的思潮，都被他引入批评中，在批评实践中，他既运用了它们，也发展了它们，巴特在文学批评和人文科学之间建立的这种良性循环关系在很长一段时间内都可能是文学研究的最佳途径。

（四）姿态。巴特的背影是一个轻巧的"左派"背影，他给我们展示了一个特殊的文人形象。巴特形象在20世纪的背景中因为十分罕见而显得惹人注目，他算不上是一个激进"左派"，但也绝不是一个逍遥派（更谈不上"右派"了），这是个沉溺于写作和语言中的文人，是一个通过语言、通过写作来间接地参与世界的文人。通过写作来参与世界，并不是试图将参与和改造世界的主题埋伏在写作中，而是通过写作生活在世界中：这种写作没有主题，或者说只有语言的主题；没有内容，或者说只有语言本身构成了内容；这种写作是不及物写作，它仅仅是一种消费语言的快乐伦理学，写作因此和一种世界观、一种智慧、一种情趣、一种欲望、一种生活，最终是一种人格联结在一起。一种写作主体出现了：他不是权力主体，不是真理主体，不是性主体，不是经济主体，但是，权力、真理、性、金钱都统统消耗于写作中。在巴特这里，我们不无惊异地发现，写作的旋涡吞没了一切。

罗兰·巴特与中国

——纪念罗兰·巴特百年诞辰①

一

　　非常感谢你们的邀请，在罗兰·巴特诞生 100 周年之际，我非常荣幸地来到巴黎，来到巴特的国度讲述罗兰·巴特在中国的影响。当然，如果时间足够的话，我希望讲完巴特在中国的影响之后，还可以讲讲我对巴特的理解，一个中国理论家对一个法国理论家的个人理解。

　　你们都知道，罗兰·巴特 1974 年来过一次中国。戏剧性的是，他和他的同伴在大街上被人们围观。但是，人们围观他，纯粹因为他是一个外国人，而不是因为他是一个著名的学者——在 20 世纪 70 年代，任何一个外国人在中国街头出现，就像是一个外星人闯到这里来一样，会引起人们极大的兴趣。就像巴特在他的有关中国之行的日记中所说的，彼时的中国信息封闭，仿佛被包裹起来。而今天，有无数的外国人在中国街头出现，但是没有任何人来围观。

---

① 这是本书作者 2015 年 12 月 2 日在巴黎七大召开的"今日罗兰·巴特：纪念巴特百年诞辰"会议上的演讲稿。

这是中国这几十年的巨大变化之一：人们对一个外国人的身体已经毫无兴趣了。现在，人们感兴趣的是一个外国人的思想。巴特永远不会再出现在中国的街头，但是，他的书，他的思想，他的美妙写作，会一直在这里出现和流传。中国人再也无法在街头目击巴特的身体了，但是，有无数的中国年轻人通过照片认识了他，通过他的书认识了他。他活着的时候，他来到中国的时候，无人听说过他，无人读过他。但是，他逝世后，绝大多数中国的人文科学知识分子都听说过他，或者说，都读过他。

为什么会发生这种巨大的变化呢？或者说，这种变化发生于何时呢？我们要返回 20 世纪 80 年代的中国。80 年代初，"文化大革命"刚刚结束，人们似乎处在一个废墟之上。人们开始将目光转向外部，转向作为外部的西方，以寻找其他的观念和学说。他们选择了谁？尼采、弗洛伊德和萨特被挑中了。为什么是尼采？人们此刻最需要的是激情，是创造性力量，是能够让个体生命得以迸发的各种抒情性，尼采为他们提供了呐喊的可能。为什么是弗洛伊德？人们需要将性合法化，需要将性非罪化，年轻人需要为自己旺盛的爱欲寻求自主性，弗洛伊德告诉他们爱欲是"自然"事实，不需要进行人为的压制。为什么是萨特？人们需要自己决定自己的命运，需要自我选择。尼采、弗洛伊德和萨特，这些思想家在 80 年代的中国盛行是有必然性的，他们思想中对感性、个体和自由的强调，对当时的中国产生了爆炸性效用。

整个 80 年代，中国知识界——更恰当地说，知识界中的年轻人和开明分子，都被这种强调感性、自主和自由的哲学思想所吸引，尽管人们对这些西方思想的理解是简单的，但是，它们仍旧从各个方面冲击了既定的思想模式。这些现代的西方思想（也包括西方现代主义文学和艺术）受到了巨大的欢迎，对它们的翻译和介绍在 80 年代成为知识界的时尚。包括罗兰·巴特在内的法国当代思想家正是在这个背景下开始被翻译介绍到中国来的。

罗兰·巴特、福柯和萨特是第一批被翻译成中文并产生影响的法国当代思想家。事实上，他虽然没有像萨特那样广为人知，也没有像福柯那样有强烈而持续的影响，但是，他的著作一旦被翻译，就很快地在中国引起了人们的兴趣。他的第一本文集出版于1988年，但是，在这之前，中国的各种文学和艺术杂志翻译和发表过他的多篇文章。人们已经对他有所了解。但是，产生决定性影响的还是这本文集的出版。文集可能是译者李幼蒸选编的，收录了他的《符号学原理》，还有法兰西学院就职讲演等其他一些重要的论文，在附录中，还收录了苏珊·桑塔格和克里斯蒂娃对罗兰·巴特的两篇评论。这本文集由中国最著名的学术出版社生活·读书·新知三联书店出版，它的影响非常大，可以说，中国人对巴特的最初和基本的了解就来自这本书。随后，巴特的著作断断续续地出版，到今天，他的大部分著作已经翻译成中文。

为什么巴特会在中国产生影响呢？或者说，为什么这本书会在中国引起人们的兴趣呢？

我试着给出几个答案。第一，在80年代的中国，有一种不可思议的文学热潮。文学成为社会的热点，作家和诗人享有巨大的声望，成为社会的明星——就像今天的歌手和影星一样。众多年轻人的理想是成为作家或者诗人（而今天的年轻人热衷成为歌手），以至功成名就的作家感到隐隐不安而发出好心的警告：文学的路上挤满了人。文学之所以成为当时的热点，之所以产生如此广泛的影响，是因为文学以感性和直观的方式，提供了新的价值观、新的生活的可能性。向过去告别的文学方式，赢得了人们的欢呼。以文学的方式对过去的时代进行反思，无疑比哲学的讨论更加引人注目。在一大片吁求中，文学的声音最为辽阔。相形之下，50年代至70年代的文学，其叙述像数学公式一样规范和拘谨，人们看了开头就能推论出结尾。这些生硬的、充满教条的文学令人感到厌倦。随着"文革"的结束，这种文学形式不可避免地坍塌了。在80年代中期出现了一场文学实验的潮流，一大批年轻人突然冒出来，他们像是商量好了似的发起了一场令人炫目的写作竞赛，他们勇于实验，尝试各种新的风格。这些令人们感到新奇的作品，也让人们感到困惑——人们不知如何去面对和谈论这些作品——在那个时代，文学评论家配置的都是现实主义眼镜，而且是苏联进口的现实主义眼镜，他们的视线无法穿透这些新的文学形式。因此，寻找一些新的文学研究方法就变得迫不及待。

巴特就在这样一个背景下进入人们的视野中来。他为文学评论提供了方法和启示，人们可以借此摆脱以往僵硬的阐释模式。事实上，方法论在80年代成为中国知识分子（在文学批评中尤其如此）热衷讨论的问题。在这个意义上，巴特是作为一种新的方法的提供者而进入人们的视野中来的。他的零度写作的概念，即抛弃意义的写作，成为文学摆脱政治意义的最好辩护。事实上，在80年代，无论是作家还是读者，都已经非常厌倦那种以"主题"为目标的文学类型。人们正是通过巴特的符号学而熟悉了能指、所指和符号的概念，而"能指"成为80年代文学批评的一个重要代码。同样，人们也对他的叙事学理论感兴趣——事实上，符号学和叙事学至今在中国的文学研究中还有较大影响。中国一大批文学系的师生热衷于叙事学——他们有强烈的兴趣去探讨文学的生产机制，去将文学看作一种特定的叙述形式加以探究。他们确信这是在捍卫文学的古老之美。这既是对老的传统主题学阐释（作者论）的不满，同样，这也是对新的将文本历史化的倾向（比如后殖民主义和文化研究）所做的反击。

第二，巴特的神话学随笔也引起了人们的兴趣。在80年代以前，日常生活几乎没有引起中国人的兴趣。或者说，日常生活就是政治生活。因此，没有人在认真地思考日常生活。人们的兴趣、思考和写作的焦点全部对准了革命和政治。但是，巴特关于埃菲尔铁塔的文章，关于脱衣舞的文章，关于拳击的文章，因为它们的独特趣味、它们的敏锐发现，让人们大开眼界。人们第一次发现，日常生活、日常物件也可以成为理论分析的对象。它们自身包含着各种各样的意义，它们在这些意义当中构筑自己的神话。巴特努力揭穿这些神话的构造机制，从而表明这些看起来自然而然的东西是如何被文化逐渐构建而成的。不仅如此，巴特的这种随笔式的新的思想写作形式，也强烈地吸引着人们。80年代，人们开始构建一种非政治化的私人生活、一种市民的自发生活、一种自主的公共领域。商品、物和娱乐不再被视作资本主义的特权而被完全摒弃。以大众为根基的流行文化得以兴起。所有这些，从80年代中后期开始一步步地扩大自己的地盘。但是，80年代是一个思想解放的时代，人们当时处在巨大的观念振荡中，知识分子都在为思想和各种精英主义文化而辩论。此时，日常生活尽管开拓了自己的领地，但是，它还没有引起人们的讨论兴趣。或许，正是在巴特等人的启示下，人们才注意到，这些日常生活的领域，并非没有自己的意义，它们也要求获得新的阐释和认知。如果将目光从政治领域转向日常生活的话，巴特的这些文章是很好的启示。

90年代，源自英语国家的文化研究（Cultural Studies）也涌进了中国的大学校园，这类文化研究同样将视角置放在大众文化和日常生活方面。受美国大学的影响，它被迅速地学科化了，并且努力地将焦点对准中国正在日益蓬勃的大众文化方面来。在中国，它和巴特的神话学分析形成一种特殊的结合，或者说，它们相互调整来适应对方，整合成一种特殊的富有中国特征的文化研究：大学开始将目光转向日常生活的意义。这些对年轻人有极大的吸引力，因为他们更喜欢关注自己的周遭境遇，喜欢关注他们能切实感受到的当代，而不是一些看起来抽象且遥远的纯粹的思辨命题。不仅如此，巴特这些短小的介于思想、理论和随笔之间的文体形式非常容易被中国人接受。它们一方面打开了人们的眼界，另一方面，也是对那些枯燥的学院论文写作的一个补充。这些思想随笔写作充满了智慧和生机：既是美文，也具有日常生活的切近性。

巴特产生影响的第三个原因要归功于他的畅销书《恋人絮语》。这本书使得巴特的读者超出了校园。《恋人絮语》从80年代被翻译过来后，在中国一直有稳定的读者，它从未过时，就像一部永恒的经典小说一样。这部讨论爱情的著作一版再版。它在中国的持续销售足以表明，爱，这种情感，完全可以跨过任何的时空距离，而为不同的人们所共享。爱，是一种最独特的同时也是最共同的情感。中国的读者在巴特身上找到了自己。我们都知道，这本书来自巴特的特殊经验，它如此细腻和敏感，让年轻人产生了强烈的共鸣，它唤起了人们的记忆。人们阅读这本书，仿佛重新经历了一次恋爱。这是巴特的个人传记，但在某种意义上，这本书也是写给所有人的。不过，这本书虽然长年销售（它是巴特最有名的书，是他被读得最多的书），但不太被喜欢思想和理论的知识分子所关注。它被文艺青年所关注。人们经常在媒体上引用其中的情话，它在一代代热爱文艺的年轻人当中流传。尽管巴特的《神话学》致力于对小资产阶级的批判，但是，《恋人絮语》却被这些小资产阶级所热捧。人们在巴特这里会发现一些校园外的年轻读者，他们不是被老师引导来读，而是自发地来读。相比之下，德里达和拉康只能在知识分子圈中被阅读。

第四点，巴特在艺术家和作家那里有广泛的影响。巴特是一个文学评论家，而且，他的文体和风格非常漂亮，也许他是最注重批评风格的评论家，他的语言即便翻译成中文，也能令人感受到魅力。而以写作为天职的作家和诗人当然会对他产生好感。因此，他对作家产生影响是非常自然的。不仅如此，他为法国的先锋派文学所做的辩护，在中国被看作对一切先锋派的辩护，不仅仅是评论家，中国的作家和诗人也将巴特的理论看作对自己的辩护。他们的文章中经常出现巴特的引文。而巴特对艺术的影响，主要来自他的论摄影的书《明室》。几乎所有的从事摄影的艺术家和评论家都非常熟悉这本书。它差不多是摄影理论的《圣经》（还有一本是桑塔格的《论摄影》）。在各种讨论摄影的文章和会议中，几乎没有人不引用这本书。这不仅是因为它的精妙和洞见，而且还因为在中国，几乎没有什么摄影理论方面的书籍出版。在中国，摄影的理论非常贫乏，我们有大量的摄影艺术家，但是几乎没有什么从事摄影研究的理论家。人们谈论摄影的时候，好像只能回到巴特这里，只能回到他的刺点（punctum）理论这里，好像离开了他便无法就摄影谈论什么。这本书的持续影响，当然和它的重要性相关，但是，毫无疑问，也同我们自身的摄影理论的贫乏密切相关。

我只能非常简要地谈论罗兰·巴特在中国产生了什么影响。我还想补充的是，巴特令中国人感到亲切。较之其他的西方理论家而言，他的风格，最适合中国读者。你们知道，中国并非一个理论发达的国度，尤其是西方的思辨传统令中国人感到非常费劲。我们是用随笔的方式来表述自己的思想的。无论是《论语》还是《老子》和《庄子》。我们的历史上没有亚里士多德、笛卡尔和康德这样的哲学论述方式。我这样说，当然不是说中国人没有思想——你们知道，中国在二千年前，已经有非常成熟、非常复杂、非常高深的思想，但是，我们是以格言的方式、以直觉的方式，甚至是以隐喻的方式来讲述这些思想的，我们通常是直接讲出结论；也可能是通过迂回的方式来间接地给出一个不那么直接的结论，这个结论非常开放，可以从各个方面进行解读。也就是说，中国人的结论也许是经过大量的经验和观察之后，体悟出来的结果，而不是通过烦琐的逻辑论证来获得一个确定的结论。我的意思是说，我们讨论思想的方式非常不同于西方。尽管现在，我们的大学也在模仿西方，也试图借助西方的哲学形式来从事人文科学研究，但是，我们在这个方面还不是非常得心应手。毕竟这样一个思辨的传统没有流淌在我们的血液中。当然，我们可以读懂柏格森和萨特，我们也可以读懂拉康和德里达。但是，坦率地说，我们很难像他们那样写作。那种复杂的充满思辨色彩的写作令中国人感到非常不适应。相形之下，对于中国读者而言，巴特更容易读懂，尤其是他大量的断片、随笔，不仅言词漂亮，而且切近具体事物，它们令中国人感到亲切——中国有一个古老而悠久的随笔传统，无论是哲学家还是文人，都采用随笔写作，他们既可以通过随笔来谈论玄妙的思想，也可以通过随笔来书写对生活的感触。而且，这种随笔传统，一直都将文辞的美妙作为一个重要的标准。在古代中国，思想总是依附于美丽的言辞来传达的。思想家大都是文体家、随笔作家。对于中国人来说，法国的蒙田和巴特，仿佛是来自西方的镜像。

但是，巴特对中国有何看法呢？1974年他来过中国，但并未寻找到快乐。他在中国感受到了单调，他见到了一个没有性征的中国，或者说，见到的是一个中性的国家。同日本相比，中国是性爱的荒漠。他甚至抱怨："这个国家女人太多了，到处都是。"他邂逅不到年轻男人，他只能看到年轻男人的手，他在日记中不断地记录中国年轻男人的手——这也许是这个国家唯一令他兴趣盎然的客体。对许多初次造访的人而言，中国是一个古老而伟大的国家，这个国家的神秘性完全可以将访客吞噬。但是对于他来说，中国只意味着那些年轻男人的手，那些柔软的手，只有触摸到这样的手的时候，他才会怦然心动，他才会感到一丝"温热"。

二

这是巴特对中国的影响——我说得非常简要，而且尽量地客观，尽量地将巴特在中国的影响表述出来，因此，我要尽量地掩藏我作为一个读者的主观看法。现在，我要谈谈我自己理解的巴特。这完全是我的看法，它和我刚才讲的部分并不完全一致：它充满着我的主观性。而且，它与中国无关，它只是一种纯粹的理论分析。对我来说，罗兰·巴特的盛名似乎已经过去了。不过，这反而能够使我们冷静地对待他的遗产。巴特当初是作为一个理论家引起世人关注的。他是作为一个文学批评家、一个符号学家、一个结构主义者，最后也是作为一个后结构主义者而获得了巨大的声誉。巴特的时代，正好是文学批评的时代。那个时候，人们急于摆脱先前的老式的文学研究方法，寻找各种各样的文学阐释方式，以至文学批评成为显赫的学科。而巴特始终是这个潮流中的先行者，他总是将各种各样的哲学观念（尤其是他的法国同行的哲学观念）引入文学批评中来，他将文学批评进行花样翻新，他在这个行当不断地挑衅、刺激和发明。

作为一个文学研究者，他雄心勃勃，他相信文学批评值得倾注全力。他由此成为他那个时代最为著名的文学批评家，他和老派批评家的一场热闹而尖锐的争论既深深地伤害了他，也增长了他的名声（这似乎是一个规律，名声的获取总是要付出受伤的代价）。他著述生涯的开始，就是对法国文学史的梳理。尽管借用了萨特的文学史分期，但是，他的文学评判的标准却和萨特针锋相对。相对于萨特标榜的文学干预而言，巴特更加强调文学的无动于衷，强调不动声色的零度写作。正是因为这种放弃社会干预的企图，一种文学的纯粹的形式主义倾向就流露出来。他感兴趣的不是文学的功用，而是文学的风格，带有某种作者气质和禀赋的风格，一种具有生物学基础的风格。他将文学视作作家的特殊风格同一种普遍的先在语言结构进行的残酷搏斗。也可以说，写作，既是身体和语言的斗争，也是二者之间的妥协。写作，从根本上而言就是二者之间的协调。写作的痛苦和快乐就来自语言和身体二者之间协调的巨大难度。

事实上，巴特对文学的这种最初看法，显示了他兴趣的两个端点：语言和身体。在事业的前半段，他将重心放在语言上面，他坚持相信，语言是一门科学。而文学就是由语言构成的，或者说，文学就是一个大的句子。文学研究理所当然地可以从语言研究中受到启发，因此，文学研究也可以像语言学那样成为一门科学。他在60年代不遗余力地尝试确定一种关于文学的理论、一门文学的普遍知识、一种文学研究的范式，即是说，他试图创立一种文学科学。为此，他煞费苦心，兢兢业业——他先是建立符号学理论，后是建立文学结构主义理论和叙事学理论。这些理论充满抱负，试图解释文学最基本的生产机制，即文学是如何被叙述的，它是如何被创造出来的。他力图将这些理论模式应用于各种各样的文学作品的分析中。而所有这些，都是围绕着符号和语言，尤其是索绪尔的语言理论而展开的，他是索绪尔理论在文学研究领域的代言人。

这是他的60年代的语言阶段。这个时期，身体被完全放逐了。毫无疑问，以语法为根基的文学科学无法容忍感官性的身体。但是，在他事业的后半段，也就是说，从70年代开始，他放弃了这种普遍的文学科学的追求，他关注的主要对象恰恰是身体。不过，语言并未退场，并未被他放弃。相反，语言经过一番迂回后被巴特植入了新的内容。现在，语言不再是一种普遍的语法结构，相反，语言首先是一种情不自禁的扩散、一种对结构和语法的奋力挣脱，语言存在一种自我的逆反，它是一种永不枯竭的差异性游戏，是各种各样的歧义在玩弄游戏的暧昧场所。这是他在《S/Z》中所体现出来的解构主义观念。这种反体系的差异语言开始是无根的，它爆裂了语法的轨道而自我漫无目的地播撒。慢慢地，巴特将欲望和激情引入其中，也就是说，他后来将语言与身体关联起来。语言不是从外部来禁锢身体，语言恰恰来自身体，它受爱欲的驱使。有多少欲望，就有多少语言！因此，人们应该在文学中感受快感。语言、身体和文学构成一个新的三位一体。现在，文学被看作身体在诉说，它轻言细语，委婉叹息，而绝非语言模型的一个刻板应用。显然，他放弃了早期的观点，即，文学是语言和身体的一个妥协。现在，语言和身体根本就没有对抗，它们只有对彼此的强化，它们在这种对彼此的追逐式的强化中，也各自强化自身的快感。这种文学的快感，就在于逃离，对语法模式的逃离，对既有风格的逃离；它以窸窣和呢喃去瓦解滔滔不绝的雄辩。在《恋人絮语》中，语言的窸窣呼应着身体的战栗。不过，巴特不仅仅着眼于语言的生产，他也关注语言的消费。也就是说，可以换一种对待语言和文学的方式，即不是创造出一种新的语言，而是在那些既定的文学和语言面前，去创造性地阅读：可以扣紧语言阅读，也可以跳跃式地阅读，可以逆反式地阅读——阅读也可以变成一种写作和创造，它是对既定语言的重写，它在这种重写中，在对先前被写下来的语言进行消费的过程中，同样能够获得一种身体的快感。文学语言如此之微妙，以至巴特说，他满眼看到的都是语言，都是语言细腻而生动的行为。

巴特的这些观点在今天看来并不令人惊讶，但是，在当时却激怒了许多老派人物。他和他们针锋相对。他甚至不断地同自己的过去针锋相对。他作为新派批评的开拓者和代言人而备受瞩目。他在学院里面，在文学课堂上被大量地阅读和讨论。

这样的结果是，他的这些理论遗产在今天已经被完全消化了，以至人们有时候忘记了哪些是批评的常识，哪些是巴特当年的发明。就像德里达的解构如此为人们所熟知，以至人们忘却了他是解构的发明者一样。与此同时，文学批评的显赫时代已经过去了。一个单纯的文学研究者可能会受到历史的冷落。但幸运的是，在20世纪的批评家中，人们还能想起罗兰·巴特的身影——或许是寥寥无几的身影之一。可以肯定地说，这不是，或者说不仅仅是因为他当年文学研究的成就，而更多的是因为他特有的写作方式。他的研究和批评本身已经是一门艺术：一门写作和语言的艺术。在这方面，也许只有本雅明像他这样追求一种语言的炼金术。他作为批评家的成就也是他作为作家的成就，也就是说，他是一个以批评家面貌出现的作家、一个热爱语言的作家、一个心灵敏感和目光锐利的作家、一个能够单凭文章就不朽的作家。

作为一个作家，除了文学批评之外，他还细致地写下他所见所闻的一切。他热爱细节更甚于热爱思想，热爱文学更甚于热爱哲学，热爱普鲁斯特更甚于热爱萨特，热爱经验更甚于热爱抽象。但是，他津津乐道于前者的时候，从来没有将后者抛弃到脑后。他总是将文学转向哲学，将单一性转向普遍性，将经验转向抽象。反过来也是如此，他用文学驯化哲学，用细节驯化整体，用形象驯化抽象，用经验驯化理论。他总是从细节和经验着手，然后将它们塞进总结性的格言和理论中。但是，他马上又对这种总结和理论进行质疑，用细节和经验对它们进行摧毁。哲学家说他太世俗，老派批评家说他太荒谬，普通读者有时候则觉得他太艰深。但是，今天回过头来看，他是同时赢得了学院内外广泛读者的青睐的少数理论家之一。

这当然是因为他对细节和经验的书写。他在各种经验和现象的表面停留，在人们总是熟视无睹的现象面前驻足。事实上，当人们总是将目光对准各种各样的大事件的时候，巴特注意到的是各种各样的小细节。他注意细节，人的细节、物的细节、日常生活的细节，他把这些细节记录下来，让这些细节进入历史和书本中，让它们获得自己的主权并且变得不朽。这些细节有什么用处？对历史学家而言，它们是历史的垃圾，不值得关注。对作家而言，细节则构成一切。作家将细节作为文学的最基本要素，正是细节编织了生活的肌理。对于罗兰·巴特来说，生活的意义，就在于对这些细节的玩味上，就在于日常生活中的点滴领悟，而不是一种抽象而空洞的基本原则——罗兰·巴特从未想过去做人生的导师，他在一篇文章中甚至提到了教学的荒谬。他很早就提到了生活方式（这个词如今被可笑地滥用）的问题。人们也称他为社会批评家。尽管同是在思考生活方式，但是，他同社会学家的调查方案截然不同。后者对数据的依赖，对一个广泛人群的科学考察对于他来说是一件极其乏味的事情。罗兰·巴特的出发点是自己的经验，他确信的也只是自己经验到的东西。他总是能够对这些经验——许多人或许都曾感受过的经验——说出一些特殊的专属于他自己的体会，他将这些经验细化。这是他最有魅力的地方。他致力于揭示这些经验，而且，这些个人化的经验相对于普遍化经验而言并非无关紧要。因为个体经验就是他的全部存在感。每个人的经验都是每个人的存在感。对于他来说，个人生活或许就是由这些看上去平庸无聊的日常细节构成的，而不是被各种各样的战争、政治运动、暴力和激情所控制。他喜欢平凡而不是歇斯底里的状态。尽管他的生活经历过一个天翻地覆的时代，但是，他努力让这个时代变得中性（他晚年在法兰西学院的一门课就是"中性"）。

　　巴特从少年时期开始，就一直处在动荡的状态。孩童时的丧父，少年时代的战争和疾病，青年时期的海外漂泊，中年时期1968年的动荡。也就是说，他经历了许多"事件"，但是，这一切好像没有击中他的内心。他谈论了一切，唯独没有谈论战争，也很少谈及政治，仿佛这些离他很远〔他说，对政父（political father）的态度是露出臀部〕。即便他写过被左派推崇的具有批判意义的《神话学》，这种批判也是奠定在日常生活经验上的资产阶级的神话学。与其说他要批判，不如说他真正追求的是快乐，来自个人经验的快乐。一旦这种快乐消失了，他就会感到真正的悲哀。对快乐的追求是不可能停止的，但是，对快乐的获取随着年岁的增长越来越困难。晚年不过是快乐的自然消耗。这或许是他晚年郁郁寡欢的原因。晚年的日记表明，他孤独，无助，缺乏爱情，濒临崩溃——他失去了快乐。失去了快乐就失去意义。巴特几乎将意义等同于快乐。这个一辈子追求快乐的作家，一旦快乐眼睁睁地离他远去，他想抓住快乐的愿望就变得极其强烈。但是，快乐，一种绝对意义上的快乐，总是落空，这是他的晚年悲剧。这不是战争和政治的悲剧，而纯属个人意义上的悲剧——这类悲剧属于具体的个人，但它也超越时空而具有某种普遍性，因此，在某种意义上，这也是人类的悲剧，是晚年的永恒悲剧。

这种对快乐的追求，一方面来自身体，另一方面来自语言。巴特热爱语言，这甚至是他最强烈的也是最显而易见的风格标志。他用美妙语言讲述一切。即便是粗陋的现实、毫无意义的对象、种种不快乃至一些难以启齿的生理习惯，他都能通过语言赋予它们一些特殊的风格。他从没有因为推崇文学科学，没有因为谈论那些所谓的学院主题而杀死语言的微妙感性（看看从美国到中国愈演愈烈的学院八股文吧，这种语言官僚主义越来越令人感到窒息。人们正以严谨、科学和研究的名义扼杀语言的无限性）。巴特在语言中找到了快乐——既在伟大作家的语言中，也在自己的写作语言中。正是这一点，这一"文本的快乐"，让巴特获得了统一性和稳定性。事实上，他没有流派（他没有学术上的追随者），没有体系（人们总是说他善变），没有原创性理论（人们只是说他运用理论并消费理论），但他有朋友（他一直在思考如何同朋友一起共同生活），有非凡的洞见，有革新一切事物的目光，有追求快乐的永恒意志——最重要的是，他有一个安置这种快乐的语言国度。理论、体系和流派总是转瞬即逝，但是，一个语言的美妙国度却是永恒的，也是唯一的。或许，罗兰·巴特将不是作为一个理论家，而是作为一个作家而不朽。

主要参考书目

罗兰·巴特著作

1. *Critical Essays*，Northwestern University Press，1985.

2. *Criticism and Truth*，Athlone Press，1987.

3. *Fashion System*，Jonathan cape，1985.

4. *Image-Music-Text*，Hill and Wang，1977.

5. *Mythologies*，Hill and Wang，1972.

6. *Roland Barthes by Roland Barthes*，Hill and Wang，1987.

7. *Sade*，*Fourrier*，*Loyola*，Hill and Wang，1977.

8. *S/Z*，Hill and Wang，1991.

9. *The Grain of the Voice: Interviews 1962 - 1980*，Hill and Wang，1985.

10. *The pleasure of the Text*，Jonathan Cape，1976.

11. *Writing Degree Zero*，Jonathan Cape，1967.

12.《符号帝国》，商务印书馆 1994 年版。

13.《符号学原理》，生活·读书·新知三联书店 1988 年版。

14.《罗兰·巴特随笔选》，百花文艺出版社 1996 年版。

15.《一个解构主义的文本》，上海人民出版社 1996 年版。

罗兰·巴特研究著作

1. A. Brown, *Roland Barthes: The Figures of Writing*, Oxford University Press, 1992.

2. Annette Lavers, *Roland Barthes: Structuralism and After*, Methuen, 1982.

3. M. Moriarity, *Roland Barthes*, Polity, 1991.

4. M. Wiseman, *The Ecstasies of Roland Barthes*, Routledge, 1989.

5. S. Ungar, *Roland Barthes: The Professor of Desire*, University of Nabraska Press, 1983.

6. T. Hawkes, *Structuralism and Semiotics*, University of Cali-fornia Press, 1977.

7. 路易-让·卡尔韦：《结构与符号》，北京大学出版社 1997 年版。

8. 乔纳森·卡勒：《巴尔特》，中国社会科学出版社 1992 年版。

后　记

　　这是一部重印之书。同第一版相比，它唯一的变化是书名——从 1999 年初版的《罗兰·巴特》改为现在的《谁是罗兰·巴特》。当初它被列入了一套丛书，现在，它从那套曾使它受益的丛书中解脱出来，它有一种强烈的愿望，希望重返它最初的语境——无论是作为一种日常生活的语境，还是作为智识生活的语境。

　　那是个文学和批评的语境。它笼罩着我的学生时代，并且塑造着我的基本观念。我正是在那个时候读了大量的批评理论著作。在各种各样的充满想象力的批评家及其理论著作中，罗兰·巴特成为我和我周围朋友的圣典——我甚至要说，他决定性地塑造了我的趣味。现在，我好几年没有读过罗兰·巴特了，但这决不意味着他从我这里消失了，相反，他构成了我习惯的一部分，并总是在某些时刻顽强地不请自到。某类非凡的书籍具有强大的物质性：其中一些是重塑人们的观念，而另一些则在重塑人们的身体——对于我来说，他的著作属于后一种类型。我也正是在这个意义上，去理解他的"文本的快感"。

　　罗兰·巴特的著述是不朽之书。通常是，一本评论不朽之书的书往往是速朽之书。除了少数的不朽之书外，大部分书籍总有它固定的存活年龄，虽然所有的作者都力图延长它的生命。我的这本书，如同大多数速朽之书一样，在初版之后，很快就如预料中的那样消失了，它被淹没得无影无踪。今天，它能够幸运地再生，并且能够重新在拥挤不堪的书店中挤占一个位置，这既让我充满了喜悦，也让我充满了感激——这份喜悦毋庸置疑：一旦一本书（不论这本书幼稚与否）的年轮得以意外地增加，它的作者就会如同它当年初版时那样获得极大的满足；而这份感激要送给所有成就了我的喜悦的那些人。

　　重印之际，有很多理由要求对这部书稿进行修改；同样，也有很多理由要求对它不进行任何的修改。最终，我还是决定保持原样：书的粗疏和浅薄是我要修改的理由，但是，粗疏和浅薄也是我自己的粗疏和浅薄。我相信，这些个人性的粗浅，有它们自身的独特命运，而记忆则会让粗浅发出自身的光泽。

汪民安

2005 年 4 月

再版后记

　　这是我的第一本书。1997 年，我刚刚在中国社会科学出版社工作不久，碰到了金惠敏。他当时为湖南教育出版社主编一套西方思想家丛书。他在到处找合适的作者。他问我有没有兴趣接下其中的一本。那个时候我只是一个毕业不久的学生，在杂志上发表过几篇无关痛痒的文章，但从没有想到我会写一本"著作"。我不知道他为什么邀请我来写。当然，我也不知道我为什么居然就答应了下来。此前，我没有什么写作经验，完全不知道怎么写一本书。但是，一旦这个事情真的决定下来，我开始动笔了。那个时候，我非常年轻，体力充沛，写作并没有让我感到丝毫的疲劳。我的写作贯穿了一个大汗淋漓的夏天。我花了三个月的时间完成了这本书。写完这本书，并不意味着我完全理解了罗兰·巴特，而是理解了另外一个关于书本的道理：写一本书并不是一件非常困难的事情。我对书的敬畏感消失了——以前，一本书的写作过程，在我的大脑中，犹如攀登一座陡峭的山峰。但是，此刻，我居然就轻易地跨过去了。不过，现在看来，这样的想法还是过于轻率。现在，对我而言，写一本书已经变得有些吃力了。我是九本书的作者，我的经验是，一本比一本困难。我想说的是，对于一个作者而言，写作的重要凭借与其说是思考，还不如说是身体。或者更准确地说，体力充沛的时候，思考就充沛。著作等身的人，一定是身体强健的人。

　　这本书现在是第四次印刷了。它出乎我的意料之外。为什么还有人看这样的书？实际上，我早就发现了答案：人们并不是对我的书感兴趣，而是对罗兰·巴特感兴趣。这本书如果说还有读者的话，那可能并不是我的读者，而是罗兰·巴特的读者。不过，我还是要说，每个人有每个人的巴特，而这本书只是我的巴特，是我体力充沛、正当年轻时候的巴特。这不仅是一本关于巴特的书，也是一本关于我自己的书，关于我的青年时代的书。

汪民安
2015 年 7 月

图书在版编目（CIP）数据

谁是罗兰·巴特 / 汪民安著. —南京：南京大学
出版社，2023.9
ISBN 978 - 7 - 305 - 27063 - 5

Ⅰ. ①谁… Ⅱ. ①汪… Ⅲ. ①巴特（Barthes,
Roland 1915—1980)-哲学思想-思想评论 Ⅳ.
①B565.59

中国国家版本馆 CIP 数据核字（2023）第 101394 号

出版发行　南京大学出版社
社　　址　南京市汉口路 22 号　　　邮　编 210093
出 版 人　王文军
书　　名　谁是罗兰·巴特
著　　者　汪民安
责任编辑　甘欢欢
照　　排　南京紫藤制版印务中心
印　　刷　徐州绪权印刷有限公司
开　　本　880 mm×1230 mm　1/32　印张 9.25　字数 224 千
版　　次　2023 年 9 月第 1 版　2023 年 9 月第 1 次印刷
ISBN　978 - 7 - 305 - 27063 - 5
定　　价　65.00 元

网　　址　http://www.njupco.com
官方微博　http://weibo.com/njupco
官方微信　njupress
销售咨询　(025)83594756